Die Suche nach dem Selbst

Ayya Khema

Poṭṭhapāda-Sutta

Die Suche nach dem Selbst

O. W. Barth

Als Textgrundlage benutzte die Ehrwürdige Ayya Khema die englische Übersetzung von Maurice Walshe, *The Long Discourses of the Buddha: A Translation of the Dīgha Nikāya*, Boston, Wisdom Publications, 1995. Sie spricht über Textpassagen aus der 9. Sutta (*Poṭṭhapāda-Sutta*), teilweise aber auch über Sätze aus der 1. und 2. Sutta (*Brahmajāla* bzw. *Sāmaññaphala-Sutta*). Die Artikel der Pāli-Wörter wurden in Ayya Khemas Sprachgebrauch beibehalten.

Wer mehr über die Buddha-Lehre, wie sie von Ayya Khema vermittelt wurde, erfahren oder in die Meditation eingeführt werden möchte, wende sich bitte an:

Buddha-Haus
Meditations- und Studienzentrum e. V.
Uttenbühl 5
87466 Oy-Mittelberg
Tel.: 08376-502; Fax: 08376-592

Das Werk erschien 1997 unter dem Titel «Who Is My Self?»
bei Wisdom Publications, Boston.

Erste Auflage 2000
Aus dem Englischen von Dr. Claus Sandler, überarbeitet von Bärbel Wildgruber

Inhalt

Vorwort

Es scheint, als seien wir in eine Zeit der Menschheitsgeschichte hineingeboren, in der immer mehr Menschen nach dem Sinn des Lebens suchen. In der Vergangenheit reichten Familienleben, Religion, politische Mitgliedschaft und/oder ein eigener Beruf aus, um die Sehnsucht des Menschen nach Erfüllung zu befriedigen. Obwohl dieses Verlangen meist nicht zugegeben und selten in Worte gefasst wird, ist es im Herzen jedes Menschen vorhanden.

Heutzutage bildet vieles, womit man sich früher vorrangig beschäftigte, keine stabile Grundlage mehr für ein sinnvolles Leben. Wenn wir jedoch meinen, dass die Menschheit des 20. Jahrhunderts mit ihrer Suche nach Sinn etwas Einmaliges sei, werden wir bald eines anderen belehrt, wenn wir die Lehrrede des Buddha auf den folgenden Seiten lesen.

Darin stellt der Wanderasket Poṭṭhapāda dem Buddha zahllose Fragen über das Ich und das Bewusstsein, und der Buddha antwortet ihm geduldig und gewissenhaft mit genauen Hinweisen, wie man den spirituellen Pfad begeht und die endgültige Vollkommenheit erreicht. Dies trug sich vor 2500 Jahren zu, aber es ist für uns heute noch genauso gültig wie damals.

Wir werden auch sehen, dass Poṭṭhapādas Freunde und Begleiter nicht mit dieser neuen Art zu denken einverstanden sind und ihn dazu zu bringen versuchen, sein Interesse an der Lehre des Buddha aufzugeben. Auch das ist in unserer Zeit nicht unbekannt.

Ich hoffe, dass durch die gegebenen Erklärungen und Interpretationen die Lehrrede für den Leser zum Leben erwacht und ihm helfen wird, die Richtung zu ermitteln, in der der Sinn des Daseins zu suchen ist – in der spirituellen Entwicklung. Jeder, der inneren Frieden, Glück und Erfüllung findet, trägt zum Frieden und zum Glück in der Welt bei.

Dieses Buch basiert auf Kassettenaufnahmen von Vorträgen, die im Mai/Juni 1994 während eines dreiwöchigen Meditationskurses im buddhistischen Meditationszentrum «Land of Medicine Buddha» in Soquel (Kalifornien) gehalten wurden.

Infolge der Freundlichkeit, Großzügigkeit und des Engagements von Gail Gokey und Alicia Yerburgh liegt uns nun der geschriebene Text vor, der unsere Praxis unterstützen kann.

Ich bin Gail und Alicia für die mit Liebe ausgeführte Arbeit zutiefst dankbar, ebenso Toni Stevens, der den Kurs mit großem Geschick organisiert hat. Mein Dank richtet sich auch an Traudel Reiss, deren Computer-Erfahrung die Korrekturen ermöglichte.

Wenn die Lektüre dieses Buchs bei seinen Lesern zu mehr Vertrauen in die Lehren des Buddha führt, zu mehr Liebe für die Praxis oder mehr Einsicht in die absolute Wahrheit, werden wir alle, die wir an diesem Buch mitgearbeitet haben, höchst dankbar sein und ermutigt werden, unsere Zeit und unsere Liebe aufs Neue in ähnlicher Weise zur Verfügung zu stellen.

Möge dieses Buch ein Begleiter sein bei der Suche nach dem höchsten Potenzial der Menschheit, das wir alle als Samen der Erleuchtung in uns tragen.

Möge das Dhamma in vielen Herzen leben.

Ayya Khema
Buddha-Haus, Deutschland

1

Der Beginn: Sittlichkeit

In der Theravāda-Tradition benutzen wir den Pāli-Kanon als Grundlage für die Worte des Buddha. Pāli war die Sprache des Buddha und ist vom Sanskrit abgeleitet. Beide unterscheiden sich in ähnlicher Weise wie Latein und Italienisch. Sanskrit wurde von den gebildeten Gelehrten gesprochen, Pāli, oder ein damit eng verwandter Dialekt, hingegen vom einfachen Volk. Die Lehre, um die es hier geht, gründet sich auf eine 2500 Jahre alte Tradition.

Der Pāli-Kanon wird auch *Tipiṭaka* genannt. *Ti* bedeutet «drei» und *piṭaka* «Korb». Die drei Körbe sind 1. der *Vinaya*, die Regeln und disziplinarischen Maßnahmen für Mönche und Nonnen, 2. die *Sutten*, die Lehrreden des Buddha, und 3. der *Abhidhamma*, die höhere Philosophie der Lehre. Der Name hat folgenden Grund: Das *Tipiṭaka* war ursprünglich auf getrocknete Palmblätter oder «Ola»-Blätter geschrieben worden. Wenn diese Blätter trocknen, werden sie brüchig, sind aber immer noch verhältnismäßig haltbar. Mit einem Schreibstift, der einem Schraubenzieher mit sehr dünner Spitze ähnelte, wurden die Buchstaben des Textes in die Ola-Blätter eingeritzt. Dann wurde der Saft einer bestimmten Beerenart über die Blätter gerieben und der überschüssige Saft entfernt; die dunkel gefärbte Einkerbung der Buchstaben blieb zurück. Diese Methode wird bis zum heutigen Tag in Sri Lanka angewandt, wo auch ein bestimmtes Kloster einen vollständigen Satz des auf Ola-Blätter geschriebenen *Tipiṭaka* aufbewahrt. Die Mönche kopieren die Texte immer wieder aufs Neue, wenn die alten Blätter zu zerfallen drohen. Die zu einem Buch gebündelten

Blätter werden beidseitig durch schwere, hölzerne Buchdeckel zusammengehalten, und alle Teile sind zusammengeschnürt. Gibt es einen Spender, so wird der vordere Buchdeckel zu Ehren der Worte des Buddha oft mit Gold oder Silber verziert. Es handelt sich hierbei nicht um Bücher, wie wir sie kennen, und man kann sie nicht in der Hand oder unter dem Arm tragen. Ursprünglich wurden sie in drei Körbe gelegt und darin transportiert. Daher stammt der Name *Tipiṭaka* oder «Drei-Korb» für den Pāli-Kanon.

Diesem Buch liegt eine Übersetzung der *Dīgha-Nikāya*, der «Langen Sammlung», zugrunde.[1] *Nikāya* bedeutet «Sammlung» und *dīgha* «lang». Viele Jahre nach seinem Tod wurden die Lehrreden des Buddha in fünf Sammlungen aufgeteilt: die *Dīgha-Nikāya*, die Sammlung der längeren Lehrreden; die *Majjhima-Nikāya*, die «Mittlere Sammlung» bzw. die Sammlung der Lehrreden mittlerer Länge; die *Aṅguttara-Nikāya*, die «Angereihte Sammlung»; die *Samyutta-Nikāya*, die thematisch «Gruppierte Sammlung», und die *Khuddaka-Nikāya*, die «Kurze Sammlung», die all das enthält, was nicht in die ersten vier Sammlungen passte. Diese Einteilung wurde als Gedächtnishilfe eingeführt.

Ein Grund dafür, dass die *Dīgha-Nikāya* besonders interessant ist, liegt darin, dass sie Sutten enthält, die uns den vollständigen Weg der Praxis zeigen. Wir müssen uns daran erinnern, dass der Buddha auf zwei Ebenen unterrichtete: der Ebene der relativen Wahrheit und der Ebene der absoluten Wahrheit. Wenn wir anfangs mit den Lehren in Berührung kommen, haben wir noch keine Ahnung, was die absolute Wahrheit ist, und wenn wir Teile davon berühren, lehnt unser Geist sie ab. Welche Fragen wir auch stellen mögen, sie treffen die Sache nicht, denn wir stellen sie auf der Ebene der relativen Wahrheit, und sie können vielleicht nur auf der Ebene der absoluten Wahrheit beantwortet werden. So denken wir zum Beispiel, wenn wir ein Koan gehört haben: «Was soll das nur bedeuten? Das ist doch Unsinn.» Aber ein Koan kann nur vom Standpunkt der absoluten Wahrheit aus erfasst werden. Wenn man dies berücksichtigt, ist der Sinn immer der gleiche – dass es nichts und niemanden gibt. Wir können die beiden Ebenen auch damit vergleichen, wie wir über alltägliche Gegenstände, wie Tisch oder Stuhl, sprechen und wie ein Physiker sie beschreibt. Für uns sind das Möbelstücke, die wir benutzen können.

Für den Physiker existieren sie nicht als solche, weil er weiß, dass es da nur Masseteilchen und Energie gibt. Dennoch wird derselbe Physiker nach seiner Arbeit nach Hause gehen und sich auf einen Stuhl setzen und einen Tisch benutzen. Wenn der Buddha lehrt, dass es nichts und niemanden gibt, spricht er über die Ebene der absoluten Wahrheit. Von dieser Ebene aus betrachtet, ist unsere Alltagswelt eine optische und geistige Illusion. Das ist die absolute Wahrheit. Aber der Buddha lehrte auch auf der relativen Ebene. Er gebrauchte Worte und Konzepte wie «ich», «mich», «mein», «dein». Er sprach über all die Dinge, die uns angehen, wie Karma, die Läuterung des Geistes und der Emotionen, und Geist und Körper, wie wir sie kennen. Wir müssen stets darauf achten, diese beiden gänzlich verschiedenen Ebenen nicht zu vermischen.

Durch die Besprechung dieser Lehrrede werden wir herausfinden, wie wir der absoluten Wahrheit näher kommen können. Das ist von großer Bedeutung, denn der Buddha verspricht, dass wir, sobald wir die absolute Wahrheit in uns verwirklicht haben, für immer frei von Dukkha (Leiden) sein werden. Die Methoden und Anleitungen, die uns der Buddha gibt, befähigen uns, uns Schritt für Schritt in Richtung einer großartigen und außergewöhnlichen Verwirklichung zu bewegen, die seine eigene Erleuchtungserfahrung war. Die heutige Wissenschaft bestätigt diese Erfahrung, aber man sieht es besser andersherum – die Worte des Buddha bestätigen die heutige Wissenschaft. Die meisten unserer Wissenschaftler sind keine Erleuchteten, obwohl sie die Wahrheit kennen, dass das Universum aus nichts anderem besteht als aus Teilchen, die zusammenkommen und auseinander fallen. Jedoch haben sie nicht wirklich erkannt, dass es demjenigen, der dies weiß, ganz genauso ergeht. Hätten sie sich selbst in ihre Beobachtungen mit einbezogen, wären diese Wissenschaftler schon längst erleuchtet und würden sehr wahrscheinlich die Erleuchtung lehren und nicht Physik. Wir mögen all dies bereits gelesen oder gehört haben, wir sind daran vielleicht auch sehr interessiert, aber wenn man nicht weiß, wie man damit umgeht, nützt einem das wenig. Das große Plus der Lehre des Buddha besteht darin, dass er uns praktische, schrittweise Ratschläge dafür gibt, wie dem Pfad zu folgen ist.

Die Sutta, die ich ausgewählt habe, heißt *Poṭṭhapāda-Sutta*.

Viele der Sutten sind nach der Person benannt, zu der der Buddha sprach und deren Fragen er beantwortete. (In der englischen Übersetzung von Maurice Walshe lautet der Untertitel «Bewusstseinszustände».) Die meisten Sutten beginnen mit dem Satz «So habe ich gehört», in Pāli *«evam me sutam»*; dies deswegen, weil sie rezitiert wurden. Beim großen Konzil der Arahats, drei Monate nach dem Tod des Buddha, machte man zu jeder rezitierten Sutta auch Angaben darüber, wo sie gelehrt wurde, wer anwesend war, und schilderte die näheren Umstände. All dies wurde in die Sutten aufgenommen, so dass sich die zuhörenden Mönche an die Begebenheit erinnern konnten und es ihnen möglich war, der jeweiligen mündlichen Überlieferung zuzustimmen oder sie abzulehnen und, falls nötig, Änderungen vorzuschlagen.

> So habe ich gehört. Einst weilte der Erhabene bei Sāvatthi im Jeta-Hain, dem Park des Anāthapiṇḍika.

Anāthapiṇḍika war ein sehr reicher Kaufmann. Als er den Buddha sprechen hörte, war er augenblicklich begeistert und überzeugt. Er beschloss, ein Kloster für den Buddha und seine Schüler zu kaufen, die bis dahin Wandermönche gewesen waren. Er fand einen schönen Mangohain, der dem Prinzen Jeta gehörte. Aber der Prinz wollte nicht verkaufen. Anāthapiṇḍika jedoch war beharrlich und kam ein zweites und ein drittes Mal vorbei, um zu fragen, ob er den Hain nicht erwerben könne. Schließlich sagte der Prinz, falls er das Grundstück völlig mit Goldmünzen bedecken würde, könne er es zu diesem Preis haben. Anāthapiṇḍika beauftragte seine Diener, Fässer mit Goldmünzen zu bringen und damit den ganzen Mangohain auszulegen. Es wird berichtet, dass ihm die Münzen ausgingen und eine kleine Fläche unbedeckt blieb; als er dies dem Prinzen Jeta mitteilte, war der einverstanden, ihm diesen Betrag nachzulassen.

Den Mangohain zu erwerben kostete Anāthapiṇḍika ein Drittel seines Vermögens. Ein weiteres Drittel verbrauchte er, um möblierte Hütten zu errichten – obwohl die Einrichtung in jenen Tagen einfach war: einige Haken an der Wand, Kerzen und ein Heusack als Bett. Der Buddha verbrachte 25 «Regenzeiten» in Anāthapiṇḍikas Kloster. Diese Regenzeitaufenthalte finden während der dreimonatigen Regenzeit in Indien statt. Die Mönche und Nonnen sind dann angehalten, innerhalb des Klosters zu bleiben, um zu studieren und zu meditieren. Dies wurde zur Tradition, weil zur Zeit des Buddha alle Mönche und Nonnen ihren Almosengang machten, um ihr Essen zu bekommen. Während der Regenzeit werden die kleinen Reispflanzen in die überschwemmten Felder umgesetzt und sind daher kaum zu sehen. Die Bauern beklagten sich beim Buddha darüber, dass die Mönche und Nonnen auf den Reispflanzen herumtrampelten, und da es tausende von Mönchen und Nonnen gab, hätte dies eine Hungersnot heraufbeschwören können. Der Buddha ordnete daraufhin den Regenzeitaufenthalt an; während dieser Zeit konnten ergebene Anhänger Essen in die Klöster bringen. Dieser Brauch hat sich bis heute erhalten.

> Zu dieser Zeit wohnte der Wanderasket Poṭṭhapāda zusammen mit dreihundert Wanderasketen im Park der Königin Mallikā, in dem es eine einzelne, von Tinduka-Bäumen umstandene Halle gab, in der man sich zum Meinungsaustausch traf.

Ein Mönch einer anderen Richtung wird in den Sutten oft einfach als Asket oder Wanderasket bezeichnet. Die Königin Mallikā, die diese Halle offensichtlich den Wanderasketen angeboten hatte, war die Gattin des Königs Pasenadi, und beide waren ergebene Anhänger des Buddha.

> Nachdem sich der Erhabene zur Morgenzeit erhoben hatte, nahm er seine Robe und seine Almosenschale und ging, um Almosenspeise zu erbitten, nach Sāvatthi hinein. Da kam dem Erhabenen folgender Gedanke: «Für den Almosengang in Sāvatthi ist es noch zu früh; vielleicht sollte ich den Wanderasketen Poṭṭhapāda aufsuchen.» Daraufhin ging der Erhabene in den Park.

Es war zu früh für den Almosengang, da die Leute noch kein Essen fertig hatten. Sāvatthi wird in den Sutten oft erwähnt, denn das von Anāthapiṇḍika gestiftete Kloster lag in der Nähe. Obwohl der Buddha nur in Nordindien lehrte, hat sich seine Lehre in zahlreichen anderen asiatischen Ländern verbreitet und fasst gerade in Europa, den USA, Australien und Neuseeland Fuß.

> Da saß Poṭṭhapāda zusammen mit den Wanderasketen, die schrieen, einen großen Tumult veranstalteten und sich allerlei unerbaulichen Gesprächen hingaben,

Nun folgen all die Rubriken, die keine für spirituell Suchende wertvollen Themen enthalten: «... wie Gespräche über Könige, Räuber und Minister ...» – mit anderen Worten: Politik, die gewöhnlich Uneinigkeit erzeugt; «... Gespräche über Heere, Gefahren und Schlachten ...»; – schreckliche und grauenhafte Ereignisse, die den Geist belasten; «... Essen und Trinken ...» – was die Sinnesbegierde fördern könnte; «... Kleidung, Betten, (Schmuck-)Kränze und Wohlgerüche ...» – persönlicher Zierat, um seine äußere Erscheinung aufzubessern, während Betten die Vorstellung von Sex andeuten könnten; «... Verwandte, Wagen, Dörfer, Marktflecken, Städte und Länder ...» – solche Gespräche wären nicht inspirierend oder erhebend und würden die Anhaftung und Identifikation unterstützen.

«... Gespräche über Frauen ...» – es waren alles zölibatäre Mönche, deren Geist sich nicht auf Gesprächsthemen, die das andere Geschlecht betreffen, einlassen sollte. Für Nonnen gilt Entsprechendes. «... Gespräche über Helden ...» – für uns wären das vielleicht Popstars! «... Straßen- und Brunnenklatsch ...» – auch heute noch ist in der sogenannten Dritten Welt der Brunnen ein wichtiger Treffpunkt. Die Häuser haben kein fließendes Wasser, daher treffen sich die Nachbarn am Brunnen, tauschen letzte Neuigkeiten aus und klatschen, was oft in Verleumdungen und Schmähungen ausartet. «... Gespräche über Verstorbene, halbherziges Gerede, Vermutungen über die Welt und die Meere und Gespräche über Sein und Nichtsein ...» – dies alles sind Themen, die laut Buddha vermieden werden sollten. Weder bringen sie ein tiefes Verständnis, noch führen sie den Geist zur Praxis hin; sie lenken ihn lediglich ab. Diese Aufzählung typischer Themen ist in die Sutta eingefügt worden, und der Text macht keine Angaben darüber, welche Themen die Wanderasketen diskutierten. Es wird lediglich festgestellt, dass sie ungeeignete Gespräche pflegten.

Nachdem Poṭṭhapāda den Erhabenen von weitem kommen sah, ermahnte er seine Anhänger: «Seid still, werte Männer, macht keinen Lärm, werte Männer! Der Asket Gotama kommt, er mag es still; und er lobt die Stille. Wenn er nämlich unsere Gesellschaft als still empfindet, wird er uns wahrscheinlich aufsuchen.» Auf diese Worte hin schwiegen die Wanderasketen.

Zweifellos war Poṭṭhapāda erpicht darauf, dass der Buddha zu ihnen kam; und im nächsten Abschnitt gibt er seiner Freude darüber Ausdruck.

Da ging der Erhabene zu Poṭṭhapāda, der zu ihm sagte: «Möge der Erhabene doch herkommen, ein Willkommen dem Erhabenen! Endlich hat der Erhabene einen Abstecher gemacht, um hierher zu kommen. Möge sich der Erhabene doch niedersetzen! Diese Sitzgelegenheit ist hergerichtet.»
Und der Erhabene setzte sich auf die vorbereitete Sitzgelegenheit. Poṭṭhapāda, der Wanderasket, ergriff nun eine niedrigere Sitzgelegenheit und setzte sich seitlich zu ihm hin. Der Erhabene fragte ihn nun: «Poṭṭhapāda, worüber was habt ihr gerade gesprochen? Was für eine Unterhaltung habe ich unterbrochen?»

Der Buddha wollte wissen, was sie beschäftigte, damit er ihnen bei der Beantwortung von Fragen behilflich sein konnte.

Poṭṭhapāda erwiderte: «Es ist nicht wichtig, worüber wir gerade gesprochen haben, es wird für den Erhabenen kein Verlust sein, später davon zu hören.»

Er will dem Buddha nicht erzählen, worüber sie sich unterhielten, da er eine Erklärung für etwas weit Wichtigeres haben möchte.

Während der vergangenen Tage, als sich Asketen und Brahmanen verschiedener Schulen in der Versammlungshalle zusammensetzten und aufeinander trafen, entspann sich ein Gespräch über das höhere Erlöschen des Bewusstseins, wie wohl das höhere Erlöschen des Bewusstseins vor sich geht.

Das höhere Erlöschen des Bewusstseins ist *nirodha*. Es wird manchmal als die neunte Jhāna bezeichnet, das Aufhören von Gefühl und Wahrnehmung. (Wir werden die Jhānas in späteren Kapiteln näher betrachten.) Poṭṭhapāda ist an diesem Thema interessiert, weil man im damaligen Indien glaubte, dass dies der höchste Zustand sei, der auf dem spirituellen Pfad zu erreichen ist. In Pāli wird es *abhisaññānirodha* genannt. *Abhi* bedeutet hier «höher», *saññā* «Wahrnehmung», und *nirodha* ist die Beschreibung dieser konzentrierten Zustände; daher die Übersetzung «höheres Erlöschen des Bewusstseins der Wahrnehmung». Was Poṭṭhapāda und seine Wanderasketen angeht, so war dies für sie der Gipfel des spirituellen Erlebens, und sie waren begierig, mehr darüber zu erfahren. Poṭṭhapāda fährt fort:

> Einige sagten: «Ohne Grund, durch nichts bedingt, treten bei einem Menschen Wahrnehmungen auf und erlöschen auch wieder. Zu einer Zeit, wenn sie auftreten, ist man bewusst, zu einer Zeit, wenn sie erlöschen, ist man unbewusst.»

Poṭṭhapāda sagt, er habe gehört, dass das Erlöschen des Bewusstseins zur Unbewusstheit führe. Das ist ein grobes Missverständnis. Es wird nicht Unbewusstsein erlebt, sondern das Vergehen des Wahrnehmens und Fühlens. Der Buddha wird dies später in der Sutta erklären.

> So erklärten sie es, aber ein anderer sagte: «So wird es wohl nicht sein. Wahrnehmungen sind das Ich des Menschen, das kommt und geht. Wenn es kommt, ist man bewusst, wenn es geht, ist man unbewusst.»

Poṭṭhapāda gibt hier die Meinung eines anderen wieder und spricht von der «höchsten Wahrnehmung des Erlöschens des Bewusstseins», was in diesem Zusammenhang völlig falsch ist, wie der Buddha ihm später erklären wird.

> Ein anderer äußerte dazu: «So wird es wohl nicht sein. Es gibt nämlich sehr mächtige und einflussreiche Asketen und Brahmanen. Diese lassen einem Menschen das Bewusstsein zukommen und entziehen es ihm auch wieder. Zu einer Zeit, wenn sie es ihm zukommen lassen, ist er bewusst, zu einer Zeit, wenn sie es ihm entziehen, ist er nicht bewusst.»
> Dazu äußerte ein weiterer Folgendes: «So wird es wohl nicht sein. Es gibt nämlich sehr mächtige und einflussreiche Gottheiten. Diese lassen einem Menschen das Bewusstsein zukommen und entziehen es ihm auch wieder. Zu einer Zeit, wenn sie es ihm zukommen lassen, ist er bewusst, zu einer Zeit, wenn sie es ihm entziehen, ist er unbewusst.»

Es gab immer eine Menge Aberglauben in Indien, und diese Ideen zeugen davon. Der Buddha bestand darauf, dass Aberglauben und äußere Umstände niemals zur Verwirklichung der Wahrheit führen können. Poṭṭhapāda fuhr fort:

> In diesem Zusammenhang erinnerte ich mich an den Erhabenen und dachte: «Ach, der Erhabene, der Wohlgegangene ist sicherlich jemand, der sich auf diese Dinge gut versteht! Der Erhabene kennt die Natur des höheren Erlöschens des Bewusstseins.» Erhabener, wie geht wohl das höhere Erlöschen des Bewusstseins vor sich?

Wenn man diese Sutta liest, bekommt man auch ein Gefühl für die Zeit, in der der Buddha lebte, und für das ganze soziale Umfeld. Wir werden mit den Menschen vertraut, die er kannte, beinahe so, als ob wir dabei gewesen wären. Mit der Zeit werden sie unsere Freunde, und wir kennen ihre Gewohnheiten und Belange. Aus Poṭṭhapādas Frage spricht dessen große Achtung vor dem Buddha.

> In diesem Fall, Poṭṭhapāda, liegen die Asketen und Brahmanen völlig daneben, die darüber Folgendes äußern: «Ohne Grund, durch nichts bedingt, treten bei einem Menschen Wahrnehmungen auf und erlöschen auch wieder.»

Der Buddha hatte keine Bedenken, bestimmte Lehren als falsch zu bezeichnen. Wenn sie falsch waren, sagte er es; wenn sie richtig waren, bestätigte er, dass sie richtig seien.

> «Und warum ist das so? Wahrnehmungen entstehen durch Ursachen und Bedingungen. Einige Wahrnehmungen treten durch Training auf, und einige erlöschen durch Training. Und durch welches Training?», sprach der Erhabene.

Der Buddha beantwortet noch nicht die ursprüngliche Frage, da das höhere Erlöschen des Bewusstseins das Ergebnis eines hervorragenden Trainings ist. Stattdessen beginnt er ganz am Anfang dieses Trainings.

> Poṭṭhapāda, da tritt ein Tathāgata in der Welt auf, ein Arahat …

Wörtlich übersetzt bedeutet Tathāgata «Sogegangener». *Gata* heißt «gegangen» und *tathā* «so». Gemeint ist: ein Buddha.

> … vollkommen erleuchtet, in Wissen und Wandel vollendet, wohlgegangen, ein Weltenkenner, unübertrefflicher Lenker der zu besänftigenden Menschen, Lehrer der Devas und Menschen, erwacht und erhaben …»

Dies sind traditionelle Formulierungen für die Beschreibung der Eigenschaften des Buddha, die oft rezitiert werden, und wir dürfen annehmen, dass es Einfügungen in den Text sind.

> Nachdem er sie selbst unmittelbar erkannt und verwirklicht hat, macht er diese Welt mit Devas, Māras und Brahmas bekannt …

Devas werden bei uns als Engel bezeichnet. In unserer Kultur stellen wir uns Engel als ewig engelhaft vor, aber dem Buddha zufolge können Devas aus diesem Zustand herausfallen und als Menschen wieder geboren werden. Dann müssen sie sich bemühen, die Deva-Welt wiederzuerlangen. Zu Beginn jedes Meditationskurses lade ich sie immer leise ein, bei uns mitzumachen. Und die das tun möchten, kommen. Es gibt keinen grobstofflichen Körper auf der Daseinsebene der Devas, infolgedessen sehr wenig Dukkha, so dass die Devas nicht denselben Ansporn zum Praktizieren haben wie wir. Aber einige von ihnen sind glücklich und gewillt, dem Dhamma zuzuhören und mit uns zu meditieren.

Māras sind Teufel. Die genaue Bedeutung ist «Versucher». Tatsächlich haben wir alle sowohl Māras als auch Devas in uns, Versuchungen und engelhafte Reinheit. Brahmas sind Götter, die die vier höchsten Bewusstseinssphären einnehmen. Es gibt keinen «Schöpfer», nur die Sphäre der Schöpfung.

> ... mit seinen weltlichen Herrschern und den Menschen. Er zeigt das Dhamma, das heilbringend am Anfang, heilbringend in der Mitte und heilbringend zum Schluss ist, sinngemäß und buchstabengetreu ...

Ein wichtiger Gesichtspunkt der Buddha-Lehre ist die Betonung sowohl der Bedeutung als auch der Worte. Es ist verhältnismäßig einfach, die Texte zu kennen. Wir müssen nur ein Buch lesen und versuchen, uns davon so viel wie möglich zu merken. Nicht nur Gelehrte, sondern auch viele andere Leute finden, dass dies der interessanteste Teil ist. Aber es ist sicherlich nicht genug für ein religiöses Leben. Der Geist der Botschaft unserer großen religiösen Führer kann nur dann in unsere Herzen einziehen, wenn wir üben. Dann kommen wir dahin, genau zu wissen, was der Buddha meinte, und seine Richtlinien werden ein wesentlicher Bestandteil unserer Gedanken, Sprache und Handlungen sein. Alles, was wir bis dahin haben, sind Worte und intellektuelles Verstehen.

> ... und erhellt den ganzen vollkommenen und reinen heiligen Wandel.

Die Lehre des Buddha wird Dhamma genannt. Er lehrte keinen Buddhismus, ebenso wenig wie Jesus das Christentum. Der eine wollte das Judentum reformieren, der andere den Brahmanismus. Keiner von beiden hatte Erfolg, aber jeder von ihnen begründete ungewollt eine neue Religion. Die von ihnen in Gang gesetzten Bewegungen waren Reformen alter Religionen, die zu Riten, Ritualen und sozialen Richtlinien degeneriert waren, da der Geist verloren gegangen und nur der Buchstabe befolgt worden war. Heutzutage begegnen wir überall genau dem gleichen Problem.

> Ein Schüler zieht hinaus und übt sich in den Tugenden.

Hinauszuziehen bedeutet gewöhnlich, Mönch oder Nonne zu werden, aber wir können uns gewiss auch als Laien in den Tugenden üben. Mönche und Nonnen sind sozusagen gezwungen, ihre Verhaltensregeln einzuhalten, und wenn es ihnen am Geist des Dhamma mangelt, lehnen sie sich mitunter auf. Für Laien, die sich aus Einsicht in deren Nutzen der Praxis freiwillig unterziehen, ist der Kampf vielleicht einfacher.

Der Buddha hat noch nicht die Absicht, die Frage nach den höheren Bewusstseinszuständen zu beantworten. Zunächst tritt er dafür ein, sich im moralischen Verhalten zu üben, als Grundlage für die spirituelle Entwicklung.

Er fährt nun fort, über die fünf Tugendregeln zu sprechen, die eine Grundhaltung der Zügelung gewährleisten.

> … er hat es aufgegeben, Leben zu vernichten; ohne Stock oder Schwert, gewissenhaft, mitfühlend, besorgt um das Wohlergehen aller Lebewesen, lebt er.

Der Buddha fordert hier nicht nur, das Töten zu unterlassen, sondern auch dessen Gegenteil zu praktizieren, nämlich Mitgefühl und eine tief empfundene Verbundenheit mit allen Lebewesen.

Die zweite Tugendregel lautet:

> … das Nehmen von Nichtgegebenem hat er aufgegeben; er wartet, bis man ihm gibt; er nimmt an, was ihm gegeben wird, stiehlt nicht und lebt mit lauterem Herzen.

Während die erste Tugendregel gegen unseren inneren Hass gerichtet ist, wendet sich die zweite gegen unsere Gier. Bei anderer

Gelegenheit empfiehlt der Buddha die Gebefreudigkeit als Gegenmittel, die uns hilft, «ich» und «mein» loszulassen und mehr in den Begriffen von Hilfsbereitschaft, Zusammengehörigkeit und selbstloser Liebe zu denken.

> Unkeuschheit hat er aufgegeben, er führt einen heiligen Wandel. Tugendhaft lebend, enthält er sich des Geschlechtsverkehrs.

Die dritte Tugendregel – sich sexuellen Fehlverhaltens zu enthalten – ist hier zum Zölibat abgeändert, weil auf den höheren Stufen des spirituellen Pfades das Zölibat als ein höchst wichtiger Aspekt des Trainings betrachtet wird. Für Mönche und Nonnen steht diese Regel ganz oben. Wenn bekannt wird, dass diese Tugendregel gebrochen werden, werden der Mönch oder die Nonne, die gefehlt haben, aus der Sangha, der Ordensgemeinschaft, ausgeschlossen. Laien nehmen manchmal an einem drei- oder sechsmonatigen Retreat teil; während dieser Zeit befolgen sie das Gelübde des Zölibats. Dies fördert ein Gefühl der Unabhängigkeit und hilft, starkes sinnliches Verlangen zu überwinden.

Die vierte Tugendregel umfasst einen langen Abschnitt:

> Er enthält sich der falschen Rede, wahr spricht er, aufrichtig und verlässlich ist er, und er hintergeht niemanden. Das Hintertragen hat er aufgegeben. Was er hier gehört hat, erzählt er nicht dort, um jene mit diesen zu entzweien. Was er dort gehört hat, erzählt er nicht hier, um diese mit jenen zu entzweien. So einigt er die Entzweiten, bestärkt die Verbundenen. Er erfreut sich am Frieden, liebt ihn, ist entzückt von ihm und tritt für den Frieden ein. Grobe Rede hat er aufgegeben. Worte, die untadelig sind, dem Ohre wohltuend, liebenswert, zu Herze gehend, höflich, vielen Menschen lieb und angenehm, solche Worte spricht er. Er enthält sich des leeren Geschwätzes, spricht zur rechten Zeit, spricht wahr, spricht vernünftig, spricht über das Dhamma und die Ordensdisziplin. Gehaltvolle Worte spricht er, zur rechten Zeit und mit Erläuterungen versehen, die angemessen und dem Ziele dienlich sind.

«Niemanden zu hintergehen» bedeutet, kein Heuchler zu sein, der das eine sagt und das andere tut. Die meisten von uns können spüren, ob die Worte, die wir hören, einer echten Erfahrung entspringen oder ob es nur leere Hüllen sind – geistlose Worte.

«So einigt er die Entzweiten, bestärkt die Verbundenen. Er erfreut sich am Frieden, liebt ihn, ist entzückt von ihm und tritt für den Frieden ein.» Hier ist der entscheidende Punkt, dass Eintracht aus der Rede erwachsen kann. Wir haben tausende von Büchern, die den Geist ansprechen, nicht jedoch das Herz. Wenn die Sprache rein intellektuell ist, berührt sie unsere Gefühle nicht, aber wenn die Worte, die wir sprechen oder schreiben, aus innerer Erfahrung kommen und tief empfunden sind, sind sie immer «gewissenhaft, mitfühlend, besorgt um das Wohlergehen aller Lebewesen».

«Er enthält sich des leeren Geschwätzes, spricht zur rechten Zeit, spricht wahr, spricht vernünftig.» In einer anderen Lehrrede sagte der Buddha, wenn wir über das Dhamma reden, sollten wir uns präzise ausdrücken; was wir sagen, sollte gut durchdacht sein und leicht zu verstehen.

«Gehaltvolle Worte spricht er ..., die ... dem Ziele dienlich sind.» Das Ziel der Buddha-Lehre ist Nibbāna (Sanskrit: Nirvāṇa). Frei übersetzt bedeutet es «nicht brennen» oder, mit anderen Worten, das Loslassen aller Leidenschaften. Wenn wir das zum ersten Mal hören, haben wir vielleicht das Gefühl, dass wir eigentlich nicht alle unsere leidenschaftlichen Reaktionen loswerden möchten. Das ist völlig in Ordnung, aber in diesem Fall sind unsere Absicht und unser Ziel verschieden. Jedoch können die meisten von uns mit dem Buddha übereinstimmen, wenn er sagt, dass die Rede erbaulich und «zu Herzen gehend» und die Dhamma-Sprache «wahr» und «vernünftig» sein sollte. Eine solche Rede ist auf das Loswerden des Dukkha gerichtet, und das ist ein gut zu verstehendes universelles Ziel. Die Frage ist: Wie macht man das? Wir müssen eine Verbindung herstellen zwischen «Ich möchte meine Leidenschaften nicht loslassen» und «Ich würde gern mein ganzes Dukkha loswerden», indem wir unsere Reaktionen erforschen, um herauszufinden, wie unser Dukkha entsteht. Man kann daraus eine kontemplative Untersuchung machen: «Wann habe ich Dukkha?» – «Woher kommt es?» – «Warum bekomme ich es?» Jede Antwort wird eine neue Frage aufwerfen. Falls wir davon überzeugt sind, dass wir kein Dukkha haben, sollten wir uns fragen, warum wir meditieren wollen. Dies ist eine wichtige Kontemplation, da sie den Schritt erleichtert von unserem Wunsch, kein Dukkha zu haben, zu unserer Fähigkeit, die Ursachen herauszufinden und uns ein für alle Mal davon zu befreien.

Die fünfte Tugendregel, Alkohol und Drogen zu meiden, wird in dieser Sutta nicht erwähnt. Stattdessen steht hier: «Sämereien und Pflanzgut zu schädigen enthält er sich ...» In einigen buddhistischen Ländern wird dies infolge sozialer Prägung oft falsch interpretiert, so als dürfe ein Mönch oder eine Nonne nicht im Garten arbeiten. Wir können jedoch sehen, dass es die Schädigung betrifft und sich keinesfalls auf die Fürsorge und Pflege der Pflanzen bezieht. Weil der Buddha in dieser Sutta Asketen belehrt, die sich schon auf dem spirituellen Pfad befinden und über dessen höchste Aspekte Bescheid wissen wollen, hält er es wahrscheinlich für selbstverständlich, dass Alkohol und Drogen keine Rolle in ihrem Leben spielen, und übergeht daher diese Tugendregel.

Der Buddha fährt mit den Tugendregeln fort, die Novizen oder Novizinnen oder auch Laien während einer begrenzten Zeit intensiver Praxis befolgen. Sie beinhalten: «Er enthält sich, außerhalb der rechten Zeit zu essen.» Für uns heute könnte das bedeuten, nicht jederzeit, wenn uns danach ist, zum Kühlschrank zu gehen, um sich etwas zu essen herauszunehmen; oder keinen Schokoladenriegel in die Tasche zu stecken, an dem man dann immer nach Belieben knabbert. Es bedeutet, eine gewisse Disziplin bei unseren Essgewohnheiten einzuhalten. Sollten wir uns eine striktere Selbstdisziplin auferlegen wollen, dann nehmen wir vielleicht täglich nur eine Mahlzeit ein oder fasten zu bestimmten Zeiten.

«Von Tanz, Gesang, Musik und Veranstaltungen hält er sich fern.» Das sind alles Ablenkungen, die geeignet sind, sexuelles Verlangen zu wecken. Sie sind mit Gier verbunden oder mit dem Wunsch nach Sinnesbefriedigung. Wenn wir sehr intensiv praktizieren wollen, nehmen wir besser von solchen Unterhaltungen Abstand, so dass der Geist in gelassener Gemütsruhe verweilen kann.

«Der Verwendung von Kränzen, Wohlgerüchen, Schminke und

von Putz und Schmuck enthält er sich.» In der Welt ist es allgemein üblich, viel Mühe darauf zu verwenden, möglichst attraktiv auszusehen. Dies ist einfach ein Unterstützungsmechanismus für unser Anhaften an der «Ich»-Illusion. Wenn wir reich sind, können wir uns mit wertvollen Dingen schmücken; das unterstützt unser Selbstwertgefühl: Wenn ich wertvolle Dinge habe, muss ich wohl eine wertvolle Person sein. Dieser Gedanke wird vielleicht nicht deutlich ausgesprochen, aber er liegt diesem Verhalten zugrunde.

«Gold und Silber anzunehmen enthält er sich.» Das bedeutet, keine Geschäfte zu machen, bezieht sich aber auch darauf, genügsam zu sein, einfach zu leben und nicht weltlichem Gewinn nachzujagen. Nun folgt eine Liste von Dingen, die damals als *dana*, Gaben, den Mönchen gegeben wurden und die nicht angenommen werden sollten: «Rohes Getreide oder rohes Fleisch anzunehmen enthält er sich. Frauen und Mädchen anzunehmen enthält er sich. Dienerinnen und Diener, Ziegen und Schafe, Hühner und Schweine, Elefanten, Rinder, Pferde und Stuten, Feld und Hof anzunehmen enthält er sich.» Diese Geschenke sind Versuchungen, ein weltlicheres Leben zu führen und den spirituellen Pfad in den Hintergrund zu rücken.

> … Botengänge zu übernehmen, zu kaufen und zu verkaufen enthält er sich, falsche Gewichte, falsche Münzen und falsche Maße benutzt er nicht. Von krummen Wegen der Bestechung, des Betrugs und der Täuschung hält er sich zurück. Von Misshandlung, Mord, Freiheitsberaubung, Überfällen, Plünderung und Gewaltanwendung nimmt er Abstand.

Es ist interessant festzustellen, dass keine dieser Tugendregeln angesprochen wurde, als der Buddha in der Anfangszeit Mönche und Nonnen ordinierte. Er sagte einfach die Worte: *«Ehi bhikkhu!»* – «Komm, Mönch!» Das genügte, um dem Buddha in das hauslose Leben zu folgen. Aber da Mönche und Nonnen genauso fehlbar sind wie jeder andere und weltlichen Versuchungen erliegen, formulierte der Buddha schließlich Verhaltensregeln, die auch heute noch gelten.

«Betrug» und «Täuschung» sind Befleckungen, die sich leicht

in die Herzen unerleuchteter Menschen einschleichen. Wir identifizieren uns vielleicht nicht allzu sehr mit einigen der anderen Ermahnungen, doch können wir die Anweisungen des Buddha zur Zügelung benutzen, um Gewohnheiten loszulassen, die der Marktplatzebene zuzurechnen sind und einer intensiveren Praxis im Wege stehen. Wir werden schließlich die Antwort auf Poṭṭhapādas ursprüngliche Frage finden, aber die Lehrdarlegungen des Buddha beginnen üblicherweise beim Alltagsleben und schreiten dann Schritt für Schritt voran, zur Meditation und schließlich zur Einsicht in die Natur der absoluten Wirklichkeit.

2

Das Bewachen der Sinne: Achtsamkeit und Wissensklarheit

Nachdem er Poṭṭhapāda den ersten Schritt erklärt hatte, sagte der Buddha jetzt:

> ... ein auf diese Weise tugendvollendeter Mönch erblickt, was die Tugendzügelung angeht, nirgendwo Gefahr.

Um etwas zur Vollendung zu bringen, bedarf es der Übung. Es ist jedoch ratsam, dieses Training nicht als etwas anzusehen, das uns von außen auferlegt wird. Vielmehr ist es etwas, das wir uns selbst auferlegen, weil wir erkennen, dass wir durch die Überwindung unserer eigenen negativen Instinkte und Impulse schließlich all die Illusionen überwinden werden, die bei uns Dukkha erzeugen. Jeder Schritt der Lehre des Buddha ist darauf angelegt, uns dem Ziel näher zu bringen. «Nirgendwo Gefahr zu erblicken» erzeugt offensichtlich ein Gefühl der Sicherheit. Wenn wir wissen, dass wir nichts falsch gemacht haben, haben wir keine Schuldgefühle, kein Gefühl einer Unterlassung oder eines Vergehens, und daher fühlen wir uns sehr wohl.

Der Buddha gibt ein Gleichnis:

> So wie auch ein gekrönter Kschatriya-Herrscher, der seine Gegner unterworfen hat, was Widersacher angeht, nirgendwo Gefahr erblickt, ebenso erblickt ein Mönch, der auf diese Weise tugendvollendet ist, was die Tugendzügelung angeht, nirgendwo Gefahr. Er empfindet eine innerliche unschuldige Glück-

seligkeit, die von der Aufrechterhaltung seiner edlen Tugendhaftigkeit herrührt.

Das Wort «Glückseligkeit» bezeichnet eine innere Freude. Es ist kein meditatives Glück, das wir in einem späteren Kapitel besprechen werden, sondern ein Gefühl der Zufriedenheit, das von unserem Wissen herrührt, dass wir untadelig sind und uns keine Gefahr von unseren Leidenschaften droht. Eine «edle Tugendhaftigkeit» erfordert ein höheres Maß an Entsagung, als nur die fünf Tugendregeln einzuhalten. Wie wir gesehen haben, wandelt sich hier zum Beispiel die dritte Tugendregel – die Enthaltung von sexuellem Fehlverhalten – zu Enthaltsamkeit oder dem Zölibat.

Der Buddha wendet sich nun dem nächsten Schritt zu, dem «Beschützen der Sinnestore». Er macht immer noch keinen Versuch, Poṭṭhapādas Frage nach dem höheren Erlöschen der Wahrnehmung zu beantworten. Selbstverständlich weiß er, dass Poṭṭhapāda auf dieser Stufe unfähig sein würde, die Antwort zu verstehen.

> Sieht ein Mönch mit dem Auge eine Form, greift er nicht nach dem Erscheinungsbild oder den Merkmalen. Weil Verlangen oder Unmut, üble und unheilsame Bewusstseinsregungen denjenigen überwältigen, der den Sehsinn nicht zu zügeln pflegt, praktiziert er dessen Zügelung, bewacht den Sehsinn, entwickelt die Zügelung des Sehsinns.

Dies wird nun für die anderen Sinne wiederholt:

> Hört er mit dem Ohr ein Geräusch, … riecht er mit der Nase einen Geruch, … schmeckt er mit der Zunge einen Geschmack, … spürt er mit dem Körper eine Berührung, … erkennt er mit dem Geist einen Gedanken, …

Dann sagt der Buddha:

> Er empfindet eine innerliche unschuldige Glückseligkeit, die von der Aufrechterhaltung des edlen Bewachens seiner Sinnes-

tore herrührt. Auf diese Weise … ist ein Mönch der Hüter der Sinnestore.

Meistens wird dies missverstanden und falsch praktiziert, so, als würde es bedeuten, nicht zu sehen, nicht zu hören, nicht zu schmecken, nicht zu berühren. Das ist völlig unmöglich. Unsere Sinne sind da; wir müssen sehen, hören, schmecken, berühren, riechen. Unser Geist weigert sich, nicht zu denken, wie wir sehr gut aus der Meditation wissen. Dennoch wird diese Art der Praxis sehr oft gelehrt.

Natürlich stimmt es, dass wir, wenn wir nirgends hinschauen, auch durch nichts gestört werden. Aber wie können wir das Sehen vermeiden, besonders im normalen Alltagsleben? Es ist äußerst wichtig zu verstehen, was in diesem Abschnitt gesagt wird, vor allem, wenn wir nach den Tugendregeln leben wollen. «Er greift nicht nach dem Erscheinungbild oder den Merkmalen.» Wenn das Auge erblickt, registriert es lediglich Farbe und Form. Alles Übrige findet im Geist statt. Wir sehen zum Beispiel ein Stück Schokolade. Das Auge erblickt nur die braune Gestalt. Es ist der Geist, der sagt: «Ah, Schokolade! Die schmeckt köstlich. Ich möchte ein Stück.» Nicht nach dem Erscheinungsbild und den Merkmalen zu greifen bedeutet, den Geist davon abzuhalten, genau das zu tun.

Dies lässt sich ganz leicht mit Dingen üben, die man entweder sehr mag oder heftig ablehnt. Die beiden stärksten Sinne sind das Sehen und das Hören. Wir können einen der beiden Sinne herausgreifen und beobachten, wie der Geist reagiert, und uns bewusst werden, wie er innerlich Geschichten erzählt. Für das Ohr oder das Auge ist es nicht möglich zu entscheiden, was gesehen oder gehört wurde. Zum Beispiel hört das Ohr das Geräusch eines Lastwagens. Der Geist sagt: «Lastwagen.» Dann sagt er: «Sehr laut! Äußerst unangenehm! Kein Wunder, dass ich nicht meditieren kann!» All das kommt vom Geist und hat nichts mit dem Geräusch an sich zu tun. Geräusch ist lediglich Geräusch, Farbe lediglich Farbe und Form lediglich Form.

Menschen, die der Tugendregel des Zölibats folgen, werden mitunter angewiesen, keine Personen des anderen Geschlechts anzuschauen. Aber wie kann sich jemand daran halten? Ich habe

Mönche getroffen, die das versucht haben – es führt zu verkrampften, peinlichen Begegnungen. Wie kann man mit jemandem reden, der einen absichtlich nicht ansieht? Das ist mit dem Bewachen der Sinnestore nicht gemeint. Vielmehr: Wenn das Auge eine Form gesehen hat und der Geist «Mann» oder «Frau» sagt, stoppen wir hier. Wir erlauben dem Geist nicht, etwas hinzuzufügen. Was auch immer er sonst noch sagen mag, wird je nach Situation entweder Gier oder Hass entstehen lassen. Die meisten von uns sind in der Lage, dies zu üben, und wenn wir das wirklich tun, kann es uns das Leben viel leichter machen. Nehmen wir an, wir gehen einkaufen. Wir haben einen Einkaufszettel, auf dem all die Sachen stehen, die wir wirklich brauchen. Dann fällt unser Blick auf die riesige Menge anderer Waren, alle schön verpackt, einige vielleicht als Sonderangebote. Sofort interessiert sich der Geist dafür, und am Ende kaufen wir viel mehr, als wir brauchen. Einige von uns gehen tatsächlich einkaufen, um Dinge zu finden, die ihnen gefallen; für sie ist Kaufen ein Hobby.

Wenn wir uns leicht von dem Gesehenen beeinflussen lassen, ist es das Beste, den Sinneskontakt zu erkennen und den Geist bei der Wahrnehmung, dem Etikett, zu stoppen. Es ist sehr schwer, ihn davor zu stoppen. Ebenso sollten wir, wenn wir zum Beispiel eine Person sehen oder auch nur an eine Person denken, der gegenüber wir Hass oder Gier empfinden, jemand, den wir entweder nicht mögen oder intensiv begehren, uns darin üben, beim Etikett anzuhalten: «Person, Freund, männlich, weiblich.» Nichts weiter. Alles Übrige ist unser Begehren. Das ist mit dem Bewachen der Sinnestore gemeint.

Die Sinne sind unsere Überlebensausrüstung. Es ist viel leichter zu überleben, wenn wir sehen und hören können, als wenn wir blind oder taub sind. Die meisten Menschen nehmen jedoch an, die Sinne seien ihr Vergnügungspark. Wir gebrauchen sie auf diese Weise und werden ärgerlich, wenn sie hierbei versagen, und tadeln dann den Auslöser. Wenn uns jemand missfällt, tadeln wir diese Person. Es hat jedoch nichts mit der anderen Person zu tun, die wie wir aus vier Elementen besteht, die gleichen Sinne besitzt, die gleichen Gliedmaßen und die wie wir auf der Suche nach Glück ist. Es gibt nichts an dieser Person, das Missfallen erzeugt. Es ist alles in unserem Geist.

Genau das Gleiche gilt, wenn wir meinen, ein anderer Mensch werde uns Vergnügen bereiten. Wiederum ist da jemand, der aus den vier Elementen besteht, die gleichen Sinne hat, die gleichen Gliedmaßen und den gleichen Wunsch nach Glück wie wir. Es gibt keinen Grund, bei diesem Menschen nach Vergnügen zu suchen oder ihn zu tadeln, wenn er es nicht bieten kann. Alles, was wir zu tun haben, ist zu sehen: «Mensch». Nichts weiter! Es gibt so viele Menschen auf der Welt, warum sollten wir zulassen, dass gerade dieser eine unser Begehrens- und Ablehnungssyndrom auslöst?

Wenn wir die Sinne bewachen, wachen wir über unsere Leidenschaften, was uns befähigt, sehr viel gleichmütiger zu leben. Wir sind nicht mehr in einer endlosen Wippbewegung: oben, wenn wir bekommen, was wir wollen; unten, wenn wir es nicht bekommen, was zu einer ständigen inneren Unruhe führt, einem Gefühl, etwas zu wollen, das gerade entrinnt. Nichts, was auf der Welt zu haben ist, egal wo, egal unter welchen Umständen, kann uns Erfüllung bringen. Alles, was die Welt zu liefern vermag, sind Sinneskontakte: sehen, hören, schmecken, riechen, tasten und denken. Alle sind kurzlebig und müssen immer wieder erneuert werden. Das erfordert Zeit und Energie, und auch hier wieder ist es nicht der Sinneskontakt selbst, der uns befriedigt. Es ist das, was der Geist daraus macht. Die Sinnestore zu bewachen gehört zum Wichtigsten, was wir tun können, wenn wir ein friedliches und harmonisches Leben führen möchten, ungestört von dem, was wir haben wollen, aber nicht haben oder haben, aber nicht haben wollen. Dies sind die beiden einzigen Gründe für Dukkha; es gibt keine anderen. Wenn wir auf unsere Sinneskontakte Acht geben und nicht weiter als bis zum Etikett gehen, haben wir eine sehr gute Chance, uns wohl zu fühlen.

Der Geist ist ein Zauberkünstler – er kann uns jederzeit etwas vorzaubern. In dem Augenblick, in dem wir weiter gehen als bis zur Wahrnehmung (dem Etikett), wird er das tun, und wir werden uns dann entweder zu Hass oder zu Gier hingezogen finden. Der Buddha erwähnt Māra, den Versucher. Māra ist ständig bei uns und wartet auf Einlass. Versuchungen sind unnötig. Wenn sie vorhanden sind, müssen wir sie überwinden, aber es ist gar nicht nötig, dass wir sie überhaupt haben. Wir können innehalten, bevor sie aufkommen, und das bedeutet, die Sinne zu bewachen.

Der Buddha hat Poṭṭhapāda noch viel darüber zu sagen, was er zu üben hat, bevor er ihm irgendeine Unterweisung zur Meditation und über das höhere Erlöschen des Bewusstseins gibt. Er kommt nun zum Thema «Achtsamkeit und Wissensklarheit». In dieser Abfolge schreitet seine Unterweisung in vielen Lehrreden voran: zuerst Sittlichkeit, dann das Bewachen der Sinnestore und schließlich Achtsamkeit und Wissensklarheit. Die beiden letzten hängen zusammen und werden oft gemeinsam genannt. *Sati* ist Achtsamkeit und *sampajañña* ist Wissensklarheit.

> Und wie … ist ein Mönch mit Achtsamkeit und Wissensklarheit ausgestattet? Da verrichtet ein Mönch das Hingehen und Zurückgehen wissensklar, verrichtet das Hinschauen und Wegschauen wissensklar, verrichtet das Beugen und Strecken wissensklar, verrichtet das Tragen des Mönchsgewandes, der äußeren Robe und der Almosenschale wissensklar, verrichtet das Essen, Trinken, Kauen und Schlucken wissensklar, verrichtet das Entleeren von Kot und Urin wissensklar, verrichtet das Gehen, Stehen, Sitzen, Hinlegen, Aufwachen, Reden und Schweigen wissensklar. Auf diese Weise ist ein Mönch mit Achtsamkeit und Wissensklarheit ausgestattet.

Die Achtsamkeit hat vier Aspekte: Körper, Emotionen, zugrunde liegende Stimmung und Inhalt der Gedanken. Die Achtsamkeit auf den Körper, auf die sich der Buddha hier bezieht, nimmt einen vorrangigen Platz ein. Es ist entscheidend, Achtsamkeit im täglichen Leben zu praktizieren, nicht einfach nur während der Meditationszeit. Wenn außerhalb der Meditation keine Achtsamkeit herrscht, wird sie auch nicht während der Meditation vorhanden sein. So praktizieren wir die erste Grundlage der Achtsamkeit, indem wir auf unseren Körper Acht geben. Wir sind uns dessen bewusst, was wir tun, ob wir gehen, stehen, sitzen, liegen, uns anziehen oder ausziehen, strecken, beugen – was auch immer. Einer der Vorteile der Achtsamkeit auf den Körper besteht darin, dass wir, während wir dies praktizieren, den Geist auf seinen Platz verweisen, ihm nicht erlauben, abzuschweifen.

Ein zweiter Vorteil besteht in der Läuterung, die die Achtsamkeit bewirkt. Wenn wir wirklich auf das aufpassen, was wir machen, können wir in dem Moment nicht aufgeregt, ärgerlich oder gierig sein. Der Buddha rät uns immer wieder, den Körper als Achtsamkeitsobjekt zu benutzen. Zunächst einmal können wir den Körper fühlen und anfassen; wir brauchen ihn nicht erst zu suchen. Wenn wir auf diese Weise praktizieren, werden wir in Kürze erkennen, wie friedlich es wird, wenn jegliche geistige Unruhe abwesend ist. Denn wie können wir verärgert sein oder gierig oder etwas nicht mögen, während wir darauf Acht geben, was wirklich passiert?

Drittens hält uns die Körperachtsamkeit im gegenwärtigen Augenblick, und schließlich lernen wir vielleicht, dass es keinen anderen Augenblick gibt. In der Gegenwart zu sein heißt tatsächlich, in der Ewigkeit zu sein. Gewöhnlich ziehen wir zwischen den einzelnen Augenblicken Grenzen: der vergangene Augenblick, der gegenwärtige und der zukünftige. Wir sehen sie als drei, aber tatsächlich können wir nur in einem sein, in der Gegenwart. Die beiden anderen sind geistbeschaffen; sie sind Phantasien, die aus Erinnerungen und Vorstellungen gebildet wurden. Die meisten Menschen leben in der Vergangenheit, in der Zukunft oder in einer Mischung aus beidem. Wenn wir uns so verhalten, werden Achtsamkeit und Meditation für uns äußerst schwierig sein, denn beides geschieht jetzt.

Sich der Gefühle bewusst zu sein ist die zweite Grundlage der Achtsamkeit. Die vierte (zur dritten kommen wir gleich) richtet sich auf den Inhalt der Gedanken, und beide, die zweite und vierte, werden in der Meditation angesprochen und müssen im täglichen Leben fortgeführt werden. Sollte zum Beispiel eine starke Emotion auftreten, erkennen wir zuerst den Inhalt und versuchen dann das Unheilsame durch das Heilsame zu ersetzen. Wir brauchen nicht allen unseren Emotionen zu glauben. Wenn wir ihren Ursprung zurückverfolgen, werden wir unausweichlich feststellen, dass sie die Folge eines Sinneskontaktes sind. Es ist äußerst erhellend, dies nachzuprüfen. Entsprechendes gilt für die Inhalte unserer Gedanken. Wenn wir sie als heilsam erkennen, nehmen wir das einfach zur Kenntnis, und sobald sie sich legen, kehren wir zur Achtsamkeit auf den Körper zurück. Sollten sie unheilsam sein, ersetzen wir sie so schnell wie möglich. Je kürzer die Zeit ist, in der wir dem Unheilsamen erlauben, bei uns zu bleiben, desto geringer ist die Möglichkeit, dass sich tiefe Furchen der Negativität in unserem Geist bilden. Je mehr wir uns unserer Gier bewusst werden – wobei Gier als Überbegriff für das Habenwollen aufzufassen ist – und unseres Hasses – ein Überbegriff des Nicht-Habenwollens – und je weniger Zeit wir beiden zugestehen, sich im Geist niederzulassen, desto leichter können wir uns davon befreien.

Die dritte Grundlage der Achtsamkeit ist die zugrunde liegende Stimmung. Auch sie ist ein wichtiges Achtsamkeitsobjekt. Wenn wir die unheilsame Stimmung fassen können, bevor sie sich in Gedanken oder Emotionen verwandelt, wird das Ersetzen viel leichter. Einige Menschen haben eine zugrunde liegende Stimmung, die ständig negativ ist, und es fällt ihnen sehr schwer, dies zu ändern. Bei den meisten von uns wechselt sie zwischen positiv und negativ hin und her. Es gibt auch Menschen, deren Stimmung vorwiegend positiv ist. Wenn wir feststellen, dass es Unmut, Neid oder Abneigung sind, woraus negative Gedanken und negative Emotionen resultieren, können wir versuchen, die Stimmung selbst anzugehen; indem wir das tun, erkennen wir, dass es nichts weiter als eine Stimmung ist und keine tiefere Bedeutung hat. Nichts, was wir haben, denken oder tun, hat irgendeine grundlegende und tief schürfende Bedeutung. Es geschieht einfach. Wir müssen den Gedankeninhalt, die Emotion oder Stimmung nicht behalten, wenn sie unserem Glück zuwiderlaufen. Je mehr Glück wir selbst empfinden, desto mehr können wir anderen davon abgeben. Es ist ganz unmöglich, etwas zu geben, was wir selbst nicht haben. Wie Menschen sich einbilden können, das zu tun, ist ein Rätsel.

Dies sind die vier Grundlagen der Achtsamkeit: Körper, Emotionen, Stimmung und Inhalt der Gedanken. Achtsamkeit bedeutet, reine Aufmerksamkeit zu schenken; damit ist keinerlei Beurteilung verbunden. Es ist Wissensklarheit, die weiß, ob die Empfindung, Emotion, Stimmung oder der Gedankenprozess heilsam oder unheilsam sind, und sie befähigt uns, zu ersetzen. Jeder von uns kann wissensklar sein; wir verfügen dazu über genügend Weisheit. Wir haben natürlich auch all die menschlichen Schwächen, die ständig Unglück, Sorge, Rastlosigkeit und Erregung erzeugen, aber wir brauchen nicht daran festzuhalten. Mit Wissensklarheit können wir dies erkennen und damit beginnen, das Unheilsame durch das Heilsame zu ersetzen. Wir üben dies in der Meditation, indem wir lernen, jeden diskursiven Gedanken loszulassen und unsere Aufmerksamkeit wieder zum Meditationsobjekt zurückbringen; und in genau der gleichen Weise üben wir es im täglichen Leben.

Dass Menschen ihre Negativität behalten, hat allein darin seinen Grund, dass sie sie rechtfertigen, indem sie jemandem oder etwas in der Welt außerhalb von sich die Schuld daran geben. Das bringt kein Glück. Auf der inneren Reise haben wir die Möglichkeit, uns selbst zu sehen, wie wir wirklich sind, und nicht, wie wir gerne in der Gesellschaft oder vor anderen erscheinen möchten. Wenn wir uns ungeschminkt sehen, können wir uns ändern, und wenn wir das tun, erzeugt das ein Gefühl großer Erleichterung, so, als ob wir eine schwere Last abgelegt hätten. Einfach achtsam zu sein befreit uns von der Last des diskursiven Denkens und Reagierens. Das ständige Reagieren auf die Welt um uns herum verbraucht geistige Energie, und es ist oft beurteilend und verurteilend. Mit Achtsamkeit geschieht nichts davon.

Achtsamkeit bedeutet, dass wir jeden Schritt beachten, wörtlich und im übertragenen Sinn, unter allen Umständen. Natürlich werden wir sie vergessen, darüber besteht kein Zweifel, aber in dem Augenblick, in dem wir uns an sie erinnern, sind wir wieder auf dem richtigen Weg. Es gibt nichts Hilfreicheres, was wir für uns tun könnten.

Wissensklarheit hat vier Aspekte, die in dieser Lehrrede nicht erwähnt sind. Erstens, sich dessen bewusst zu werden, was man zu sagen oder zu tun beabsichtigt, und zu untersuchen, ob der Zweck nützlich ist oder nicht. Wenn er ichbezogen und selbstsüchtig ist, ist das wahrscheinlich nicht der Fall. Sobald wir entschieden haben, dass er nützlich ist, besteht der zweite Schritt darin, festzustellen, ob wir tatsächlich für das, was wir zu tun oder zu sagen beschlossen haben, die geeigneten Mittel zur Hand haben. Könnten sie noch geeigneter sein? Der dritte Aspekt besteht darin, uns zu fragen, welche Stellung das Ziel und das Mittel innerhalb des Dhamma einnehmen. Man könnte dies auch so ausdrücken:

Würde der Buddha es gutheißen? Wir prüfen unser Ziel, und wir prüfen unsere Mittel hinsichtlich der Vereinbarkeit mit der Lehre. In erster Linie prüfen wir, ob sie mit den Tugendregeln verträglich sind, ob sie innerhalb des Rahmens von liebender Güte und Mitgefühl anzusiedeln und für das Glück förderlich sind. Sind sie auf das Ziel ausgerichtet, schließlich das ganze Dukkha loszuwerden? Das ist eine wichtige Frage, weil wir sonst leicht auf Abwege geraten können. Die Welt bietet eine solche Vielzahl von Möglichkeiten, dass es für uns, wenn wir vorher nicht darüber nachdenken, nahezu unmöglich ist, Unheilsames zu unterlassen. Wenn wir diese Fragen bejahen konnten, führen wir die Handlung aus. Nachdem wir dann getan oder gesagt haben, was wir zu tun oder zu sagen beabsichtigten, untersuchen wir als vierten Schritt, ob wir tatsächlich unseren Zweck erreicht haben, und falls nicht, warum wir es nicht taten. Woran fehlte es?

Das ist *eine* Art, die Wissensklarheit zu erläutern, und zwar diejenige, die uns im Alltagsleben am nützlichsten sein kann. Zuerst benötigen wir Achtsamkeit, um uns dessen, was in uns vorgeht, bewusst zu werden. Dann prüfen wir unsere Absichten im Lichte der Wissensklarheit. Auf diese Weise zu üben verlangsamt unsere Reaktionen, und das ist nur zu unserem Besten. Wenn wir impulsiv handeln, passieren nur allzu leicht Fehler; wenn wir etwas mehr überlegen, werden wir uns mit sehr viel größerer Wahrscheinlichkeit in eine positive Richtung bewegen.

Als Nächstes spricht der Buddha über die Zufriedenheit mit den alltäglichen Bedarfsgütern:

> Und wie ist ein Mönch zufrieden? Da ist ein Mönch zufrieden mit der Robe, die seinen Körper umhüllt, mit der Almosenspeise, die seinen Magen füllt, und wenn er eine ausreichende Menge zu sich genommen hat, geht er seines Weges. So wie der flügge Vogel, der, wohin er auch fliegt, nur mit der Last seiner Federn fliegt, gibt sich der Mönch zufrieden.

In den heutigen Industriegesellschaften haben die meisten Menschen mehr, als sie brauchen. Der Buddha sagte, vier Dinge seien nötig: Essen, Behausung, Kleidung und Medizin, um den Körper im Krankheitsfall zu kurieren. Das sind unsere materiellen

Grundbedürfnisse. Offensichtlich haben die meisten von uns Dutzende anderer Dinge, von denen sie meinen, dass sie ohne sie nicht auskommen, und obgleich einige davon tatsächlich nötig sein mögen, ist es der Rest wahrscheinlich nicht. Es ist der Mühe wert, einmal nachzuprüfen, was nötig ist und was der Begierde entspringt, und zu sehen, wohin einen das führt. Nachdem wir das getan haben, stellen wir uns dann folgende Fragen: «Bin ich mit meiner materiellen Situation zufrieden? Bin ich dafür dankbar? Erkenne ich, dass es ein großer Segen ist, genügend zu haben, ein Segen, der vielen Menschen auf diesem Erdball versagt ist?» Erinnern wir uns tatsächlich der anderen, die weder genug zu essen haben noch ausreichende Kleidung, noch Medizin, noch ein Dach über dem Kopf? Nehmen wir es als selbstverständlich, dass wir all das haben? Gewöhnlich ist es so. Tatsächlich beschweren wir uns, wenn das, was wir haben, nicht ganz so aussieht, wie wir es wollen, oder nicht so schmeckt, wie wir es gerne hätten, oder anders ist als das, was wir gewohnt sind, und wir wollen keine Änderung. Wir beschweren uns lieber, statt für alles, was wir haben, dankbar zu sein.

Als der Buddha einst mit seinen Mönchen an der Meeresküste entlangging, sprach er zu ihnen: «Ihr Mönche, stellt euch vor, dass eine blinde Schildkröte durch die Weltmeere schwimmt, und nur alle hundert Jahre taucht diese Schildkröte auf, um Luft zu holen. Und da treibt auch ein hölzernes Joch auf den Weltmeeren. Ihr Mönche, was meint ihr, wenn die Schildkröte auftaucht, um Luft zu holen, könnte es dann sein, dass sie ihren Kopf durch das hölzerne Joch steckt?» Die Mönche sagten: «Nein, Herr, das ist unmöglich.» Der Buddha antwortete: «Es ist nicht unmöglich. Es ist unwahrscheinlich.» Im weiteren Verlauf des Gesprächs sagte er dann, dass dieselbe Wahrscheinlichkeit besteht, als Mensch mit intakten Gliedmaßen und Sinnen geboren zu werden und mit der Möglichkeit, das wahre Dhamma zu hören.

Erinnern wir uns daran, unser Denken hiernach auszurichten, um Zufriedenheit zu pflegen? In der Meditation ist die Zufriedenheit ein wesentlicher Bestandteil. Je weniger zufrieden der Geist ist, desto weniger gelingt es ihm zu meditieren, denn Unzufriedenheit bedeutet, in einem Zustand der Unruhe zu sein. Wir werden unzufrieden, weil wir meinen, unsere Meditation gelinge nicht richtig, oder wir wollen, dass sie bedeutsamere Resultate erbringt, oder wir wollen erleuchtet werden oder was auch immer wir vielleicht wünschen, was sie nicht liefert. Diese Unruhe und Unzufriedenheit macht die ganze Sache nur noch schlimmer. Es ist nutzlos zu meditieren, wenn wir nicht zuerst Zufriedenheit aufkommen lassen. Andernfalls verschlechtert sich lediglich unsere Meditation, während unsere Unzufriedenheit mehr und mehr zunimmt. Egal, was wir üben, wir werden darin besser. Wenn wir uns also in Unzufriedenheit üben, werden wir Meister der Unzufriedenheit. Es wird eine innere Wirklichkeit: «Ich bin nicht zufrieden, weil ...», und dann finden wir für unsere Unzufriedenheit jede Menge von Gründen; die meisten sind ziemlich töricht, und keiner davon hat etwas mit unseren Grundbedürfnissen nach Kleidung, Essen, Behausung oder Medizin zu tun.

Wir sollten uns an das erinnern, was der Buddha über die Chancen sagte, als Mensch geboren zu werden und die Möglichkeit zu haben, das Dhamma zu hören, und auch daran, dass wir alles haben, was wir zum Leben brauchen, so dass wir die Praxis fortsetzen können. Wenn unser Geist voller Dankbarkeit ist für unsere ausgezeichnete Situation, für die großartigen Möglichkeiten, die uns gegeben sind, dann und nur dann werden wir in der Lage sein zu meditieren. Der unzufriedene Geist eilt von einem Ort zum anderen und versucht dabei, etwas zu finden, das ihm Zufriedenheit verschaffen wird. Meditation kann das sicherlich leisten, aber damit sie das kann, müssen wir zuerst eine innere Haltung der Zufriedenheit und Dankbarkeit entstehen lassen für das, was wir haben.

Die vier Grundbedürfnisse sind als die «vier Bedarfsgüter» bekannt. Heutzutage gibt es natürlich viele andere Dinge, die wir benötigen, etwa um unseren Lebensunterhalt zu verdienen oder um jemandem etwas mitzuteilen, aber in gewisser Hinsicht gehören sie nicht dazu. Wir könnten ohne diese Dinge überleben. Es ist sehr hilfreich, sich die Zeit zu nehmen, all die Dinge zu betrachten, für die wir dankbar sein können, und alles andere aus dem Geist zu entfernen. Im Leben eines jeden Menschen wird es sicherlich auch einiges geben, das nicht befriedigend ist, das Unzufriedenheit aufkommen lässt. Betrachten wir diese Dinge, werden sie über alle Maße wachsen und unsere Gedanken beherrschen. Wenn wir andererseits unseren Geist auf all das richten, was wirklich gut und befriedigend ist in unserem Leben, ist es unsere Zufriedenheit, die wächst und sich ausdehnt. Es ist wirklich ganz einfach: Worauf auch immer wir unseren Geist richten, das ist es, was wir wissen. Wir sind nicht gezwungen, negative Gedanken zu haben, dennoch haben wir sie ständig. Das ist eine andere menschliche Schwäche. Wir richten unseren Geist auf solche Dinge, die geeignet sind, uns unglücklich zu machen. Und obwohl wir bereits wissen, dass uns das Leid bereitet, tun wir es. Vielleicht sollten wir einmal darüber meditieren, warum wir auf eine Weise denken, von der wir genau wissen, dass sie uns unglücklich macht. Je klarer wir die inneren Abläufe erkennen, desto leichter werden wir diejenigen aufgeben, die nicht hilfreich sind, die nicht zu Ruhe und Zufriedenheit führen.

Zufriedenheit mit unserem Leben, so wie es ist, bringt ein Gefühl großer Leichtigkeit, denn es schwindet die Bürde des ständigen Verlangens, dass Situationen und Menschen anders sein mögen. Die Dinge sind, wie sie sind. Weigert man sich, das zu akzeptieren, erzeugt das Dukkha und bringt Schmerz. Es ist, als würde man gegen eine verschlossene Tür drücken. Wir drücken und drücken, bis uns unsere Hände weh tun, aber wir können sie nicht öffnen. Wenn wir weise sind, akzeptieren wir, dass es einfach so ist, wie es ist. Die Tür ist verschlossen, und es ist vollkommen in Ordnung, dass es so ist.

Mit unserem Leben ist es das Gleiche. Die Dinge sind, wie sie sind, und das ist in Ordnung; es ist, wie es sein soll. Es gibt Ursachen und Wirkungen, obwohl wir sie in der Regel nicht deutlich erkennen können. Darauf kommt es nicht an. Worauf es ankommt, ist, zu erkennen, dass unser Leben von Moment zu Moment eine Lernsituation darstellt. Wenn etwas geschieht, das uns nicht gefällt, das wir unbefriedigend finden, sollten wir uns als Erstes fragen, was wir daraus lernen können. Anstatt sich dagegen zu stemmen und es ganz anders haben zu wollen, was uns garantiert Dukkha bringen wird, fragen wir uns: «Lerne ich etwas daraus?» Nichts aus unseren Erfahrungen zu lernen ist eine enorme Zeitverschwendung.

Das Leben ist eine Erwachsenenschule. Wenn wir es in diesem

Lichte sehen, sehen wir es richtig. Wenn wir erwarten, dass es uns Erfüllung bringt, werden wir unweigerlich enttäuscht werden. Vielen von uns geht es so, bis uns schließlich dämmert, dass wir zum Lernen hier sind.

In dieser Erwachsenenschule werden alle Themen behandelt. Jeder von uns bekommt das Thema, das seiner Klasse angemessen ist, was nichts mit dem Alter zu tun hat, sondern sich eher auf die innere Entwicklung bezieht. Wir werden mit dem konfrontiert, was wir zu lernen haben. Wenn wir es nicht lernen, die Prüfung nicht bestehen, werden wir die Klasse wiederholen müssen, um noch einmal die gleiche Lektion präsentiert zu bekommen. Nur wenn wir die Prüfung in einer unserer inneren Entwicklung angemessenen Weise bestehen, können wir in die nächste Klasse vorrücken, zum nächsten Thema.

Auch Poṭṭhapāda muss jede Lektion lernen. Sittlichkeit, das Bewachen der Sinne, Achtsamkeit und Wissensklarheit, alle führen in Richtung des höheren Erlöschens des Bewusstseins. Aber dazu muss Poṭṭhapāda auf seinem Weg zum letztendlichen Ziel jede einzelne Lektion verstehen und praktizieren.

3

Die Beseitigung der Hindernisse

> Und mit dieser edlen Tugendhaftigkeit, mit dieser edlen Sinneszügelung, mit dieser edlen Zufriedenheit ausgestattet, sucht er sich einen abgeschiedenen Lagerplatz am Fuß eines Baumes, in einer Felsenhöhle oder Schlucht, auf einem Bestattungsplatz, in einem Dschungelgehölz oder auf freiem Feld auf einem Strohhaufen. Nach seiner Mahlzeit, nach der Rückkehr von seiner Almosenrunde, setzt er sich mit gekreuzten Beinen hin, den Oberkörper gerade aufgerichtet, und erhält die Achtsamkeit vor sich gegenwärtig.

In diesem Textabschnitt bringt der Buddha das Thema Meditation zur Sprache. Wie wir gleich sehen werden, ist dabei allerdings mehr zu tun, als einfach nur mit «gekreuzten Beinen» dazusitzen und «die Achtsamkeit vor sich gegenwärtig zu erhalten». Bevor *ānāpānasati*, die Achtsamkeit auf die Ein- und Ausatmung, wirklich zu irgendeiner merklichen Bewusstseinsänderung führen kann – was die Meditation ja bezweckt –, ist es notwendig, uns von fünf Hindernissen zu befreien, die der Buddha nun aufzählt:

1. Weltliche Begierde

> Das Verlangen hinsichtlich der Welt hat er aufgegeben; er verweilt mit von Verlangem freiem Gemüt und läutert seinen Geist von Verlangen.

Dieses Hindernis wird oft als «Begierde nach Sinnesbefriedigung» bezeichnet. Es ist offensichtlich, dass wir nicht meditieren können, wenn wir von solchem Verlangen geplagt werden. Wir müssen den inneren Entschluss fassen, es loszulassen. Begierden, die einen Meditierenden oft heimsuchen, sind: es ist zu heiß; es ist zu kalt; meine Knie schmerzen; mein Rücken tut weh; ich habe Hunger; ich habe zu viel gegessen; ich möchte etwas trinken; ich fühle mich nicht gut; ich bin müde. Falls einer dieser Gedanken in unserem Geist auftritt, unterbricht er unsere Meditation.

Alles, was uns durch die Sinne zugänglich ist, kommt von der Welt, aber das innere Erleben, das uns mittels der Meditation zugänglich ist, ist nicht von weltlichen Dingen abhängig. Sobald wir einmal in der Lage sind, die Freude der vollen Sammlung zu erleben, werden wir feststellen, dass dies als solches ein automatisches Gegenmittel für die Begierde ist. Wenn der Geist einspitzig ist, kann keine weltliche Begierde auftreten. Je öfter wir in der Lage sind, diese Einspitzigkeit zu erreichen, desto seltener werden wir gegen unser Verlangen nach Essen, Bequemlichkeit, Wärme oder was auch immer wir wollen oder nicht wollen, anzukämpfen haben. Alles Dukkha kommt durch Begehren, und je mehr wir etwas wollen, desto mehr Dukkha haben wir. Selbst der Gedanke «Ich wünsche mir eine gute Meditation» ist eine weltliche Begierde.

Unsere Begierden sind mit dem Glauben verbunden, dass Glück von unseren Sinneskontakten herrührt. Natürlich haben wir alle glückliche Augenblicke, und so soll es auch sein. Aber wenn wir ständig nach diesen speziellen Sinneskontakten suchen, von denen wir uns einbilden, dass sie uns Befriedigung verschaffen, blockieren wir den Pfad der Meditation und Läuterung und den Weg, der aus dem Dukkha herausführt. Solange wir in Begierden verstrickt sind, sind wir in Leid verstrickt. Das ist völlig unnötig. Alles, was wir tun müssen, ist, die Begierden loszulassen. Es ist leicht gesagt, aber natürlich nicht so leicht getan. Es ist eine Sache des Verstehens und der Willenskraft.

Die Affenfalle wird uns das veranschaulichen. In Indien bauen Jäger aus Zweigen und Ästen eine Affenfalle. Sie ist röhrenförmig und hat eine Öffnung auf der engen Seite und ein etwas weiteres geschlossenes Ende. Eine Süßigkeit wird in den geschlossenen Teil gelegt, und damit der Affe die Süßigkeit erreichen kann, muss er seinen Arm in die enge Röhre stecken. Aber wenn er die Süßigkeit in der geschlossenen Pfote hält, kann er den Arm nicht mehr durch die enge Röhre zurückziehen. Er ist gefangen und den Jägern ausgeliefert. Um sich zu befreien, müsste er nur die Süßigkeit, die er ergriffen hat, loslassen. Wenn er seine Faust öffnen würde, könnte er ganz leicht entkommen. Genau die geiche Wahrheit gilt für uns, aber auch wir finden es äußerst schwierig, das loszulassen, was wir begehren.

Sobald wir einmal gesehen haben, wie unser Dukkha entsteht und dass die Meditation nur dann richtig in Gang kommen kann, wenn wir frei von Gedanken sind, die sich um weltliche Neigungen und Abneigungen drehen, werden wir vielleicht erkennen, dass wir durch das Fallenlassen der Begierde die Gedanken zur Ruhe bringen können. Sobald wir anfangen, dies zu üben, werden wir sofort die Resultate sehen. Wir müssen aufpassen, nicht in die Falle des festen, heftigen Wunsches nach Ergebnissen zu geraten. Das ist in sich selbst Dukkha und entsteht durch weltliche Begierde: «Ich will das; ich will das unbedingt.» Jede Art eines solchen Verlangens sollte fallen gelassen werden. Da ist nichts zu begehren; alles ist zu tun. Wir erkennen, was nötig ist, welche Aufgabe anliegt, und führen sie einfach aus.

Der Buddha gab für jedes Hindernis Beispiele.[2] Sinnesbegierde wird mit einem Schuldner verglichen. Wir sind gegenüber unseren Sinneskontakten verschuldet, sie müssen ständig erneuert und es muss ständig zurückbezahlt werden. Wenn wir es nicht besser wissen, werden wir uns nur um die Befriedigung unserer Sinneskontakte kümmern, und wenn wir nicht bekommen, was wir erhoffen, oder dies nicht bleibt, werden wir über etwas oder jemanden sehr unglücklich und ärgerlich. Das ist völlig unrealistisch, denn nichts, was uns durch die Sinne zugänglich ist, können wir behalten, sei es ein Anblick, ein Geräusch, ein Geruch, ein Geschmack, eine Berührung oder ein Gedanke. Alles kommt und geht und hängt von äußeren Bedingungen ab, über die wir sehr wenig Gewalt haben, wenn überhaupt.

Verschuldet zu sein, immer unseren Kredit zurückzahlen zu müssen, bedeutet, dass wir ständig in Sorge sind wegen dieser angenehmen Sinneskontakte oder nach ihnen Ausschau halten. Wenn wir die Erkenntnis erlangen, dass diese Suche wirklich ganz unnötig ist, ist es, als ob wir unseren Kredit zurückgezahlt hätten. Man hat keine Schulden mehr bei den Sinnen, worüber man sich, wie der Buddha sagt, freuen darf und froh sein kann. Zu wissen, dass wir nicht unseren Sinnesbegierden folgen müssen, erzeugt ein großes Gefühl der Sicherheit und Unabhängigkeit; wenn wir hingegen unseren Sinnesbegierden folgen, sind wir in einem ständigen Zustand der Erregung.

2. Übelwollen

> Hass und Übelwollen hat er aufgegeben …, und voll Mitgefühl und allen Lebewesen wohlgesonnen, ist sein Geist von Übelwollen und Hass geläutert.

Übelwollen ist völlig kontraproduktiv, sowohl in unserem täglichen Leben als auch beim Meditieren. Daher sollten wir jede Meditation mit Gedanken beginnen, die «voll Mitgefühl und allen Lebewesen wohlgesonnen» sind. Dabei fangen wir bei uns selbst an. Einigen von uns fällt es sehr schwer, sich selbst zu lieben. Wir sind voller Selbstkritik und Selbstablehnung. Wenn dies der Fall ist, wird es für uns sogar noch schwieriger sein, unsere Begierden loszulassen, denn irgendwie glauben wir, dass die Befriedigung unserer Begierden dazu führt, dass wir uns gut fühlen, und so das fehlende Glied erzeugt, nämlich Selbstakzeptanz und Mitgefühl für sich selbst. Aber keine befriedigte Begierde wird das je tun. Sie erzeugt lediglich mehr Dukkha, da sie mit der Forderung wiederkehrt, immer und immer wieder befriedigt zu werden. Das fehlende Glied kann sich nur durch die Praxis der liebenden Güte uns selbst gegenüber entwickeln, trotz allem, was wir über uns wissen. Nur dann werden wir tatsächlich in der Lage sein, andere zu lieben, ohne Kritik und Verurteilung.

Perfektionismus hat bei mitfühlender Liebe keinen Platz. Auf der weltlichen Ebene ist nichts vollkommen; das war es nie und wird es nie sein. Die unnötige Idee, dass Dinge und Menschen vollkommen sein sollen, schafft Spannung und Beengtheit, da sie einen Wunsch weckt. Gibt man dieses falsche Ideal auf und lässt dabei die Begierde los, wird man Entspannung und große Erleichterung erfahren. Sollte es uns schwer fallen, liebende Güte uns selbst gegenüber zu empfinden, so gibt es zwei Möglichkeiten, sie zu wecken, die besonders hilfreich sein können. Die erste besteht darin, an die Person zu denken, die wir am meisten lieben, und das Gefühl auf uns zu übertragen. Es darf nicht mit Begierde verbunden sein, denn dann wirkt es nicht. Es muss ein reines Gefühl des Sorgens, Umarmens, Helfenwollens, ein Gefühl der Verbundenheit sein. Eine zweite Möglichkeit besteht darin, sich an all die guten Dinge zu erinnern, die wir in diesem Leben getan haben. Die Erinnerung versetzt sie in die Gegenwart, und sie in der Gegenwart zu erleben ermöglicht es uns, uns wohl zu fühlen. Jetzt sind wir in der Lage, den Menschen zu lieben, der diese Herzensgüte walten ließ.

Nachdem wir das Gefühl der liebenden Güte auf uns gerichtet haben, sollten wir an die Vielzahl von Lebewesen denken, die auf diesem Planeten existieren, die alle Frieden und Glück suchen, von denen aber nur wenige beides finden, und wir lassen auch ihnen unsere mitfühlende Liebe zukommen.

Wenn wir schlechte Gefühle anderen gegenüber hegen – vielleicht gegen die, die uns nahe stehen oder denen wir täglich begegnen –, sollten wir uns daran erinnern, dass uns die Meditation umso leichter fallen wird, je mehr wir «Hass und Übelwollen» aufgeben. Der Buddha sagte, dass ein Geist, der voll Übelwollen ist und sich dessen bewusst ist, unmöglich in dieser Zeit meditieren kann. Ein Geist, der von Liebe und Mitgefühl durchtränkt ist, kann es, weil lieben und mitfühlen bedeutet, sich selbst zu geben. In der Meditation müssen wir uns vollkommen geben, ohne etwas zurückzuhalten. Egal, was für ein Meditationsobjekt wir gewählt haben, wir müssen darin eintauchen; kein Teil von uns darf dabei ausgelassen werden, kein «Ich», das ein spezielles Problem lösen will oder daran arbeitet, seine Begierden zu befriedigen, obwohl es in dem, was der Buddha sagte, die Wahrheit erkennt.

Es gibt eine Lehrrede, in der der Buddha über königliche Elefanten spricht, die für ihren König in die Schlacht ziehen. Wenn ein Elefant in den Krieg zieht und nur seine Füße einsetzt, ist er nicht königlich. Wenn er nur seinen Kopf einsetzt und seinen Körper schont, ist er nicht königlich. Wenn er nur seinen Rüssel einsetzt und den Rest seines Körpers schont, ist er nicht königlich. Nur wenn er sich mit seinem ganzen Körper in die

Schlacht wirft, völlig dem Dienst für den König hingegeben, kann er ein königlicher Elefant genannt werden. In der Meditation ist das sehr oft ein Hindernis: Wir halten Teile von uns zurück. Wir denken: «Was bekomme ich dafür? Ist das wirklich die richtige Lehre? Wie kann ich es anstellen, dass die Meditation so verläuft, wie ich es will? Wenn ich mir diesen oder jenen Wunsch erfüllen könnte, würde dann nicht mein Dukkha verschwinden?» All diese Gedanken halten einen Teil von uns völlig von der Meditation getrennt. Wenn der Geist geeint ist und einspitzig, so dass keine weltlichen Begierden entstehen können, ist er auch in dem Sinne geeint, dass er völlig in das Meditationsobjekt eintritt. Er ist kein Beobachter mehr, sondern wird Teilnehmer, und am Ende ist er mit dem Erleben eins. Wenn das geschieht, besitzen wir die volle Sammlung.

Krankheit ist das Gleichnis, das vom Buddha für Hass und Übelwollen angeführt wird. Wir alle wissen, wie es sich anfühlt, ärgerlich zu sein – hitzig, angefüllt mit Ablehnung und erregt –, äußerst unangenehm, gelinde gesagt. Daher heißt es manchmal, dass diejenigen, die am meisten Übelwollen besitzen, die besten Praktizierenden seien. Sich die ganze Zeit so unbehaglich zu fühlen ist für sie ein großer Ansporn zu üben. Der Buddha verglich Hass auch mit einer Gallenkrankheit, bei der einem die Galle hochkommt.

Übelwollen oder Hass ist eine unserer unheilsamen Wurzeln, von denen es drei gibt: Hass, Gier und Verblendung. Wir haben auch drei heilsame Wurzeln: Liebe, Gebefreudigkeit und Weisheit. Es liegt allein an uns, welche Wurzeln wir zu stärken beschließen. Verblendung bedeutet die falsche Vorstellung, dass es da ein individuelles Wesen gibt, das «Ich» heißt, das man schützen, unterstützen und umsorgen muss und dessen Bedürfnisse und Ansprüche ständig zu befriedigen sind. Wegen dieser Verblendung erleben wir Gier, wenn wir meinen, etwas zu wollen, und Hass, wenn wir es nicht bekommen. Wir können die Verblendung nicht direkt angreifen, da Hass und Gier zu übermächtig sind und uns die Sicht versperren. Wir müssen zuerst damit beginnen, uns mit den beiden greifbaren Feinden zu beschäftigen, indem wir versuchen, ihre Wurzeln zu schwächen.

Während unserer Meditationszeit lassen wir zum Beispiel das

Übelwollen los. Sollte da irgendjemand oder irgendetwas sein, den oder das wir besonders ablehnen, können wir die Meditation beginnen, indem wir zu uns sagen: «Ich werde für diesen Zeitraum alle Ablehnung loslassen.» Nichts kann uns davon abhalten, sie hinterher wieder aufzugreifen, falls wir das wünschen. Wenn wir unfähig sind, unseren Ärger zumindest zeitweilig loszulassen, wird unsere Meditation nicht gelingen. Hass und Übelwollen loszulassen ist, wie sich von einer Krankheit zu erholen.

3. Lässigkeit und Trägheit

> Lässigkeit und Trägheit hat er aufgegeben... Licht wahrnehmend, achtsam und wissensklar, ist sein Geist geläutert von Lässigkeit und Trägheit.

Während der Meditation können uns Lässigkeit und Trägheit befallen. Das Gegenmittel, das uns hier gegeben wird, ist «Licht wahrzunehmen». Es gibt zwei Möglichkeiten, dies zu tun. Sollte der Geist wirklich schläfrig sein, kurz vor dem Einschlafen, ist es das Beste, die Augen zu öffnen und direkt ins Licht zu schauen. Wenn wir uns wieder wach fühlen, schließen wir die Augen von neuem und versuchen, dieses Licht in uns hineinzunehmen und seine Helligkeit in uns zu halten. Unsere Lässigkeit und Trägheit, hervorgerufen durch einen Mangel an Motivation und rechter Anstrengung, werden gewöhnlich durch dieses innere Licht zerstreut. Rechte Anstrengung darf keine Anspannung und Steifheit in Geist und Körper sein, sondern eher Wachheit und Gewahrsein.

Wenn der meditierende Geist schläfrig wird, weiß er nicht mehr genau, was vor sich geht. Es ist, als würde er auf einem frisch gebohnerten Boden gehen, so dass er in allen möglichen Richtungen ausgleitet. Er kommt weder zu einem klaren Gedanken, noch hat er einen rechten Halt am Meditationsobjekt. Das ist Lässigkeit und Trägheit. An diesem Punkt sollten wir abbrechen. Man kann versucht sein, mit der Meditation weiterzumachen, da das Gefühl im Geist recht angenehm ist. Wir sind uns kaum des Dukkha bewusst, da der Geist einem Zustand anheim gefallen ist, in dem er weder wach ist noch schläft. Er befindet sich in einer Art Zwischenzustand. Es ist wichtig, dass wir uns sofort aus dieser

Situation hinausbegeben, denn sie ist eine komplette Zeitverschwendung. Wir sollten die Augen öffnen, den Körper bewegen, um die Blutzirkulation anzuregen, an unseren Ohrläppchen ziehen und unsere Wangen reiben. Als letzten Ausweg sollten wir aufstehen. Dabei sind ermunternde Worte hilfreich: «Jetzt ist die Zeit zum Meditieren. Ich will das Beste daraus machen.» Nicht mit dem Ziel, etwas dafür zu bekommen, sondern in dem Sinne, unser Bestes zu tun.

Wenn die Wahrnehmung eines inneren Lichtes spontan auftritt, ist dies gewöhnlich ein Zeichen dafür, dass die Konzentration eingesetzt hat. Wir können dieses Licht jedoch auch absichtlich hervorrufen und sollten dies jedes Mal tun, wenn wir fühlen, dass der Geist nicht ganz aufmerksam ist. Vielleicht hat er an Triebkraft verloren oder hatte überhaupt noch keine; vielleicht können wir uns nicht einmal daran erinnern, warum wir meditieren. Wenn wir Licht in den Geist bringen, leuchtet es in jene dunklen Ecken, in denen sich all unsere Hindernisse für die Meditation versteckt halten.

Lässigkeit und Trägheit werden mit einem Gefängnisaufenthalt verglichen. Wenn uns Schläfrigkeit befällt, werden wir handlungsunfähig. Obwohl wir den Schlüssel zur Gefängnistür besitzen, sind wir unfähig, ihn zu benutzen. Wir müssen die nötige Freude und Anstrengung wecken, indem wir uns an ein erbauliches Gefühl erinnern oder es uns vorstellen. Wenn sowohl Freude als auch Anstrengung vorhanden sind, fühlt sich der Geist inspiriert, und mit einem solchen Geist können wir meditieren. Der Buddha sagte auch, dass es hilfreich sei, mehr über das Dhamma zu wissen.

4. Unruhe und Rastlosigkeit

> (Gewissens-)Unruhe und Rastlosigkeit hat er aufgegeben ..., und mit einem innerlich beruhigten Geist läutert er sein Herz von (Gewissens-)Unruhe und Rastlosigkeit.

«Mit einem innerlich beruhigten Geist ...» Wir müssen wirklich genau hinschauen, um zu erkennen, was das bedeutet. Wir hätten gerne, dass die Meditation uns Ruhe bringt, aber der Buddha sagt, dass wir zum Meditieren ruhig sein müssen. Was wir hier haben, ist also eine Verfügung, wonach sich erkennen läßt, wann im Geist Erregung herrscht. Wir müssen den Grund dafür ausfindig machen. «Warum bin ich nicht ruhig? Welche Begierde stört mich? Warum bin ich rastlos?» Wenn der Geist nicht an einer Stelle bleiben kann, folgt der Körper diesem Beispiel. Rastlosigkeit entsteht, wenn wir nicht bekommen, was wir wollen. So sollten wir diese Erregung untersuchen, die Begierde genau ausmachen und uns fragen, ob deren Befriedigung uns wirklich die Ruhe bringen würde, die wir brauchen. Oder können wir sie einfach fallen lassen, wobei wir auch das Dukkha, das eine jede Begierde begleitet, verlieren würden ebenso wie die Rastlosigkeit, die sie nach sich zieht, so dass auf diese Weise der Geist beruhigt würde?

In diesem Abschnitt sagt der Buddha auch: «Mit einem innerlich beruhigten Geist, läutert er sein Herz …» Es ist nicht nur so, dass der Geist nicht länger unruhig ist, sondern es werden durch die Abwesenheit der Begierde auch die Emotionen geläutert. Das Herz fühlt sich wohl; es herrscht ein Gefühl der Ausgeglichenheit, der Verbundenheit mit allem, was uns umgibt, und wir sind nicht beunruhigt wegen der Dinge, die fehlen. In Wirklichkeit fehlt nichts. Wir haben bereits alles, was wir brauchen; unsere Ideen und Vorstellungen halten uns davon ab, dies zu sehen. Wenn wir diese Ideen fallen ließen, würde die Meditation viel einfacher werden. Eine dieser Ideen ist, mittels einer äußeren Quelle ruhig zu werden. Dabei ist Ruhe in uns, und wir gelangen zu ihr, indem wir alle äußeren Umstände loslassen, die nur durch unsere Gedanken vorhanden sind. Unruhe und Rastlosigkeit sind immer mit Begierde verbunden, und wenn wir dies erkennen und die Begierde loslassen, ist das Herz geläutert und der Geist beruhigt.

Sorgen betreffen oft die Zukunft und unseren Wunsch, dass es so sein sollte, wie wir es geplant haben. Das ist eine offensichtlich absurde Art zu leben, denn wenn wir uns so stark auf das konzentrieren, was vor uns liegen mag, verlieren wir die Gegenwart aus den Augen. Der gegenwärtige Augenblick ist der einzige, der zählt. Rastlosigkeit ist, wie wir gesehen haben, mit unseren Versuchen verbunden, Befriedigung in der Außenwelt zu finden. Wenn wir erkennen, dass alles, was wir wollen, bereits in uns existiert, mag es uns leichter fallen, die ständige Unruhe fallen zu lassen.

Viele von uns denken, dass sie viel zu viel zu tun haben. Es ist interessant zu entdecken, dass wir uns eigentlich selbst die ganze Aktivität aufgebürdet haben. Was wir tun, ist das, was wir uns ausgesucht haben, selbst wenn wir uns später darüber beschweren. Aktivität verleiht uns ein Gefühl der Wichtigkeit, das Gefühl, jemand zu sein. Rastlosigkeit ruft eine Menge Schwierigkeiten in unserem täglichen Leben hervor, denn sie bringt uns in viele Situationen, mit denen wir uns dann auseinander setzen müssen, und schließlich fühlen wir uns überlastet. Wir sollten erkennen, was für ein Hindernis das ist.

Der Buddha verglich Unruhe und Rastlosigkeit mit einem Zustand der Sklaverei. Wir werden von diesen Emotionen herumgestoßen und erlauben ihnen, unsere Herren zu sein. Sorge füllt unseren Geist, so dass wir nicht mehr in der Lage sind, unabhängig zu denken. Ein Meditierender muss jedoch ein unabhängiger Denker werden. Das bedeutet nicht, zu versuchen, eine spirituelle Lehre zu erfinden und alles selbst auszuknobeln. Dazu besteht keine Notwendigkeit. Die Anweisungen des Buddha sind da, damit wir ihnen folgen, und es ist ein großes Glück, sie zu haben. Ein unabhängiger Geist ist jedoch in der Lage, die Verbindung zwischen den verschiedenen Teilen der Lehre herzustellen und selbst zu erkennen, wie sie zusammenpassen. Zuerst erscheint sie uns wie ein Puzzle, das aus einzelnen, getrennten Teilen besteht, aber allmählich fangen wir an zu verstehen, wie die Teile zusammengehören, und beginnen die Schönheit des ganzen Bildes zu erfassen.

5. Skeptischer Zweifel

> Zweifel hat er aufgegeben; er verweilt ohne Zweifel, ohne Ungewissheit hinsichtlich heilsamer Dinge ist sein Geist vom Zweifel geläutert.

Um gegen den Zweifel zu kämpfen, müssen wir wissen, was heilsam ist. Wir müssen auch wissen, womit wir uns befassen sollten, was uns dem letztendlichen Ziel der Erleuchtung näher bringt. Aber hier in der Lehrrede ist das Ziel zunächst einmal die Gemütsruhe, die wir zum Meditieren benötigen. Zweifel hält uns davon ab, Stille zu erleben. Vielleicht zweifeln wir daran, dass wir fähig sind zu meditieren, und fürchten, es könnte zu schwierig für uns sein. Vielleicht ziehen wir die Anleitungen in Zweifel und fragen uns, ob wir uns wirklich an sie halten sollen. Die langjährige Erfahrung zeigt, dass die Ergebnisse derer, die den Anleitungen folgen, ausgezeichnet sind. Diese Anleitungen entstammen einer zweieinhalbtausendjährigen Tradition und sind völlig vertrauenswürdig und zuverlässig. Sie haben sich immer und immer wieder bewährt. Unsere eigenen Ideen basieren hingegen auf Ansichten. Persönliche Ansichten stehen in Beziehung zu unserem Selbstbild und unserer Stellung in der Welt; sie sind weder zuverlässig noch vertrauenswürdig. Es ist sehr wichtig, die Anweisungen des Buddha zu verinnerlichen und ihnen voll und ganz zu folgen, so dass es in unserem Geist keinen Platz für Zweifel gibt. Wir gebrauchen unseren Geist sehr gerne dazu, alle möglichen Ideen und Überlegungen hervorzubringen, die beweisen könnten, dass der Buddha nicht Recht hat. Das ist ein beliebter Zeitvertreib, besonders wenn unsere Meditation nicht gut läuft: «Irgendetwas an der Lehre muss falsch sein. Ich strenge mich nach Kräften an, es kann also nicht an mir liegen. Vielleicht wusste der Buddha nicht alles.» Zweifel ist ein heimtückischer Feind – Zweifel hinsichtlich des Buddha, des Dhamma und der Sangha, des Lehrers, der eigenen Fähigkeiten, der Anweisungen oder sogar der ganzen Lehre als solcher. Diese Zweifel machen es nicht nur schwer, sondern unmöglich, zu meditieren, weil der Geist zu sehr mit unnötigen Bedenken beschäftigt ist. Wenn wir meditieren wollen, müssen wir alle Arten dieses Denkens loslassen.

Wir müssen auch die Vorstellung der Vollkommenheit loslassen, das Festgefahrensein im Wollen; tatsächlich müssen wir alle Ideen fallen lassen und nur da sein. Zweifel macht es sehr schwierig, sich ganz dem spirituellen Pfad hinzugeben und in ihm völlig aufzugehen, und ohne dies wird der Pfad in der Tat steinig sein. Zweifel lässt uns von einer Lehre zur anderen wandern und macht uns unfähig, uns auf eine gründlich einzulassen. Immer wieder geben wir auf, was wir begonnen haben, und versuchen etwas anderes. In einer Sache völlig aufzugehen bedeutet, sich ganz zu geben, und um dies tun zu können, muss man im eigenen Herzen Vertrauen gefunden haben.

Skeptischer Zweifel, sagte der Buddha, sei so, als ob man mit sehr wenig Nahrung und ohne Landkarte durch die Wüste ziehe und während dieser langen Reise großen Gefahren ausgesetzt sei. Unsere Unsicherheit hinsichtlich dessen, was für uns hilfreich sein könnte, welchem Pfad wir folgen sollten, hindert uns oft an der notwendigen Aufrechterhaltung der Praxis, obwohl wir entdecken könnten, dass sich durch die Praxis unser Verständnis vertiefen würde. Meditation hilft dem Geist, geschmeidig, biegsam und formbar zu werden, wodurch er instand gesetzt wird, viel mehr zu wissen.

Zweifel ist nicht mit Untersuchen zu verwechseln. Es ist wichtig, eine eigene Beziehung zu dem herzustellen, was gelehrt wird: «Was bewirkt dies bei mir? Was könnte ich tun, um die Wahrheit zu erkennen?» Zweifel ist auch nicht das Gegenteil von Glauben. Der Buddha empfahl niemals blinden Glauben, sondern wollte, dass wir genug Vertrauen in seine Worte haben, um fähig zu sein, ohne die Bürde ständiger Zweifel zu praktizieren.

In einer anderen Lehrrede spricht er über die Voraussetzungen der Meditationspraxis. Als Erstes müssen wir unser Dukkha erkennen, feststellen, woher es kommt und wie es unser Leben beeinflusst. Als Zweites müssen wir Vertrauen in die Lehre gewinnen, uns klar werden, dass wir diesen Pfad tatsächlich gehen können. Als Drittes gilt es, Freude über die uns gegebene Möglichkeit zu verspüren. Nur wenn alle drei Voraussetzungen erfüllt sind, wird die Meditation Früchte tragen. Diese Freude ist keine typische weltliche Freude, obwohl freudige Dankbarkeit für alles, was wir haben, oder einfach die Freude an einem schönen Anblick oder an einer Blume sicherlich hilfreich sein können. Innere Freude entsteht jedoch aus dem Wissen, dass wir eine wunderbare Lehre gefunden haben, die sich auf das höchste Ideal gründet, und dass wir versuchen, dem näher und näher zu kommen. Das ist es, was uns helfen wird zu meditieren. Wenn wir uns mit der Vorstellung hinsetzen: «Oje, wieder eine Meditationssitzung! Hoffentlich ist sie bald überstanden!», werden wir niemals dazu fähig sein. Es muss ein Gefühl der Stärke und Erbauung im Geist sein. Beide werden durch die Meditation verstärkt, aber zunächst einmal müssen wir sie selbst hervorbringen.

Jeder Mensch erlebt alle fünf Hindernisse, aber jeder von uns wird feststellen, dass ihm ein bestimmtes Hindernis mehr zu schaffen macht als die anderen. Es lohnt sich herauszufinden, welches Hindernis das ist. Falls Trägheit und Mattigkeit unsere besonderen Feinde sind, wecken wir die Vorstellung von Licht. Falls es Übelwollen ist, erwecken wir liebende Güte. Bei Sinnesbegierde erkennen wir das Dukkha, das sie bringt, und versuchen sie loszulassen. Sollten es Unruhe und Rastlosigkeit sein, erkennen wir, dass sie damit zusammenhängen, dass wir nicht haben, was wir haben wollen, und versuchen, die Begierde fallen zu lassen. Wir begreifen, dass Rastlosigkeit in Beziehung zu unserem Selbstbild steht, unserem Wunsch, ein gewisses Ansehen in der Welt zu haben, geschätzt zu werden, und dass dies ein unnötiges Unterfangen ist. Es ist ziemlich schwierig, diese besondere Anerkennung zu erhalten, da jeder andere auch hart daran arbeitet, sie zu bekommen.

Die Hindernisse loszulassen bedeutet nicht, dass sie entwurzelt werden und für immer verschwinden. Wir können sie uns als Unkraut in unserem Garten vorstellen. Wenn wir das Unkraut regelmäßig zurückstutzen, schwächen wir die Wurzeln, und es hat weder die Stärke, die es einst hatte, noch überwuchert es weiterhin die guten Pflanzen. Wir können die Hindernisse nur dann völlig entwurzeln, wenn wir genügend innere Stärke gewonnen haben, um dies zu tun. Bis dahin arbeiten wir daran, sie zurückzustutzen. Zu Beginn einer jeden Meditation fragen wir uns: «Habe ich übelwollende Gedanken, Zweifel, Unruhe und Rastlosigkeit? Fühle ich mich faul und schläfrig? Ist mein Geist voller Begierden?» Wenn ja, versuchen wir diese Hindernisse zu beseitigen, indem wir als Gegenmittel die liebende Güte und Beruhigung des Geistes benutzen und uns daran erinnern, dass es nichts zu bekommen gibt, dass es nur gilt, alles loszuwerden.

4

Die erste meditative Vertiefung

Nach der Beschäftigung mit all den vorbereitenden Schritten, die zu einer konzentrierten Meditation führen, behandelt die Lehrrede nun die erste meditative Vertiefung, die erste Jhāna. An dieser Stelle mag die Bemerkung angebracht sein, dass jeder, der die Lehrreden des Buddha liest, wie sie uns im Pāli-Kanon überliefert sind, nicht umhin kann, festzustellen, dass die meditativen Vertiefungen ein Teil des Pfades sind. Ebenso wie bei den anderen Lehren, die bisher besprochen wurden – den fünf Hindernissen, dem Bewachen der Sinne, Achtsamkeit und Wissensklarheit –, handelt es sich dabei um Schritte auf dem gleichen Weg. Wenn wir wirklich eine spirituelle Lehre wollen, die uns Freude und Glück bringt, benötigen wir alle Teile davon. Wir können nicht wählerisch sein, ein bisschen von hier, ein bisschen von dort, nur weil wir irgendetwas schwierig finden oder uns jemand erzählt hat, es sei nicht notwendig. Dies sind lediglich persönliche Ansichten und Meinungen. Der Buddha war imstande, den ganzen Weg zu zeigen, und es ist viel sicherer und sehr viel Erfolg versprechender, sich an das zu halten, was er sagte. Die hier zur Debatte stehende ist nicht die einzige Lehrrede, die die meditativen Vertiefungen erwähnt; davon gibt es Dutzende. Ich betone diesen Punkt, weil es nicht ungewöhnlich für Meditierende ist, zufällig auf die meditativen Vertiefungen zu stoßen und nicht zu wissen, was sie erleben. Viele haben erfolglos versucht, Anleitung zu erhalten. Hat man gelesen, was der Buddha in den Lehrreden sagt, kann man versuchen, seiner Lehre selbständig zu folgen, aber das ist nicht leicht. Die meisten von uns benötigen Hilfe.

Nun wollen wir uns anschauen, was der Buddha in dieser Lehrrede über die Jhānas sagt. Er beginnt: «Betrachtet er [der Mönch] bei sich, wie die fünf Hindernisse geschwunden sind …» Das ist sehr wichtig. Die fünf Hindernisse sind in der ersten Jhāna zeitweilig beseitigt. Sie haben keine Gelegenheit, während der meditativen Vertiefung aufzutreten, aber tatsächlich müssen wir schon, wenn wir uns hinsetzen, frei davon sein. Da sie noch in uns existieren, dürfen wir ihnen das Auftreten nicht erlauben. Es leuchtet ein, dass wir mit Liebe und Mitgefühl beginnen müssen, ohne jeden Zweifel, ohne Sinnesbegierde, ohne Lässigkeit und Trägheit, Übelwollen oder Unruhe. Die Hindernisse müssen während der Meditationszeit beiseite geschoben werden. Tatsächlich zielen wir natürlicherweise darauf ab. Wenn irgendein Hindernis auftritt, wird der Geist sofort unruhig, dann können wir garantiert nicht meditieren. Wenn wir uns jedoch mit liebender Güte, Mitgefühl und Zufriedenheit auf das Kissen setzen und mit dem Entschluss, uns zu konzentrieren – jedoch ohne jegliches Resultatdenken –, verhindern wir das Auftreten der Hindernisse. Meditation sollte Gefühle des Wohlbehagens hervorrufen, denn wenn die fünf Hindernisse nicht vorhanden sind, auch wenn dies nur zeitweilig der Fall ist, sind wir völlig im Frieden.

> Betrachtet er bei sich, wie die fünf Hindernisse geschwunden sind, entsteht eine freudige Stimmung. Ist man freudig, entsteht Entzücken. Mit Entzücken im Geist kommt der Körper zur Ruhe …

Freudige Stimmung und Entzücken gehören hier noch der weltlichen Ebene an, nicht der meditativen. Im Pāli gibt es verschiedene Worte, um dies auszudrücken, im Deutschen hingegen sind wir da eingeschränkt. Freudige Stimmung ist ein Gefühl des Wohlseins und der Behaglichkeit, und damit erlangt der Körper eine stabile Sitzhaltung. Mit einem so zur Ruhe gekommenen Körper empfinden wir das Glück (*sukha*) der Freude, und mit Freude im Geist werden wir konzentriert. Dies sollte keiner vergessen, der meditieren möchte. Freude oder Entzücken im Geist ist eine nötige Vorbedingung; ohne sie hat die Meditation keine Chance.

Glück oder Freude wird hier als das Ergebnis eines stabil sitzenden und zur Ruhe gekommenen Körpers beschrieben. Dieses Gefühl einer stabilen Sitzhaltung und Ruhe entspringt einem Geist, der froh ist zu meditieren. Freude kann verschiedene Ursachen haben: Es gibt die Freude, die entsteht, weil man sicher ist, dem Pfad folgen zu können; des Weiteren die Freude, ruhig zu sitzen, und die Freude des körperlichen Wohlbehagens. Wenn wir keine solche Freude haben, insbesondere keine Freude an der spirituellen Praxis, wird die Meditation auf der Strecke bleiben, sobald es uns scheint, es gäbe etwas Wichtigeres zu tun.

Ohne Freude gibt es keine Konzentration. Das wird selten erwähnt, obwohl der Buddha häufig darauf hinweist. Er sagt, dass wir nur dann meditieren können, wenn wir uns in Körper und Geist wohl fühlen, und wir können uns nur dann konzentrieren, wenn der Geist voll Freude ist. Wenn wir wissen, warum wir praktizieren, und unsere eigenen Bemühungen anerkennen, bringt allein schon dieses Verständnis Freude.

Diese Freude ist noch «weltliche Freude», es handelt sich noch nicht um «meditative Freude». Aber wenn wir in der Lage sind, uns ohne die fünf Hindernisse zur Meditation hinzusetzen, fühlen sich Geist und Körper, aus denen wir bestehen, beruhigt, als ob sie gesammelt wären. Wir spüren, dass wir etwas beginnen, dem das größte Potenzial innewohnt, dem wir je begegnet sind.

Der Buddha fährt fort:

> Solcherart abgeschieden von Sinnesgenüssen, abgeschieden von unheilsamen Bewusstseinsregungen, gelangt er in die erste meditative Vertiefung und verweilt darin …

Das Wort «abgeschieden» wird häufig missverstanden, denn nicht immer wird ausdrücklich gesagt: «abgeschieden von Sinnesgenüssen, abgeschieden von unheilsamen Bewusstseinsregungen». In einigen Lehrreden heißt es lediglich, dass man die erste Jhāna durch Abgeschiedenheit gewinne. Das wird dann gewöhnlich so verstanden, als sollten wir unsere normale Existenz aufgeben und vielleicht längere Zeit im Wald leben. Es kann hilfreich sein, im Wald zu leben, aber es ist nicht notwendig. Abgeschiedenheit bedeutet nichts weiter, als zu dieser Zeit keine Sinnesgenüsse oder unheilsamen Bewusstseinsregungen zu haben, was wiederum lediglich die Notwendigkeit betont, die fünf Hindernisse beiseite zu schieben. Dadurch stellt sich das Gefühl ein, die eigene Bürde zu verringern.

> ... gelangt er in die erste meditative Vertiefung, die mit Denken und Überlegen verbunden ist, und verweilt darin ...

Unglücklicherweise werden die Pāli-Begriffe *vitakka* und *vicāra* häufig mit «Denken» und «Überlegen» übersetzt. Alle Meditierenden wissen, dass sie nicht in die erste Jhāna gelangen können, wenn sie denken und überlegen. Aber die Begriffe *vitakka* und *vicāra* haben noch eine zweite Bedeutung, nämlich «anfängliche» und «anhaltende Hinwendung zum Meditationsobjekt», und darauf wird hier Bezug genommen.

«... aus Abgeschiedenheit entstanden, erfüllt mit Entzücken und Freude.» Nun kommen wir zum meditativen Aspekt von Entzücken und Freude. Beide entstehen gleichzeitig. «Entzücken» *(pīti)* ist in diesem Fall eine entzückende Empfindung, und «Freude» (*sukha*) ist meditative Freude, die das Entzücken begleitet. Wir werden später sehen, dass die Freude das wesentliche Merkmal der zweiten meditativen Vertiefung ist. Die entzückenden Empfindungen in der ersten Jhāna manifestieren sich auf viele unterschiedliche Weisen und in unterschiedlicher Stärke. Sie können überwältigend sein oder ganz sanft. Es kann sich um ein Gefühl der Leichtigkeit handeln, des Sicherhebens, Schwebens, der Ausdehnung, Ausweitung, um ein Prickeln – irgendetwas davon oder etwas anderes, aber immer ist es entzückend.

Pīti wird auch mit «Interesse» übersetzt, und es bedeutet, dass wir in diesem Zustand lebhaft an der Meditation interessiert sind. Wenn wir zu dieser Zeit beim Atem bleiben, fährt der Zug ohne uns ab. Welche der Methoden wir auch anwenden, sie sind nichts anderes als der Schlüssel, den man in das Schlüsselloch steckt, um die Tür aufzusperren und über die Schwelle zu treten, um dort hineinzukommen, wo wir mit unserem wahren Innenleben Bekanntschaft machen. Wir werden entdecken, dass alles, was wir in unserem Geist spazieren tragen, nichts anderes ist als unwesentlicher Ballast. Da hineingelangt ist er durch unsere Begierden,

Ablehnungen, Reaktionen, Gedanken, Pläne, Hoffnungen, Ideen und Ansichten. Sobald wir genug Konzentration entwickelt haben, um unsere Innenwelt zu betreten und entzückende Empfindungen zu erleben, können wir diese Wahrheit erkennen.

Es ist für uns auch nötig zu wissen, dass diese Empfindungen immer in uns vorhanden sind. Wir erschaffen sie nicht. Das wäre ein ziemliches Kunststück. Sie sind immer da, aber wegen der ständigen Unruhe in unserem Geist und in unserem Herzen sind wir nicht in der Lage, an sie heranzukommen. Wenn wir die Fähigkeit erlangen, diese Empfindungen zu erleben, wann immer wir wollen, verschwindet ein Großteil unserer Sinnesbegierden und unseres Begehrens. Wir erkennen, dass wir schon haben, was wir begehren, und dass es von jeglichen äußeren Umständen unabhängig ist. Wir bemühen uns nicht länger darum, dass alles stets nach unseren Wünschen verläuft, was in jedem Fall ein vergebliches Unterfangen ist.

Die Erfahrung der ersten Jhāna sollte eine gewaltige Veränderung in unserem Leben bewirken. Wenn wir jedoch nicht regelmäßig weitermeditieren, kommen wir nicht oft genug dahin und können keine Einsicht daraus gewinnen. Obgleich das Gefühl vielleicht stark ist, gehen wir damit nicht in der richtigen Weise um.

> Er tränkt, durchtränkt, erfüllt und durchdringt eben diesen Körper mit Entzücken und Glück, die aus der Abgeschiedenheit entstanden sind, und keine Stelle seines gesamten Körpers bleibt von Entzücken und Freude, die aus der Abgeschiedenheit entstanden sind, undurchdrungen.

Wenn wir dieses Entzücken nur an einer kleinen Stelle fühlen, müssen wir sie vergrößern. Der ganze Körper sollte davon «erfüllt und damit durchtränkt» sein. Wir sprechen zwar von körperlicher Empfindung, aber dabei handelt es sich nicht um die Art, die wir aus dem täglichen Leben kennen. Das Gefühl ähnelt einem äußerst angenehmen Sinneskontakt, ist aber nicht dasselbe. Es ist sehr viel zarter und weitaus befriedigender, und wir können sozusagen darüber bestimmen. Sobald wir gelernt haben, uns zu konzentrieren, sind wir imstande, das entzückende Gefühl zu jeder beliebigen Zeit zu erleben und so lange, wie wir es wünschen. Jeder, der ein Meister der Jhānas ist, kann das tun. Er vermag auch aus irgendeiner der acht Jhānas in eine beliebige andere Jhāna zu wechseln, und das nicht notwendigerweise in der normalen Reihenfolge. Er tritt in sie ein und verlässt sie, wann immer er will. Aber das ist natürlich ein fortgeschrittenes Stadium.

> Wenn er die erste Jhāna erlangt hat, verweilt er in ihr. Seine vorhergehende sinnliche Wahrnehmung ist erloschen. Zu dieser Zeit setzt die wirkliche, aber subtile Wahrnehmung von Entzücken und Freude ein …

Wir lernen hier, dass die sinnliche Begierde verschwindet. Es ist klar, dass zu einer Zeit, in der wir entzückende Empfindungen im Körper erleben, keine sinnliche Begierde auftreten wird. Wir sind bereits mit dem zufrieden, was wir haben. Sie kann natürlich zu anderen Zeiten noch entstehen, aber je mehr Einsicht wir durch den meditativen Pfad bekommen und je mehr wir die Fähigkeit entwickeln, in die Jhānas zu gelangen, desto geringer ist die Gefahr, dass das passiert.

Das Wort «Sinnlichkeit» bedeutet gewöhnlich «sexuelle Begierde», die unsere stärkste sinnliche Begierde ist und daher bei vielen Menschen großen Schaden anrichtet. Starke Leidenschaften können äußerst heftig sein; ein Heilmittel gegen sie zu haben kann somit von größter Wichtigkeit sein. Wir sprechen hier nur über den Zeitraum, den man in der Jhāna verbringt. Wenn jedoch die Einsicht kommt und wir erkennen, dass alles, was wir begehren, bereits in uns existiert, und wir uns dies immer und immer wieder beweisen, haben wir eine große Chance, die sinnliche Begierde loszulassen – wenn nicht vollständig, so doch auf jeden Fall in solchem Maße, dass sie uns nicht länger zu schaffen macht.

> … die wirkliche, aber subtile Wahrnehmung von Entzücken und Freude …

«Wirklich» bedeutet, dass wir dies tatsächlich erleben. Das Wort «subtil» wird zur Beschreibung der ersten vier Jhānas verwendet, die als die feinkörperlichen oder feinstofflichen Jhānas bekannt sind. Im weltlichen Leben erfahren wir ähnliche Bewusstseinszustände, aber sie sind viel gröber. Wir können entzückende Empfindungen haben, doch sie hängen immer von äußeren Ursachen ab. Wir können es nicht so einrichten, dass sie auftreten, wenn wir es wollen. Und sobald die Ursachen nicht mehr gegeben sind, verlässt uns gewöhnlich auch das Gefühl der Befriedigung und Zufriedenheit. Mit den Jhānas ist das nicht so. Auf Grund ihrer subtilen Natur bleibt die Befriedigung erhalten. Auch wissen wir, dass wir zu jeder beliebigen Zeit in sie eintreten können. Wenn wir zur zweiten, dritten und vierten Jhāna kommen, werden wir sehen, dass deren subtile Empfindungen eine Entsprechung in unserer alltäglichen Erfahrung haben, aber nur auf einer groben und letzlich unbefriedigenden Ebene. Letztere sind kurzlebig, und wir sind vielleicht nicht in der Lage, sie willentlich zu wiederholen. Um hingegen das Erlebnis der Jhānas zu wiederholen, müssen wir uns lediglich hinsetzen und uns konzentrieren.

In dieser Weise konzentriert zu sein ist für den Geist von großem Segen, denn es unterbindet das diskursive Denken. All unsere Hoffnungen, Pläne, Sorgen, Ängste, Vorlieben und Abneigungen werden beiseite geschoben. So ergibt sich die Möglichkeit, sich wirklich wohl zu fühlen, und wir können nichts Besseres für uns tun. «... und er nimmt zu dieser Zeit das Entzücken und Glück bewusst wahr...» Mit anderen Worten, er richtet seine Aufmerksamkeit darauf. «‹So treten durch Training einige Wahrnehmungen auf und einige Wahrnehmungen erlöschen. Das ist das Training›, sagte der Erhabene.»

Wir erinnern uns bestimmt, dass Poṭṭhapāda den Buddha nach dem höheren Erlöschen des Bewusstseins fragte und wissen wollte, wie das Bewusstsein entsteht und wie man «unbewusst» wird. Er hatte von vier verschiedenen Möglichkeiten gehört, wie das geschehen könnte. Aber der Buddha sagte ihm, dass sie alle unzulänglich seien, «weil aus einem bestimmten Grund, durch etwas bedingt, bei einem Menschen Wahrnehmungen auftreten und auch wieder erlöschen. Durch Training treten einige Wahrnehmungen auf, und durch Training erlöschen einige Wahrnehmungen.» Darauf gab er Poṭṭhapāda eine Beschreibung des Trainings, durch das der Geist so geläutert wird, dass er in die erste Jhāna gelangen kann. Das war der erste Teil seiner Antwort auf Poṭṭhapādas Frage.

Der Buddha führt nun ein Gleichnis dafür an, wie es sich anfühlt, die erste Jhāna zu erleben. Das ist auch aus kulturhistorischen Gründen interessant, denn es zeigt, wie in jenen Tagen Seifenschaum hergestellt wurde.

> Genauso wie ein tüchtiger Bader oder Badergeselle, wenn er in eine Metallschüssel Seifenpulver gestreut und es dann immer wieder mit Wasser durchfeuchtend vermischt hat, eine Seifenschaumkugel bekommt, die zu einer geschmeidigen Masse wird, durch Fett gebunden ist, so dass nichts tropft, ebenso tränkt und durchtränkt, erfüllt und durchdringt dieser Mönch seinen Körper, so dass keine Stelle seines gesamten Körpers unberührt bleibt.

Eine reizende Erläuterung, wie die erste Jhāna erlebt werden sollte, nämlich mit dem ganzen Körper. Es ist äußerst wichtig, sich daran zu erinnern, dass keines der Hindernisse vorhanden sein sollte, wenn wir uns zum Meditieren hinsetzen. Damit das möglich ist, müssen wir den Geist während unserer üblichen Tätigkeiten außerhalb der Meditationszeit beobachten. Wir sollten achtsam auf die Gedankeninhalte sein und dem Geist nicht erlauben, ständig auf der Suche nach Möglichkeiten zu sein, unsere Begierden zu erfüllen. Wir sollten achtsam bleiben und ständig auf unsere körperlichen Aktivitäten Acht geben, seien sie willentlich oder spontan. Auf diese Weise hat der Geist schon einen Anfang damit gemacht, sich von den Hindernissen zu befreien.

Wenn der Geist fähig ist, sich zum Meditieren niederzusetzen, ohne dass die Hindernisse anwesend sind, gibt es absolut keinen Grund, nicht konzentriert zu sein. Aber sobald er denkt: «Ich möchte konzentriert sein; ich sollte in der Lage sein, das zu tun; vielleicht sollte ich es auf eine andere Art versuchen», sind unsere Bemühungen natürlich vergebens! Wir sollten uns einfach «sein» lassen, ohne diese ständigen Ideen, diese sich einmischenden Schwierigkeiten. Nichts davon ist in sich wirklich wahr; sie sind alle von uns geschaffen, geistbeschaffen. Die Wahrheit sieht völlig anders aus, und wir kommen ihr durch die meditativen Vertiefungen näher. Natürlich gibt es noch mehr zu tun, aber zumindest heben wir den Geist auf eine Ebene, auf der uns klar wird: Es gibt in mir ein Bewusstsein, das anders ist als das mir bekannte.

Am Ende einer jeden Jhāna, eigentlich am Ende jeder guten Meditation, sollten wir drei Dinge tun. Als Erstes erkennen, dass sich der angenehme Zustand auflöst, wenn wir aus der Meditation herauskommen. Man sollte beobachten, wie er sich auflöst, und feststellen, dass auch er unbeständig ist, und dies nicht einfach mechanisch vor sich hin sagen! Einige von uns haben das Wort «Vergänglichkeit» so oft gehört und benutzt, dass sie kaum noch wissen, was es bedeutet. Wir stimmen einfach der Aussage zu, dass alles vergänglich ist. Wir müssen aber wirklich beobachten, wie sich der wünschenswerte Zustand auflöst. Es ist nicht der Buchstabe, sondern der Geist der Lehre, auf den es ankommt, und das bedeutet, alles selbst zu erleben. Wir können tausend Bücher lesen, tausend Verse wiederholen – alles vergebens. Weisheit entsteht nur aus erkanntem Erleben und aus nichts sonst.

Jeder erlebt ständig. Wenn wir diese Erlebnisse richtig verstehen würden, wären wir bereits erleuchtet. Zum Beispiel erleben wir alle die Unbeständigkeit jedes Atemzugs, und dennoch fahren viele von uns damit fort, Myriaden von Ideen über die Zukunft zu entwickeln. Sie haben bei ihrem Erleben nicht verstanden, dass es nur diesen einen Augenblick gibt. Es gibt keine Zukunft, es gibt keine Vergangenheit. Alles geschieht jetzt, und wir sind völlig durchlässig; wir haben keine Solidität. Wir sehen nur so aus.

Wir alle sind uns der Unbeständigkeit unserer Gedanken bewusst, dessen, dass sie auftreten, ungefragt, und verschwinden. Tatsächlich hätten wir es lieber, sie wären nicht aufgetreten, denn wir zögen es vor, konzentriert zu sein. Dennoch glauben wir: «Der da denkt, das bin ich. Dies sind meine Gedanken.» Wir sollten diesen Glauben untersuchen. Wenn wir etwas besitzen, haben wir gewöhnlich einen Rechtsanspruch darauf. Die Gedanken jedoch, die sich jetzt ereignen, und all die anderen, die wir in der Vergangenheit «besaßen», sind gegangen, oder etwa nicht? Wo ist das «Ich», das sie besaß? Auch gegangen? Oder besitzt es laufend neue? Aber welches ist dann das wirkliche «Ich»? Ist es das, das wir vorher hatten, oder das, was wir jetzt haben? Was geschieht jedes Mal mit dem «Ich», wenn ein neuer Gedanke verschwindet? Da mag durchaus eine Lücke zwischen einem Gedanken und dem nächsten auftreten; das passiert. Wo ist das «Ich» dann? Macht es Ferien? Was stellen wir an, damit es zurückkommt? Nun, wir denken natürlich!

Das falsch verstandene Erleben ist der Grund für unsere «Ich»-Illusion. Das Erste, was zu tun ist, nachdem man aus der Jhāna herauskommt, ist, dessen Unbeständigkeit festzustellen und sich nach Möglichkeit gleichzeitig der Unbeständigkeit der Gedanken, Emotionen, des Atems, des ganzen Körpers bewusst zu werden.

Das Nächste, was nach der Meditation geschehen muss, ist die Rekapitulation: Wie bin ich zu dem konzentrierten Bewusstseinszustand gelangt? Welche Methode wurde benutzt? Keine Methode hat an sich irgendeinen wesentlichen Wert. Diejenige, die bei einem selbst funktioniert, ist zu verwenden. Es geschieht sehr oft, dass Menschen einer bestimmten Methode verhaftet sind, und weil sie bei ihnen erfolgreich war, meinen sie, auch jeder andere sollte sie benutzen. Dies ist ein Fehler. Unsere unterschwelligen Tendenzen unterscheiden sich voneinander. Eine bestimmte Methode eignet sich für eine gewisse Person besser als eine andere. Zum Beispiel mag es sehr hilfreich sein, sich des Mittels der Liebenden-Güte-Meditation zu bedienen, um konzentriert zu werden. Wenn wir sie beherrschen, entsteht bei dieser Meditation gewöhnlich in der Mitte der Brust ein starkes Gefühl. Im Allgemeinen ist es ein angenehmes, körperliches Gefühl der Wärme. Manchmal ist es auch beides, ein Gefühl der Wärme und der Freude. Sobald es entsteht, sollten wir unsere volle Aufmerksamkeit allein auf diese Empfindung richten, anstatt mit der Liebenden-Güte-Meditation weiterzumachen. Die stärkere Empfindung wird die körperliche sein; darauf sollte sich unsere Aufmerksamkeit zuerst richten.

Wie wir es anstellen, uns zu konzentrieren, ist egal, solange es uns nur gelingt. Erst dann können wir ehrlich sagen: «Ich meditiere.» Alles, was wir bis dahin sagen können, ist, dass wir eine Meditationsmethode benutzen. Diese Unterscheidung wird selten jemals gemacht, obwohl sie vom Buddha klar aufgezeigt wurde.

Manche Menschen haben Erfolg mit der «Stück-für-Stück-Methode» oder vor allem auch mit der ähnlichen «Im-Ganzen-Methode».[3] Wenn sie richtig ausgeführt werden, können sie genügend Konzentration erzeugen, um eine sehr angenehme Empfindung zu wecken. Falls dies der Fall sein sollte, unterbrechen wir die Methode dort, wo wir gerade sind, und richten unsere Aufmerksamkeit auf die entzückende Empfindung. Wie wir vom Buddha gehört haben, verstärken wir dann die Empfindung, so dass sie mit dem ganzen Körper erlebt wird.

Ein anderes Verfahren ist das der *kasiṇas* oder Farbscheiben. Wenn wir visuell veranlagt sind und es uns leicht fällt, Farben im Geiste hervorzuzaubern, sind wir vielleicht in der Lage, eine runde Farbscheibe zu sehen, sie zu vergrößern und schließlich völlig darin einzutauchen. Auch das führt zur ersten Jhāna und ist der Zweck der *Kasiṇa*-Meditation.

Wenn wir auf dem Atem bleiben und er sehr fein wird, mag ein helles Licht erscheinen. Auch das kann vergrößert werden, so dass es uns völlig umgibt. Sind wir einige Zeit in diesem Licht geblieben, wird es uns nicht nur umgeben, sondern mit dem Auftreten der entzückenden Empfindungen auch äußerst angenehm werden.

Wie zu sehen ist, gibt es viele Möglichkeiten, wobei es sicherlich nicht sinnvoll wäre, sie alle während einer Meditationssitzung auszuprobieren. Falls wir jedoch das Gefühl haben, dass die Liebende-Güte-Meditation bei uns sehr gut funktioniert, sollten wir sie verwenden, um uns zu konzentrieren. Wenn wir spontan Farben sehen und sie so intensiv werden, dass wir Mühe haben, beim Atem zu bleiben, da sie im Weg sind, sollten wir die Farben benutzen. Wenn die «Stück-für-Stück-» oder «Im-Ganzen-Methode» dazu führt, dass wir sehr konzentriert sind, verwenden wir diese. Auf das Verfahren kommt es nicht an. Es kommt allein darauf an, dass wir uns mit einem freudigen Verstehen des uns innewohnenden großen Potenzials auf das Kissen setzen.

Jeder, der Geduld und Ausdauer besitzt, kann die Jhānas erreichen. Sie sind der natürliche Weg des Geistes. Tatsächlich hat fast jeder, der zur Meditation kommt, eine unterschwellige Sehnsucht danach. Er weiß vielleicht nicht, was das Wort Jhāna bedeutet oder was eine meditative Vertiefung ist, aber das ist nicht wichtig. Unsere innere Sehnsucht ist ein Verlangen nach Erleichterung und nach Erlösung vom denkenden Geist. Manchmal ist diese Sehnsucht unbewusst, oft aber kennt und versteht man sie, so als ob es eine Art intuitives Wissen gäbe, dass so etwas möglich ist. Wenn eine vorurteilsfreie Person zum ersten Mal von den Jhānas hört, sagt der Geist gewöhnlich: «Aha! Ich wusste, es gibt so etwas.»

Wenn man zum ersten Mal eine Jhāna erlebt, kann es sein, dass man sich daran erinnert, dass man bereis als Kind diesen Zustand erreichen konnte. Dies ist verbreiteter, als man vielleicht meint. Kleine Kinder können es oft spontan. Im Verlauf des Heranwachsens, wenn Schule, Familie und Sexualität dazwischenkommen, werden solche Dinge vergessen. Aber wenn man nach viel Dukkha im Erwachsenenalter zur Meditation kommt und die erste Jhāna erreicht, stellt sich die Erinnerung wieder ein.

Als der Buddha noch ein Bodhisattva war, der Prinz Siddhartha Gautama, verließ er Palast und Familie, um im Wald die Meditation zu erlernen. Ein Lehrer unterrichtete ihn in den ersten sieben Jhānas, und beim Erreichen der ersten Jhāna erinnerte er sich sofort daran, dass er sie bereits als Zwölfjähriger erlebt hatte.

In der Schilderung dieses Ereignisses kommt auch sein Vater, König Suddhodana, vor, der ein kleines Reich regierte. Gemäß der dortigen Tradition sollte der König im Frühling, der Zeit des Reispflanzens, mit dem Pflug die erste Furche ziehen. König Suddhodana nahm seinen zwölfjährigen Sohn mit, und es war geplant, dass der Junge den einen Griff des Pflugs halten sollte, während der Vater den anderen hielt, und gemeinsam würden sie dann die erste Furche ziehen. Aber als es dafür an der Zeit war, war der Junge verschwunden. Der König sandte einen seiner Minister aus, um nach ihm zu suchen. Der Minister entdeckte ihn, wie er offensichtlich meditierend und völlig in sich versunken unter einem Baum saß. Da er ihn nicht stören wollte, meldete er sich beim König zurück, der erklärte, die erste Furche alleine ziehen zu wollen.

Danach, im Alter zwischen zwölf und neunundzwanzig, schwelgte der Prinz in allen möglichen Arten von Sinnengenüssen. Er heiratete auch und hatte einen Sohn. Schließlich beschloß er jedoch, sich dem Leiden der Menschheit zuzuwenden, und zog in den Wald, um meditieren zu lernen. In die Jhānas zu gelangen war für ihn leicht wegen diesbezüglicher Erfahrungen in früheren Leben und als Junge in diesem Leben. Auch wenn es nicht immer so sein mag, scheint es, dass Menschen, die diese Art von Kindheitserfahrungen hatten, leichter in die Jhānas kommen. Die übrigen müssen vielleicht etwas härter daran arbeiten, aber dabei werden sie Geduld und Ausdauer lernen.

Die erste Jhāna führt, im Gegensatz zu einer manchmal geäußerten Meinung, nicht zur Anhaftung. Der Buddha erwähnte nie eine solche Möglichkeit. Diese Idee tauchte erst in späteren Kommentaren auf, die Jahrhunderte nach dem Tod des Buddha verfasst wurden.

Weit davon entfernt, Anhaftung hervorzurufen, führt diese Erfahrung zu einer gewissen Kraft und der Dringlichkeit weiterzumachen, weil wir nun in der Lage sind, den gewaltigen Unterschied zwischen weltlichen und Jhāna-Bewusstseinszuständen zu erkennen. Selbst wenn das Gefühl der Dringlichkeit nicht auftritt, ist die Einsicht, dass das nicht alles sein kann, sicherlich unterschwellig vorhanden. Jeder intelligente Mensch erkennt sofort, dass das Ziel der Meditation nicht einfach darin bestehen kann, eine angenehme Empfindung zu haben. Auch wenn wir glücklich darüber sein mögen, ein solches Gefühl zu erleben, wissen wir doch instinktiv, dass es da noch mehr geben muss, und sind sehr daran interessiert weiterzumachen.

Die Tatsache, dass der Geist zu dieser Zeit rein und durchscheinend ist, lässt dieses Erleben zu einem wichtigen Ereignis werden. Die Reinheit des Geistes ist einer der größten Pluspunkte der Jhānas. Diese Reinheit hat zwei Aspekte. Erstens gibt es keine Behinderung, kein Hindernis; keine unserer Befleckungen ist vorhanden. Zweitens bringt sie Klarheit. Wenn etwas rein ist, ist es klar. Wenn ein Fenster schmutzig ist, kann man kaum hinausschauen, aber wenn es gereinigt ist, sind wir imstande, klar zu sehen. Die Klarheit des Geistes benötigen wir für Einsichten.

Die Reinheit des Geistes entsteht durch eine fleißige, beständige Praxis. Sie entsteht dadurch, dass wir uns selbst kennen und erkennen, was zu tun ist. Wir haben uns bereits die vorbereitenden Schritte angeschaut, die in der Lehrrede erwähnt werden.

Worauf wir wirklich aus sind, ist Klarheit, weil sie es uns ermöglicht, unsere Erlebnisse zu verstehen. Wenn wir diese Klarheit erwerben, werden wir selbstverständlich darauf achten, unseren Geist nicht wieder mit Unrat zu füllen. Wir werden ständig auf der Hut sein, und zwar deshalb, weil uns nun klar ist, was für ein Juwel wir besitzen: einen Geist, dessen Reinheit und Klarheit durch alle Täuschungen hindurchdringen kann, um die Welt in ihrer absoluten Wahrheit zu sehen.

Um die Tiefe und Tiefgründigkeit der Einsicht zu gewinnen, die vom Buddha gelehrt wurde, benötigen wir einen solchen Bewusstseinszustand. Dieser lässt sich nur erreichen, wenn wir zu völliger Sammlung fähig sind, ohne jegliches diskursives Denken. Solange Gedanken da sind, befinden wir uns auf der weltlichen Ebene, und wir werden dann nur das erfahren, was es bereits in unserem Geist gibt.

Als dritten Schritt soll man nach der Meditation das Jhāna-Erlebnis betrachten, um sich neu aufgetretener Einsichten bewusst zu werden. Solche Einsichten sind besonders erhellend, da sie von unserem persönlichen Verstehen kommen. Der Buddha war ein sehr pragmatischer Lehrer, und als er die ersten vier meditativen Vertiefungen lehrte, nummerierte er sie einfach durch. Das ist in der Tat sehr hilfreich, denn es bedeutet, dass keine Notwendigkeit besteht, sich etwas vorzustellen. Wir führen einfach seine Anweisungen aus. Die Jhānas mit den Nummern fünf bis acht erhielten Namen, und später werden wir uns auch diese anschauen.

Diese Bewusstseinszustände sind der für den Geist natürliche Weg, den er nehmen muss. Wir können davon in den Schriften christlicher und anderer Mystiker lesen. Die Terminologie mag unterschiedlich sein, nicht aber das Erleben. Teresa von Ávila beschreibt in *Die innere Burg,* einer Anweisung für ihre Nonnen, sieben Vertiefungen, freilich in einer solch visionären Sprache, dass ihr heutzutage kaum jemand zu folgen vermag. Die Schilderungen sind so detailliert, dass der Leser den Eindruck bekommt, es handle sich um ein rein persönliches Erlebnis. Die Erklärungen des Buddha hingegen sind derart pragmatisch, dass man hier diesem Irrtum nicht verfallen kann. Es liegt auf der Hand, dass sie allen offen stehen.

Andere christliche Mystiker wie Meister Eckhart und Francisco de Osuna praktizierten ebenfalls die meditativen Vertiefungen, wenngleich ihre Beschreibungen davon wiederum anders sind.

Weil wir in einem Zeitalter leben, in dem die Technik und

nicht die Religion am Ruder ist, wurden die meditativen Vertiefungen zur verlorenen gegangenen Kunst. Aber es besteht keine Notwendigkeit dafür, dass sie verloren bleiben; sie können wieder belebt werden, da wir in der glücklichen Lage sind, über die Worte des Buddha zu verfügen.

Aus der Tatsache, dass einige Menschen ganz zufällig auf die meditativen Vertiefungen stoßen, ohne Führung oder Anleitung, lässt sich schließen, dass sie ein natürliches Ergebnis der Einspitzigkeit sind. Manche erleben sie in Augenblicken großer Freude, andere zu Zeiten starker Belastung. Das ist keineswegs ungewöhnlich. Wieder andere kommen dahin einfach dadurch, dass sie sich konzentrieren.

Meditation ist die Wissenschaft des Geistes. Weil sie eine Wissenschaft ist, ist sie erklärbar und wiederholbar, aber sie muss dabei alle möglichen Dimensionen einschließen. Wir sind alle mit der Dimension des weltlichen Geistes vertraut; er denkt, beurteilt, ist glücklich oder unglücklich, will haben und loswerden. Er ist immer in einem Zustand der Dualität, in dem «wir» der «Welt» entgegengesetzt sind. Wenn die Meditation zu keiner anderen Erfahrung führt, kann sie keine Befriedigung verschaffen.

Das gehobene Bewusstsein, das wir in der Meditation erleben, zeigt uns klar, dass wir in der Welt sind, aber nicht von der Welt. Wir lernen, dass wir sie tatsächlich transzendieren können, während wir in diesem Körper und Geist bleiben. Deshalb leitete der Buddha jeden durch die Jhānas zu den Einsichten. In keiner Lehrrede, die den ganzen Pfad umfasst, der mit Sittlichkeit beginnt und mit der Erleuchtung endet, werden die Jhānas ausgelassen. Ein Wort der Warnung: Wir dürfen uns nicht mit der Absicht zum Meditieren hinsetzen, entzückende Empfindungen zu erlangen. Stattdessen folgen wir einfach der Methode, die wir gewählt haben, derjenigen, von der wir das Gefühl haben, dass sie für uns am besten sei, und bleiben dabei. Mehr ist nicht notwendig.

5

Die zweite und dritte meditative Vertiefung

Der Pfad, den der Buddha lehrte und Poṭṭhapāda in dieser Sutta erklärt, muss Schritt für Schritt befolgt werden. Zuerst kommt die Sittlichkeit, dann das Bewachen der Sinnestore, Achtsamkeit und Wissensklarheit, Zufriedenheit, das Loslassen der Hindernisse – und erst danach die erste meditative Vertiefung. Es ist wie bei einer Straßenkarte, die uns von einem Ort unserer Reise zum nächsten bringt. Jeder weiß, wie man eine solche Karte benutzt. Wenn wir nicht den Schildern folgen, verfahren wir uns. Um, sagen wir, von Los Angeles nach New York zu fahren, hat es keinen Sinn, nur auf eine Karte von New York zu schauen. Wir brauchen eine, die uns jeden Kilometer der Straße anzeigt, jeden Schritt auf dem Weg zu unserem Ziel.

Nachdem der Buddha die erste meditative Vertiefung beschrieben hat, spricht er nun über die zweite Jhāna. In dem folgenden Abschnitt können wir «Denken und Überlegen» durch «anfängliche und anhaltende Hinwendung» ersetzen.

> Und ferner gewinnt ein Mönch durch die Beruhigung des Denkens und Überlegens die innere Besänftigung, die Einheit des Bewusstseins, die zweite meditative Vertiefung, die frei von Denken und Überlegen ist, aus der Konzentration entstanden und von Entzücken und Glück begleitet.

Zu Beginn bemühten wir uns, den Atem zu beobachten, und erhielten dann diese Aufmerksamkeit aufrecht. Nun besteht dafür keine Notwendigkeit mehr. Durch das Erreichen der ersten Jhāna ist der Geist genügend konzentriert, so dass er ruhig bleibt. Jedoch gelingt das anfangs nicht; es kommt erst mit der Übung. Zu Beginn schwankt der Geist und gleitet vom Meditationsobjekt ab; so müssen wir die anfängliche und anhaltende Hinwendung wiederholen. Es scheint, dass sich die entzückenden Empfindungen, auf die wir konzentriert waren, auflösen, während wir noch versuchen, darauf zu bleiben. Tatsächlich aber verschwindet unsere Konzentration. Die Empfindung ist immer da; wir haben sie nicht geschaffen. Statt wieder mit der Atembetrachtung zu beginnen oder mit der Liebenden-Güte-Meditation – oder welches Objekt wir auch immer gewählt haben –, stellen wir vielleicht fest, dass wir den Geist einfach zu der Empfindung zurückbringen können. Haben wir die Körperstelle ausgemacht, an der die Empfindung am stärksten ist, kehren wir dahin zurück. Es ist nicht so, dass wir die Aufmerksamkeit auf den Körper selbst richten. Wir richten sie auf die entzückende Empfindung, aber da sie im Körper beheimatet ist, finden wir die Stelle. Wenn wir dazu nicht in der Lage sind, müssen wir wohl zur anfänglichen und anhaltenden Hinwendung zurückgehen. Es hängt vom Grad unserer Konzentration ab.

Wenn wir genügend Praxis haben, gelangen wir zur zweiten Jhāna, indem wir unsere Konzentration auf die entzückenden Empfindungen willentlich fallen lassen. Wir machen dies, wenn wir, völlig darin eingetaucht und uns ihrer völlig bewusst, genügend lange darauf gewesen sind. Zehn bis fünfzehn Minuten sind mehr als ausreichend, aber man muss unerschütterlich dabei sein. Wenn wir unsere Konzentration auf die entzückenden Empfindungen loslassen, muss dies absichtlich geschehen. In einer anderen Sutta sagt der Buddha, da wir wüssten, dass das körperliche Entzücken und die Körperempfindungen noch grob sind, hielten wir nach der nächsten Stufe, den Emotionen, Ausschau.

Wenn wir die entzückende Empfindung losgelassen haben, wenden wir uns der inneren Freude zu, die zu dieser Zeit vorhanden ist. Weil sie schon da ist, brauchen wir nur die Richtung unserer Aufmerksamkeit zu verändern. In dieser Sutta steht nicht Freude, sondern «Entzücken und Glück». Das Entzücken bleibt im Hintergrund unseres Bewusstseins. Noch immer ist die körperliche Leichtigkeit da und ein Verlust an Körpergefühl, so, als ob keine Schwerkraft herrschen würde. Wenn wir genügend konzentriert sind, sollte kein körperliches Unbehagen vorhanden sein, keine Schmerzen, obgleich sie zurückkehren mögen, wenn wir aus der Jhāna herauskommen. Die Freude tritt nun in den Vordergrund. Dies ist die meditative Freude, *sukha*, und sie beruhigt uns wirklich, weil sie das Gegenmittel für Rastlosigkeit und Sorgen darstellt. Falls man irgendwelche Schwierigkeiten damit hat, sich dieser inneren Freude zuzuwenden, kann es hilfreich sein, sanft das Wort «Freude» zu sich selbst zu sprechen. Wenn wir unseren Geist auf das Wort richten, wendet sich unser ganzes Wesen dorthin. Das klappt nicht bei jedem. Einige mögen finden, dass es ihre Konzentration stört.

Sowohl Entzücken als auch Freude enthalten noch eine Spur von Erregung. Wir haben das Gefühl, dass sie irgendwo in Kopfhöhe stattfinden, was natürlich nur eine Empfindung ist. Wenn wir die ersten Male die erste Jhāna erreichen, kann die Erregung sehr stark sein, weil der Geist alles Mögliche über dieses Erlebnis zu sagen hat. Aber wenn uns die Jhānas zur Gewohnheit werden, verschwindet die anfängliche Erregung vollkommen. Eine sehr feine Erregung wird jedoch bleiben. Wir sind noch nicht wirklich ruhig, sondern müssen jede Stufe nehmen, Schritt für Schritt, denn jede ist zugleich Ursache und Wirkung. Die Wirkung der entzückenden Empfindung ist durch unsere Konzentration verursacht. Entzücken verursacht das Gefühl der Freude, denn wie sollten wir uns nicht freuen, wenn wir solches Entzücken erleben? Die meisten Menschen haben diese innere Freude nie erfahren, da für sie Freude immer von äußeren Sinneskontakten abhängt. Wir können eine Menge Einsicht dadurch gewinnen, dass wir mit unserer inneren Freude in Berührung kommen.

> Seine vorhergehende wirkliche, aber subtile Wahrnehmung von Entzücken und Glück, die aus der Abgeschiedenheit entstanden sind, erlischt. Zu dieser Zeit setzt die wirkliche, aber subtile Wahrnehmung von Entzücken und Glück ein, die aus der Konzentration entstanden sind, und er wird sich zu dieser Zeit des Entzückens und des Glücks bewusst. So treten durch Training einige Wahrnehmungen auf, und einige Wahrnehmungen erlöschen.

Hier steht «Wahrnehmung», aber «Bewusstsein» würde genauso passen. Dieser Sutta wurde ja der Untertitel «Bewusstseinszustände» gegeben. Der Buddha sagt, dass es Bewusstsein gibt, das durch Training entsteht, und solches, das durch Training erlischt. Wir wissen alle, was es mit dem gewöhnlichen Bewusstsein oder Gewahrsein auf sich hat. Manchmal ist es angenehm, manchmal nicht. Es ist oft damit verbunden, etwas haben zu wollen, das wir nicht haben, oder etwas loswerden zu wollen, das wir haben. Deswegen haben wir nie ein Gefühl vollkommenen Friedens und völliger Freude. Wir mögen uns dessen nicht bewusst sein, dass es dies ist, was wir wirklich wollen, aber es ist tatsächlich so.

Das Alltagsbewusstsein – dasjenige, womit wir unseren Lebensunterhalt verdienen und mittels dessen wir mit anderen kommunizieren – ist in einem Zustand der ständigen Dualität. «Ich» bin es, der etwas will, «ich», der der Welt gegenübersteht, «ich» im Gegensatz zu dir. «Ich» bleibe außerhalb von allem, was nicht zum Frieden führt.

Wir alle kennen diese Bewusstseinszustände nur zu gut. Die meisten Menschen meinen, dies sei alles, was es gibt. Wegen dieses Glaubens halten sie logischerweise in der Außenwelt nach Vergnügen und Glück Ausschau. Aber wenn wir zu meditieren anfangen, wird uns klar, dass wir zu einem ganz anderen Bewusstsein Zugang haben können. Das macht zunächst einmal einen großen Eindruck. Später wird dies etwas sein, das wir tief erfahren werden. Im Verlauf der Praxis entsteht großes Mitgefühl, weil wir diese anderen Bewusstseinszustände kennen gelernt haben. Der Unterschied zwischen unserem Alltagsbewusstsein und den gehobenen Bewusstseinszuständen ist so gewaltig, dass wir nicht anders können, als enormes Mitgefühl zu empfinden, dem der Wunsch zu helfen folgt. Dies tat der Buddha vom Tag seiner Erleuchtung an im Alter von fünfundreißig Jahren bis zu seinem Sterbetag im Alter von achtzig Jahren. In den Schriften steht, dass er jeden Tag lehrte, selbst bei unfreundlichstem Wetter, selbst wenn es um seine Gesundheit schlecht stand. Er ging immer zu Fuß, egal, wie groß die Entfernung auch sein mochte. In jenen Tagen gab es zum Transport nur Ochsen- oder Pferdekarren, und er wollte nicht, dass ein Tier sein Gewicht zu ziehen hätte; so ging er zu Fuß. Mönche und Nonnen folgen noch immer der Regel, keine von Tieren gezogene Transportmittel zu benutzen, da dies Leiden verursachen könnte. Die Schriften sprechen auch davon, dass der Buddha jeden Morgen meditierte und dabei «das Netz des Mitgefühls auswarf». Damit ist gemeint, dass er seine Hellsichtigkeit benutzte, um jemanden zu «fangen», der zu hören fähig war. Er sagte, es gebe nur wenige Menschen «mit wenig Staub in den Augen», und er werde losziehen, um sie aufzuspüren, wissend, dass sie für die Wahrheit des Dhamma offen seien.

In der ersten Jhāna herrscht eine «wirkliche, aber subtile Wahrnehmung von Entzücken und Glück, die aus der Abgeschiedenheit entstanden sind». Wie gesagt, dies ist die Abgeschiedenheit von unseren Sinnesbegierden, Hindernissen oder irgendwelchen unheilsamen Zuständen. In der zweiten Jhāna herrschen dann «Entzücken und Glück, die aus der Konzentration entstanden sind». Das bedeutet, dass sich unsere Konzentration vertieft hat. Es ist nicht ungewöhnlich, dass kurze, flüchtige Gedanken in der ersten Jhāna auftreten. Wir werden auch noch Geräusche hören, wenn auch nicht so klar wie im Alltagsleben – sie sind ein bisschen in die Ferne gerückt. In der zweiten Jhāna rücken sie weiter weg, so als ob man unter einer Glaskuppel säße, die sie dämpft, so dass sie einen viel weniger stören. Unsere Konzentration wird stärker, je weiter fortgeschritten unsere Praxis der Jhānas ist, sie wird zunehmend einspitzig.

Solche Konzentration bringt Läuterung, und mit der Läuterung kommt Klarheit. Eins führt zum anderen. Die Lehre des Buddha wird manchmal als die Lehre von Ursache und Wirkung bezeichnet, weil seine klaren und unmissverständlichen Richtlinien uns Schritt für Schritt leiten, wobei jeder Schritt die Ursache für das Auftreten des nächsten ist. Intellektuell ist uns das sehr schnell klar, und das ist immer der Ausgangspunkt – die Lehre zu verstehen. Das wird uns zwar zunächst keine Ruhe oder Einsicht bringen, doch ohne dies werden wir unfähig sein, Fortschritte zu machen. Verstehen fesselt unseren Geist, aber es muss von einer Öffnung des Herzens begleitet sein. Wenn das nicht geschieht, kann uns das ganze Wissen der Welt nicht helfen. Es hört sich dann vielleicht beeindruckend an, wenn wir von der Lehre reden, wir mögen sogar gelehrte Bücher darüber schreiben, aber wir werden niemals in der Lage sein, uns von unserem eigenen Dukkha zu befreien. Wenn sich das Herz nicht öffnet, kann die Vision des Dhamma nicht eintreten. Vertrauen in die Lehre, das aus Verstehen entstanden ist, führt zur Freude an der Praxis. Herz und Geist sollten immer zusammenarbeiten.

Wenn man eine Jhāna oder eine gute Meditation beendet, gibt es, wie wir bereits wissen, drei Punkte zu beachten. Als Erstes gilt es, die Vergänglichkeit des Erlebnisses festzustellen, und als Zweites, sich an den Weg zu erinnern, den wir benutzten, um zur Konzentration zu gelangen. Jetzt werden wir einige Einzelheiten des dritten Punktes besprechen, wenn wir uns fragen: «Was habe ich aus dem Erlebnis gelernt; welche Einsicht habe ich gewonnen?»

Erreicht man die entzückenden Empfindungen der ersten Jhāna, stellt der Geist sofort ein gehobenes, erweitertes Bewusstsein fest, das weit entfernt ist von der Marktplatzebene des Habenwollens oder Loswerdenwollens. Diese Erweiterung des Bewusstseins gibt zu dem Verständnis Anlass, dass das Leben mehr zu bieten hat als das, was die Sinne uns glauben machen. Selbst die angenehmsten und erlesensten Sinneskontakte – mit Objekten wie Blumen, einem Regenbogen, Sonnenuntergängen und Gedichten –, die nicht die geringste Spur des Unheilsamen in sich tragen, liegen außerhalb von uns, und unser Glück hängt von den angenehmen Aspekten dieser Dinge ab. Jedoch bereiten sie uns nicht immer Entzücken. Wir glauben vielleicht, es sei der Sonnenuntergang, der uns solche Freude bereitet, aber tatsächlich ist es unser Einswerden mit dem Sonnenuntergang, was uns dieses Entzücken bereitet. Oft meinen wir, dass die Freude von außerhalb kommt, doch das bestimmte Sinneserlebnis ist lediglich der Auslöser; und auf Grund dessen sind wir vielleicht so gesammelt, dass wir unser «Ich» vergessen. Dann ist keiner da, der sagt: «Ich will den Sonnenuntergang genießen. Ich will, dass er bleibt.» Aber sobald dieses Erlebnis vorbei und das Entzücken vergangen ist, kehrt das «Ich» zurück und damit auch die Idee, dass «ich» mir andere Sonnenuntergänge anschauen sollte, weil sie so viel Freude bereiten. Dieses Beispiel veranschaulicht die Tatsache, dass wir alles erleben, was wir zum Erreichen der Erleuchtung brauchen, doch wir verstehen unsere Erlebnisse nicht richtig. Wir benötigen das Dhamma, um geleitet zu werden, und dann können wir die Dinge sehen, wie sie wirklich sind.

Als Erstes verstehen wir oder haben die Einsicht, dass es eine andere Bewusstseinsebene gibt und dass wir ein Entzücken erleben können, das in uns liegt und nicht außerhalb von uns. Es sind unsere eigene Reinheit und Konzentration, die uns dies zu erleben ermöglichen. Daraus können wir schließen, dass alles, wonach wir je gestrebt haben, bereits in uns vorhanden ist. Die meisten Menschen suchen Befriedigung, Glück und Freude außerhalb von sich selbst und erkennen nicht einmal, dass die Sinneskontakte immer von der äußeren Welt abhängen, auf die man sich nie verlassen kann.

Wenn wir die Freude der zweiten Jhāna erleben, erkennen wir, dass sie viel erlesener ist als jede Freude, die wir zuvor gekannt haben. Auch ist sie von äußeren Bedingungen gänzlich unabhängig. Unser ganzes Wesen ist auf eine Weise mit Freude getränkt, wie es durch Sinneskontakte nicht möglich ist. Zu wissen, dass wir dazu fähig sind, bringt eine zweite Einsicht mit sich – dass keine Notwendigkeit mehr besteht, ständig nach angenehmen Sinneskontakten Ausschau zu halten, obgleich sie natürlich weiterhin stattfinden werden. Dies bringt eine gewaltige Veränderung in unser Leben. Die Suche nach Vergnügen, das durch die Sinne entsteht, bedeutet einen großen Zeit- und Energieaufwand und ist mit Dukkha verknüpft, weil wir entweder nicht bekommen, was wir wollen, oder dies nur teilweise geschieht, oder aber weil jemand dem im Wege steht.

Dieser zweite Schritt auf dem Pfad der Jhānas bringt eine gewaltige Änderung unserer Gewohnheiten mit sich, da wir das Erlebnis automatisch in unser tägliches Leben integrieren. Unsere Sinne sind nach wie vor das, was sie immer waren. Unsere Augen sehen, unsere Ohren hören, wir können riechen, schmecken, berühren und denken, aber wir müssen uns keine solch endlose Mühe mehr geben, nach angenehmen Sinneskontakten zu suchen.

Ganz im Gegenteil, es kommt während längerer Meditationskurse häufig vor, dass Menschen das Grün in der Natur plötzlich viel grüner erscheint und der Himmel viel blauer. Natürlich haben sich weder der Himmel noch die Blätter geändert; aber die eigene Wahrnehmung wurde klarer. Diese Klarheit kommt dadurch zustande, dass wir zu dieser Zeit keine Freuden suchen, die durch die

Sinne kommen, oder daran festhalten wollen oder sie wiederholen wollen. Die Freude ist einfach da, ohne jede Spur von Verlangen. Normalerweise bemerken wir nicht einmal das Dukkha, das die Freude begleitet, das Dukkha des Anhaftens, des Wunsches, dass sie bleibt. Was wir hier haben, ist ein normaler Sinneskontakt, der eine verfeinerte Qualität hat. Auch das ist ein Ergebnis der Erkenntnis, dass wir in der Außenwelt nicht das suchen müssen, was wir bereits in uns tragen.

Der Frieden im Geiste, der daraus resultiert, ist noch nicht absolut, aber er bringt sicherlich ein Gefühl der Gelassenheit in unser alltägliches Leben. Wir wissen, alles ist in uns zu finden; wir müssen nichts «machen» oder irgendwo hingehen. Natürlich werden wir noch etwas machen. Tatsächlich werden wir es normalerweise viel besser machen, weil wir nicht so am Ergebnis anhaften, oder präziser, an der Vorstellung, dass unser Glück von dem Ergebnis abhängt. Wir machen eine Sache einfach, weil sie getan werden muss. Folglich fällt sie uns leichter, und wir tun sie ohne innere Spannung. Wir wissen, es gibt etwas Reineres, Erleseneres, Größeres als das, was auf der weltlichen Ebene geschieht. Nicht dass wir anfangen, die Welt zu verachten oder abzulehnen. Wir haben einfach ihr gegenüber nicht mehr die gleiche Erwartungshaltung. Wo man nichts erwartet, gibt es keine Enttäuschung. Alles fängt an, auf sehr friedliche Weise zusammenzufallen.

Der Buddha sagt (in der *Sāmaññaphala-Sutta*) über die zweite Jhāna:

> Er tränkt, durchtränkt, erfüllt und durchdringt eben diesen Körper mit Entzücken und Freude, die aus der Sammlung entstanden sind, so dass nichts an seinem gesamten Körper undurchdrungen bleibt.

Wir dürfen nicht missverstehen, wie das geschieht. Das Entzücken und die Freude sind geistige Begleitfaktoren, aber sie scheinen sich im Körper zu manifestieren. Beispielsweise sagen wir vielleicht, dass wir Freude in der Mitte der Brust verspüren, wo das spirituelle Herz beheimatet ist. Freude ist ein geistiger und gefühlsmäßiger Zustand, aber wir zeigen auf eine Stelle im Körper. Das ist ganz natürlich, denn wir haben keine andere Möglichkeit des Erlebens als in der Verbindung von Geist und Körper. In der zweiten Jhāna nehmen wir das Entzücken, das im Hintergrund ist, und die Freude, die im Vordergrund ist, um uns damit von oben bis unten zu durchtränken. Wir sprechen in der Liebenden-Güte-Meditation oft davon, uns von Kopf bis Fuß mit Freude anzufüllen. Falls man dazu in der Liebenden-Güte-Meditation fähig ist, verschafft es einem Eintritt in die Jhānas.

Wie für die erste Jhāna führt der Buddha nun auch ein Gleichnis für die zweite Jhāna an:

> Es ist genauso wie bei einem Teich mit eigenem Quellwasser, der weder im Osten noch im Westen, noch im Norden, noch im Süden einen Wasserzulauf hat und dem der Regengott nicht von Zeit zu Zeit einen angemessenen Regenschauer spendet; wenn da nun vom Grunde dieses Teiches ein kühler Wasserstrom emporquellen würde, würde er diesen Teich mit kühlem Wasser tränken, durchtränken, erfüllen und durchdringen, und keine Stelle im gesamten Teich bliebe von diesem kühlen Wasser undurchdrungen. – Ebenso nun tränkt und durchtränkt, erfüllt und durchdringt ein Mönch eben diesen Körper mit Entzücken und Freude, die aus der Konzentration entstanden sind, und keine Stelle seines gesamten Körpers bleibt davon undurchdrungen.

Dies ist eine sehr nützliche Anleitung, da die Freude oft nur im Brustbereich gefühlt wird. Aber wir können diesen Bereich ganz leicht erweitern, so dass wir die Freude überall in uns fühlen. Dann und nur dann erleben wir die zweite Jhāna in Vollendung. Wenn wir davon völlig durchtränkt sind, hat dies eine Qualität, die keine Freude, die wir bisher kannten, gehabt hat. Ihre Süße und das Gefühl der Erfüllung, das sie erzeugt, verändern unsere Bewusstseinszustände. Das Erlebnis der inneren Freude gibt Selbstvertrauen, weil uns klar wird, dass wir ganz unabhängig von äußeren Umständen glücklich sein können. Das schafft ein Gefühl der Freiheit, das Aufrichtigkeit und Selbstsicherheit entstehen lässt. Jetzt sind wir fähig, den nächsten Schritt zu tun, und treten in die dritte Jhāna ein.

Diese erfüllende Freude, die ein Gegenmittel für unsere Rastlosigkeit und unsere Sorgen ist, verursacht Zufriedenheit. Dies ist nicht die Art von Zufriedenheit, die in Kapitel 2 angesprochen wurde, die wir hervorbringen müssen, bevor wir uns zur Meditation hinsetzen: die Zufriedenheit mit unserem Leben, wofür wir dankbar sein sollten. Dazu müssen wir uns die guten Seiten unseres Lebens bewusst ins Gedächtnis rufen und unsere Aufmerksamkeit darauf richten. Hier hat die Zufriedenheit eine andere Qualität. Sie entsteht, weil wir das erleben, was wir uns immer gewünscht haben – erfüllende Freude.

Nach einer gewissen Zeitspanne können und sollten wir die Freude loslassen, auch wenn wir sie als noch so wunderbar empfinden, und dem Geist gestatten, in die Zufriedenheit einzutauchen. Wir werden vielleicht das Gefühl haben, als gehe der Geist in die Tiefe. Er tut nichts dergleichen, aber so mag es sich anfühlen. Die ersten beiden Jhānas scheinen sich mehr in der Kopfregion abzuspielen, während die dritte eher ein Gefühl von Tiefe erzeugt.

Der Buddha sagt Folgendes über die dritte Jhāna:

> Und ferner, weilt da ein Mönch nach dem Verblassen des Entzückens in Gleichmut, achtsam und wissensklar, empfindet er ein angenehmes Gefühl im Körper, wozu die Edlen sagen: «Glücklich weilt der Gleichmütige und Achtsame. Die dritte meditative Vertiefung hat er gewonnen, und er verweilt darin.»

In diesem Textabschnitt wird die Zufriedenheit als «Gleichmut» bezeichnet. Tatsächlich ist dies ein Merkmal der vierten Jhāna; so ist es oft schwierig, zwischen der dritten und vierten Jhāna zu unterscheiden. Bewerkstelligen kann man den Übergang jedoch auf folgende Weise: Zuerst lassen wir die Freude los. Wir tun dies absichtlich, nicht, weil die Konzentration nachgelassen hat. Sollte das passieren, kommt gewöhnlich die ganze Meditation zum Stillstand. Es ist viel besser, vorsätzlich loszulassen, nachdem man völlig eingetaucht war. In einer anderen Lehrrede sagt der Buddha, wenn einem klar werde, dass der gefühlsmäßige Zustand der Freude noch recht grob sei, strebe man nach einem feineren, erleseneren und höheren Zustand.

Einige Menschen haben Schwierigkeiten, die Freude loszulassen, andere haben Probleme, sie überhaupt erst einmal zu finden. Es gibt alle möglichen Hindernisse, aber letztendlich können wir den ganzen Pfad lernen. Es gibt nichts, das uns daran hindern könnte, unseren Geist zu trainieren. Es ist eine Sache der Geduld und der Ausdauer, und man darf dabei nicht an Ergebnisse denken. Das Resultatdenken muss man hinter sich lassen. Es gibt nichts zu erreichen; alles ist bereits da.

Wir lassen die innere Freude los, indem wir unsere Aufmerksamkeit nicht länger auf sie richten; wenn wir das tun, verschwindet sie. Uns wird klar, dass dies ein weiteres Beispiel der Wahrheit ist, dass wir uns nur dessen bewusst sein können, worauf wir unseren Geist richten. Der Geist fühlt sich jetzt wohl und ist zufrieden gestellt. Als Erstes erleben wir ein Gefühl der Friedlichkeit und Stille. Das Wort «Gleichmut» beschreibt die Sache wirklich recht gut, weil Zufriedenheit Gleichmut ist. «Achtsam und wissensklar» beschreibt die Einspitzigkeit des Geistes; er ist völlig bewusst und wach. Das «angenehme Gefühl», das erwähnt wird, ist ein Merkmal sämtlicher Jhānas. Sie sind alle äußerst beglückend, jedoch liegen das Entzücken der ersten Jhāna und die Freude der zweiten Jhāna hinter uns; in der dritten Jhāna rührt das Angenehme von der Zufriedenheit und Friedlichkeit her.

Das ist eine wichtige Einsicht, die das Entstehen von Weisheit bedeutet. Beide gehen Hand in Hand und können sich nur durch unsere eigene, persönliche Erfahrung manifestieren. Das üblicherweise dafür angeführte Gleichnis ist der Biss in eine Mango. Wenn wir noch nie eine gegessen haben und wissen wollen, wie sie schmeckt, gibt uns vielleicht jemand eine vollkommen zutreffende Beschreibung. Womöglich sind sogar noch graphische Darstellungen und Bilder beigefügt: «Das ist eine Mango, und so schmeckt sie.» Aber sind wir dadurch klüger als zuvor? Wir haben keine Ahnung, wie sie schmeckt. Wir können die graphischen Darstellungen und die Beschreibungen bewundern, aber wir werden nie wissen, wie sie schmeckt, solange wir nicht selbst hineinbeißen. Das ist es, was der Buddha immer und immer wieder lehrt. Doch wir vergessen das leicht, weil es Anstrengung kostet.

Als ein Ergebnis der Zufriedenheit und Friedlichkeit kann eine weitere Einsicht entstehen. Während wir uns in der Jhāna befinden, sollten wir nicht versuchen, das Geschehen zu verstehen, weil dies einen Gedankenprozess auslösen würde. Haben wir aber das Erlebnis gehabt, folgt die Einsicht automatisch. Uns wird klar, dass es nur dann Zufriedenheit und Frieden geben kann, wenn wir keinen Wunsch nach irgendetwas haben. Dies macht einen solchen Eindruck, dass wir zweifellos versuchen werden, es in unserem Alltag fortzusetzen. Selbstverständlich werden wir nicht immer erfolgreich sein. Der Geist hat alle möglichen Begierden; einige sind recht subtil, andere absurd. Aber nun wissen wir, dass wir uns mit jeder Begierde, die wir haben, nur selbst Schmerz zufügen und dass die Zufriedenheit und der Frieden, die wir in der dritten Jhāna erleben, weit erhabener sind als die Erfüllung einer jeden Begierde. Wenn uns dies klar ist, können wir sehr oft die Begierde fallen lassen. Indem wir das tun, lassen wir das Dukkha fallen – das Habenwollen, die Rastlosigkeit, die Versuche, etwas zu bekommen und zu erreichen.

Die Wunschlosigkeit ist eines der Tore zur Erleuchtung. Aber wie kommen wir dahin? Nur indem wir sie erleben, zumindest kurz, können wir ihren Wert schätzen. Die dritte Jhāna ist natürlich nicht mit der Erleuchtung verbunden, aber sie bringt Frieden und Zufriedenheit mit sich, was uns eine Kostprobe davon gibt, wie es sich anfühlt, wunschlos zu sein.

Auf Grund dessen fangen wir an, mit dem Leben anders umzugehen. Wir waren vielleicht schon dazu fähig, einige unserer Begierden zu verfeinern, aber nun verstehen wir, dass selbst die subtilsten einem nichts anderes als Rastlosigkeit bescheren. Unser eigenes Erleben der Wunschlosigkeit hat eine gewaltige Auswirkung auf unsere Fähigkeit, das Dukkha loszulassen. Schließlich wissen wir, wie diese bestimmte Mango schmeckt. Wir müssen niemanden fragen; wir brauchen in keinem Buch nachzuschlagen. Wir wissen, was es heißt, wunschlos zu sein; es bedeutet, wahrlich zufrieden zu sein, und umgekehrt bedeutet zufrieden zu sein, wunschlos zu sein.

Während der Zeit in der Jhāna ist es einfach, wunschlos zu sein. Dies ergibt sich von selbst als Ergebnis der Freude, die wir erfahren haben. Im alltäglichen Leben ist das viel schwieriger. Jedoch können wir immer auf unsere Erfahrung zurückgreifen, zumal, wenn wir fähig sind, sie willentlich zu wiederholen, und wenn sie ein Teil unserer täglichen Praxis geworden ist. Dann ist der Geist mehr und mehr an diesen Bewusstseinszustand gewöhnt.

Einsichten gehen nicht verloren. Wenn wir jedoch eine Einsicht bekommen, sie aber nicht verwenden, gerät sie in den Hintergrund unseres Gedächtnisses, wie eine Fremdsprache, die wir gelernt haben, in der wir aber keine Praxis haben. Wenn wir diese Sprache später wieder hören, erinnern wir uns daran, dass wir sie tatsächlich können und mit großer Mühe rufen wir sie uns dann ins Gedächtnis zurück. Mit einer Einsicht ist es genauso. Wenn wir sie nicht im täglichen Leben verwenden, liegt sie im Hintergrund unseres Geistes brach. Wir kommen nicht ganz an sie heran, bis jemand anders sie vielleicht erwähnt und wir erkennen: «Ja, natürlich, ich habe diese Einsicht auch gehabt.» Daraufhin verwenden wir diese Einsicht vielleicht häufiger. Wichtig ist, Einsichten ins tägliche Leben einfließen zu lassen. Wir sollten sie ständig betrachten, sie uns durch den Kopf gehen lassen und sehen, wie wir an ihnen wachsen können. Dann wird die Fremdsprache der Einsichten unsere eigene.

Im Buddhismus ist oft davon die Rede, dass es zwei Arten von Sprache gebe: unsere Alltagssprache und die Sprache des Dhamma, mit der wir Dinge vom Standpunkt der absoluten Wahrheit aus betrachten. Der Buddha macht beides. Er spricht über gewöhnliche Alltagsgeschehnisse und über die absolute Wahrheit. Wir müssen uns dessen bewusst sein und wissen, wann die eine oder andere verwendet wird. Wenn er zu uns über die Jhānas spricht, befindet sich seine Sprache noch auf der Ebene der relativen Wahrheit, obgleich er über höhere Bewusstseinszustände redet. Es ist immer noch das «Ich», das die Jhānas erlebt. Wir sind noch nicht bei der absoluten Wahrheit angelangt, die schwer verständlich ist für jemanden, der nicht die Fähigkeit hat, von einer Ebene auf die andere zu wechseln.

> Seine vorhergehende wirkliche, aber subtile Wahrnehmung von Entzücken und Glück, die aus der Konzentration entstanden sind, erlischt, und es setzt zu dieser Zeit die wirkliche, aber subtile Wahrnehmung von Gleichmut und Glück ein, und er nimmt zu dieser Zeit den Gleichmut und das Glück wirklich,

aber subtil wahr. So treten durch Training einige Wahrnehmungen auf, und einige Wahrnehmungen erlöschen.

Der letzte Satz, der die ganze Sutta durchzieht, richtet sich stets an Poṭṭhapāda und seine ursprüngliche Frage: Wie treten Wahrnehmungen oder Bewusstsein auf, und wie erlöschen sie? Der Buddha erklärt ihm, dass dies beim Übergang von einer Jhāna zur nächsten geschehe.

In diesem Textabschnitt ist «Gleichmut» ein Gefühl der Zufriedenheit. «Glück» ist dabei ein unterschwelliger Faktor, und dies trifft mit Ausnahme von zweien auf alle Jhānas zu. Wenn wir zufrieden sind, können wir nicht unglücklich sein. Das wäre unmöglich.

Der Buddha führt für die dritte Jhāna ein Gleichnis an:

> Genauso wie in einem Teich mit blauen, roten oder weißen Lotosblumen die Blumen im Wasser entstehen, im Wasser wachsen, nicht aus dem Wasser herauskommen, sich ganz in der Tiefe des Wassers ernähren und keine Stelle der blauen, roten oder weißen Lotosblumen von diesem kühlen Wasser undurchdrungen bleibt – ebenso nun tränkt und durchtränkt, erfüllt und durchdringt ein Mönch ebendiesen Körper mit einer Freude, die frei von Entzücken ist, und keine Stelle seines gesamten Körpers bleibt undurchdrungen.

Sowohl in diesem als auch im vorherigen Gleichnis wird das Bild des Durchdringens gebraucht. Wir müssen uns von Kopf bis Fuß füllen – mit «Entzücken und Freude» in der zweiten Jhāna, und hier mit «Freude, die frei von Entzücken ist» oder mit Gleichmut. «Zufriedenheit» und «Friedlichkeit» sind vielleicht bessere Worte, denn die meisten Menschen wissen nicht wirklich, was Gleichmut bedeutet, aber wir haben alle eine Vorstellung davon, zufrieden und in Frieden zu sein. Die Friedlichkeit der dritten Jhāna ist jedoch weit größer als alles, was wir in der Welt erleben können.

Interessant daran ist, dass wir alle diesen Frieden in uns tragen. Jeder besitzt ihn. Aber es gibt ständig Kriege – Kriege, die sich in uns abspielen, in der Familie, am Arbeitsplatz, ganz abgesehen von

Kriegen zwischen verschiedenen Ländern. Aber die ganze Zeit ruht dieser Friede in uns. Wir brauchen uns nur zu konzentrieren, um ihn zu finden. Es ist seltsam, dass so wenige von uns dies erkennen. Selbst wenn wir meditieren, kommt er selten in unserer Meditation vor. Die eigene innere Friedlichkeit zu erleben und zu lernen, wie man immer und immer wieder dahin zurückkehrt, reichen jedoch aus, um die Qualität unseres ganzen Lebens zu ändern, und nicht nur die unseres eigenen. Denn wir beeinflussen uns alle gegenseitig; das lässt sich nicht vermeiden. Selbst wenn wir uns allein in einer einsamen Höhle befänden, hätten wir dennoch Einfluss auf die Welt, da ständig Bewusstseins- und Gefühlszustände von uns ausgehen. Da die meisten von uns nicht in einsamen Höhlen leben, wirkt sich der Kontakt mit anderen Menschen sicherlich auf diese aus. Wenn wir Friedlichkeit ausstrahlen, werden andere dies fühlen, und vielleicht hilft es ihnen. Sie mögen sich auch dadurch angezogen fühlen und es uns gleichtun wollen. Nicht nur das: Es gibt ein universelles Bewusstsein, und wir alle sind ein Teil davon. Innerhalb des universellen Bewusstseins existiert alles, was das Bewusstsein hervorbringen kann. Wenn wir – einer, zwei, zehn oder hundert von uns – inneren Frieden besitzen und fähig sind, ihn für eine gewisse Zeitspanne aufrechtzuerhalten, und so die Qualität unseres eigenen Lebens verändern, dringt er auch in das universelle Bewusstsein ein und wird immer zugänglich, immer verfügbar sein. Auch kehrt das, was wir in unserem eigenen Bewusstsein entwickeln, zu uns aus dem universellen Bewusstsein zurück, wie ein Echo. Wir können nur das in uns aufnehmen, was wir in uns bereits entwickelt haben. Das universelle Bewusstsein wird uns unmöglich Friedlichkeit geben, wenn wir nicht selbst durch innere Erfahrung damit in Berührung gekommen sind.

Es ist keine Einbahnstraße: «Ich werde friedlich sein, und der Rest der Welt kann zugrunde gehen.» Der Buddha hatte niemals solche Gedanken. Vom Tag der Erleuchtung an bestand seine ganze Tätigkeit darin, jedem, der es wissen wollte, zu zeigen, was zu tun sei. Schließlich verbreitete sich seine Lehre von Land zu Land. Nun ist sie sogar hierher zu uns gekommen.

In dieser Sutta spricht der Buddha von der «Einheit des Bewusstseins» oder der «Einspitzigkeit», was noch eine weitere

Bedeutung hat: das «Einheitsbewusstsein». Dieses Bewusstsein ist an dieser Stelle in den Jhānas kaum wahrnehmbar und bedeutet die Erkenntnis, dass wir nicht getrennt voneinander sind. Wir sind alle vollkommen verbunden, in eine Schöpfung eingebettet. Wenn wir zu den nächsten Jhānas kommen, wird dieses unterschwellige Gewahrsein zu einer ausdrücklichen Erfahrung. Ein solches Einheitsbewusstsein erleichtert die liebende Güte und das Mitgefühl, weil es keine Trennung zwischen «mir» und den anderen gibt. Es ist einfach eine Herzensqualität, nichts weiter.

Wenn der Geist fähig ist, sich selbst zu erheben, sich selbst aus der gewöhnlichen Art zu denken zu lösen, die sich, oft in sehr negativer Weise, mit Analyse, Logik und Verstehen beschäftigt, dann beeinflusst er auch alle anderen bei uns vorkommenden Bewusstseinszustände auf positive Weise. Unsere Umwelt hängt von uns ab. Es ist ein großer Fehler zu meinen, wie es praktisch die gesamte Menschheit tut: «Da ist die Umwelt, und hier bin ich. Ich darf damit machen, was ich will.» Das ist eine völlig falsche Sicht. Es gibt keine Grenze zwischen mir und der Umwelt, wozu sowohl andere Menschen als auch die gesamte Natur zählen. Wir sind alle voneinander abhängig. Falls wir beispielsweise eine weniger verschmutzte Umwelt haben wollen, hängt das von einem weniger verschmutzten Geist ab, einem, der die Fähigkeit hat, höhere Bewusstseinszustände zu erreichen. Diese Bewusstseinszustände sind nicht beschränkt auf die Jhānas, aber abhängig von ihnen.

6

Die vierte meditative Vertiefung

Auch wenn die jetzt folgenden meditativen Vertiefungen noch kein Teil unserer Praxis sein mögen, halte ich es für wichtig zu wissen, wozu ein meditativ geschulter Geist fähig ist und wo er einen hinführen kann. Selbst wenn wir nur die ersten paar Schritte unternommen haben, müssen wir die ganze Landkarte sehen. Dann kehren wir zu der Stelle zurück, die wir persönlich erreicht haben und setzen unsere Reise fort.

> Und ferner erlangt ein Mönch durch das Fallenlassen des Glücks und des Leids, durch den Untergang früherer Freude und früheren Unmuts die vierte Vertiefung, einen Zustand jenseits von Freude und Leid, geläutert durch Gleichmut und Achtsamkeit.

Das bedeutet nicht, dass wir in den vorausgehenden Jhānas Leid oder Unmut erfahren hätten, obgleich dies manchmal in dieser Weise missverstanden wird. Es bedeutet vielmehr, dass wir zu dieser Zeit alle Gefühle, sowohl beglückende als auch leidhafte, hinter uns lassen. Wir erreichen einen Zustand von «Gleichmut und Achtsamkeit». Das Wort «Achtsamkeit» können wir immer durch «Einspitzigkeit» ersetzen; diese beschreibt klarer, was tatsächlich während der Vertiefung vor sich geht. «Gleichmut» ist das Ergebnis dessen, dass man in der vierten Jhāna gewesen ist. Man erlebt Stille, und dann kann und sollte der Geist nicht sagen: «Das ist Gleichmut», weil einen das natürlich aus der Stille herausreißen würde.

Ich vergleiche die dritte und vierte Jhāna gern mit einem tiefen Brunnen. Wenn wir in der dritten Jhāna sind, ist es, als ob wir auf dem Brunnenrand säßen und uns nur ein kleines bisschen hinunterlassen würden, wo es natürlich viel stiller ist als auf dem Rand. Um die vierte Jhāna zu erleben, müssen wir uns ganz auf den Grund des Brunnens hinabbegeben. Tatsächlich werden wir verschiedene Grade der Stille auf unserem Weg hinunter erreichen. Man könnte die vierte Jhāna auch damit vergleichen, dass man vollkommen vom Meer bedeckt ist, aber der Brunnen ergibt vielleicht ein besseres Bild von der «Vertiefung», die sich dabei vollzieht. In der dritten Jhāna herrscht bereits Friedlichkeit, doch wir können Geräusche hören, obwohl wir dadurch nicht gestört werden, es sei denn, sie sind sehr laut. Dann, wenn die Konzentration zunimmt, verschwinden die Geräusche, weil der Geist völlig auf die Stille ausgerichtet ist und nichts anderes erlebt.

Das ist etwas, das uns niemals außerhalb der Meditation begegnen wird, obgleich es natürlich in unserem Leben Augenblicke der Friedlichkeit und Zufriedenheit gibt. Aber die Welt attackiert uns durch unsere Sinne. Wir sehen, hören, riechen, schmecken, tasten und denken. Und obwohl wir glauben mögen, einfach nur zu hören oder einfach nur zu sehen, muss der Geist das Gesehene und Gehörte verdauen. Äußerste Stille ist uns unbekannt. Denn wenn man wirklich völlige Stille, völlige Friedlichkeit haben will, muss der Beobachter zeitweilig mit dem Beobachteten verschmelzen. Es gibt keinen anderen Weg, um in die vierte Jhāna zu gelangen.

In den drei ersten Jhānas kann der Beobachter bis zu einem gewissen Grade abseits des Erlebens stehen. In der vierten ist das nicht möglich. Der Beobachter ist derart reduziert, dass wir hinterher den Eindruck haben, es sei keine persönliche Identität vorhanden gewesen. Deshalb ist die beste Beschreibung dieses Erlebens und die einzig mögliche: in «Stille» eingetaucht zu sein. Tatsächlich ist der Beobachter nicht wirklich verschwunden, denn das geschieht nur bei einem sogenannten «Pfadmoment», der später beschrieben wird. Zu sagen, dass der Beobachter mit dem Beobachteten verschmolzen ist, bedeutet, dass unsere Selbstbehauptung und der Unterstützungsmechanismus unseres «Ich» für die Dauer der Meditation außer Kraft gesetzt wurden. Aus diesem

Grund haben viele Menschen davor Angst, sich so weit auf die Meditation einzulassen. Ihr Ego, das «Ich»-Gefühl, ist dagegen. Dieses Selbst loszulassen, sei es auch nur zeitweise und nicht einmal vollständig, kann für den untrainierten Geist allzu erschreckend sein. Anstatt uns in diese Stille hineinfallen zu lassen kneifen wir. Das ist nicht ungewöhnlich. Aber es macht nichts, wir können es ja jederzeit nochmals versuchen. Es ist wie die Angst vor dem tiefen Teil des Schwimmbads, wenn wir uns noch nicht ganz sicher sind, ob wir wirklich schwimmen können. Aber wenn wir einmal die völlige Stille erlebt und verstanden haben, dass sie nur durch das zeitweilige Aufgeben unserer Selbstbehauptung, unseres Willens zu sein und unserer Begierde, etwas darzustellen, existiert, wird uns klar, wie herrlich das Aufgeben des «Selbst» eigentlich ist. Dann werden wir sogar noch eifriger darauf bedacht sein, es vollständig aufzugeben.

Die vierte Jhāna bringt eine deutliche Zunahme an geistiger Energie. Die meisten von uns überanstrengen ihren Geist. Wir denken den ganzen Tag, und wir träumen die ganze Nacht. Der Geist ist das wertvollste Werkzeug im gesamten Universum. Es gibt nichts ihm Vergleichbares, dennoch gönnen wir ihm keine noch so kurze Pause. Er kann nur dann zur Ruhe kommen, wenn er aufhört zu denken, zu reagieren, emotional zu werden und Bemerkungen zu machen. Dann kann er einfach «sein», in seiner ursprünglichen Reinheit. In den ersten drei Jhānas hat der Geist einen Schimmer davon, aber nur in der vierten erlebt er tatsächlich keine Störung. Die regelmäßige Praxis der vierten Jhāna bringt größere Reinheit und dadurch mehr Klarheit, so dass der Geist stärker wird.

Ein starker Geist ist selten. Der Geist der meisten Menschen bewegt sich in gewohnten Bahnen. Hört oder liest man etwas, folgen die Gedanken einem bekannten Muster. Wenn wir dazu erzogen wurden, auf eine bestimmte Art zu denken, ist das das Muster, dem der Geist folgen wird. Die Fähigkeit zu unabhängigem Denken ist höchst ungewöhnlich, und ebenso die Geistesstärke, die sich mit ungewöhnlichen Themen auseinander setzt. Die vierte Jhāna ermöglicht dies durch die vermehrte Energie, die der Geist dabei gewinnt.

Wenn wir den Körper missbrauchen, indem wir nicht schlafen,

ihm nicht genügend Ruhe zukommen lassen, was geschieht dann? Wir werden so schwach, dass wir schon nach wenigen Tagen nicht mehr funktionsfähig sind. Aber wenn es um den Geist geht, glauben wir, dass er, obgleich er nie eine Ruhepause hat, voll leistungs- und funktionsfähig ist. Der Buddha sagte vom untrainierten Geist, er schlafe, während er wach sei. Das bedeutet, dass wir nicht verstehen, was wir erleben. Wir sind alle mit Vergänglichkeit und Dukkha konfrontiert, und sollten wir nach einem Erlebenden suchen, könnte ihn keiner von uns finden. Wir kennen diese Wahrheiten nicht. Wir haben das Erleben ohne die Erkenntnis.

Wenn wir aus der vierten Jhāna herauskommen, sollte sich unser Geist verjüngt fühlen; die Geistesstärke wird hierbei angesprochen. Einerseits gewinnen wir die Stärke, die daher kommt, dass wir den Geist ruhen lassen, andererseits gewinnen wir Einsicht in den Verlust der Selbstbehauptung, was völlige Stille mit sich bringt, da, wo überhaupt nichts geschieht. Endlich durfte der Geist einmal Ferien machen und zu seiner ursprünglichen Reinheit zurückkehren.

Die Ferien, die wir normalerweise machen, sind sehr anstrengend. Diese sind wirklich friedlich. Wir bekommen einen Vorgeschmack vom Loslassen all unserer «Ich»-Unterstützungen; und das bedeutet zu erkennen, dass die Ansicht, es gebe ein «Ich», falsch ist. Weil wir jetzt eine leise Ahnung vom letztendlichen Ziel haben, beschreiten wir nun wahrscheinlich den Pfad mit verstärktem Einsatz.

Das Erleben der vierten Jhāna sorgt für einen leichteren Zugang zum Gleichmut. Gleichmut ist einer der sieben Erleuchtungsfaktoren und die höchste aller Emotionen. Wir können ihn auf verschiedenen Ebenen erleben. Auf der ersten Ebene regen wir uns nicht länger auf, wenn etwas geschieht, das uns nicht passt; vielleicht deshalb nicht, weil wir der Ansicht sind, dass sich das nicht gehört, und wir uns nicht dumm vorkommen oder blamieren wollen; vielleicht aber auch deshalb nicht, weil wir unsere Reaktionen unterdrücken. Oder es liegt daran, dass uns tatsächlich klar geworden ist, dass es auf lange Sicht belanglos ist, was geschieht. Es lässt sich sowieso nicht vermeiden, dass alles irgendwann in die Brüche geht. Dann herrscht Gleichmut als Gefühlszustand, den wir bei Bedarf wecken können.

Der Buddha sprach von fünf edlen Mächten, den *ariyā iddhí*. *Ariyā* bedeutet «edel» und *iddhí* «Kraft, Macht». Die Siddhis werden oft als magische Kräfte beschrieben, etwa als die Fähigkeit, sich physisch augenblicklich von einem Ort zu einem anderen zu bewegen. Der Buddha wurde einmal gefragt, ob es wichtig sei, solche Kräfte zu besitzen. Er antwortete: «Ich werde die fünf edlen Mächte besprechen.» Oftmals stellte er eine Frage in einem ganz neuen Kontext, indem er die Bedeutung eines Wortes veränderte. Er beschrieb diese Mächte folgendermaßen: Die erste besteht darin, dass wir, wenn uns etwas Unangenehmes zu Bewusstsein kommt, sofort sehen, was daran angenehm ist, wodurch wir uns die Möglichkeit nehmen, negativ zu reagieren. Durch das Betrachten der angenehmen Merkmale erwecken wir den Gleichmut. Die zweite edle Macht besteht darin, daß wir, wenn uns etwas Angenehmes zu Bewusstsein kommt, sofort sehen, was daran unangenehm ist, und auch dadurch erwecken wir den Gleichmut und werden nicht von Begierden überschwemmt. Das unangenehme Merkmal von allem Angenehmen ist die Vergänglichkeit. Das müssen wir uns gut einprägen. Die meisten Menschen meinen, sie seien sich der Vergänglichkeit wohl bewusst und würden sie schon akzeptieren, aber tatsächlich würden sie sie viel lieber vergessen und tun dies auch ständig. Wir sollten uns immer daran erinnern, dass alles, womit wir in Berührung kommen, vergänglich ist. Jeder einzelne Augenblick unseres Lebens, ob angenehm oder unangenehm, ist ein Augenblick der Ewigkeit. Um der Gier zu begegnen oder der Begierde nach Angenehmem, erkennen wir die Unbeständigkeit dieses Vergnügens. Umgekehrt stellen wir fest, dass es selbst an etwas sehr Unangenehmem liebenswerte Merkmale gibt. Handelt es sich beispielsweise um Menschen, erkennen wir, dass sie ebenfalls Dukkha haben und deshalb unseres Mitgefühls bedürfen; und ferner, dass auch sie nach dem Glück Ausschau halten und deshalb möglicherweise Hilfe benötigen. Falls es sich um eine schwierige Lage handelt, besteht das Angenehme in der darin enthaltenen Lernsituation. Anstatt zornig und negativ zu reagieren, sehen wir sie in diesem positiven Licht. Das bringt uns den nötigen Gleichmut zur erforderlichen Zeit.

Die beiden nächsten edlen Mächte sind ganz ähnlich: sich beim

Angenehmen wie auch beim Unangenehmen immer beider Seiten zu erinnern. Die fünfte edle Macht gilt nur für Arahats, also Erleuchtete. Sie sind sich beider Aspekte augenblicklich und mühelos bewusst und erzeugen dabei weder Gier noch Hass. Zur Zeit des Buddha wurde nichts aufgeschrieben; daher sind seine Lehrreden von Wiederholungen geprägt, so dass sie sich besser einprägen.

Gleichmut zu erwecken heißt für uns, unserer Neigung zu Gier und Hass entgegenzutreten. Es ist nötig, sich daran zu erinnern, dass so der Pfad der Läuterung aussieht. Das ist die zweite Art des Gleichmuts.

Die dritte Art des Gleichmuts verlässt uns niemals mehr, weil wir so von dem Gewahrsein der Unbeständigkeit durchdrungen sind, dass wir sie sozusagen aus dem Effeff kennen. Unsere Selbstbehauptung wurde so weit vermindert, dass sie für den Gleichmut kein Hemmnis mehr darstellt. Was auch immer geschieht, hat zu geschehen, das ist alles. Wenn es genau das ist, was wir wollten, ist es gut, und wenn nicht, dann ist es ebenfalls gut. Diese Art des Gleichmuts gründet sich auf Einsicht und wird durch die vierte Jhāna verstärkt.

Unsere Einsichten müssen sich auf einen unerschütterlichen Geist gründen. Ohne Ruhe im Geist kann es keine Einsicht geben. Unsere Fähigkeit, in der vierten Jhāna völlige Stille zu erleben, ist dafür eine wesentliche Grundlage. Daher kommt die Einsicht, dass diese Stille beziehungsweise dieser Gleichmut nur möglich sind, wenn wir ohne Selbstbehauptung sind. Wenn wir das in uns verwirklicht haben, können wir den Gleichmut erleben, wann immer wir wollen, und wir müssen uns darum nicht mehr so angestrengt bemühen.

Es ist in diesem Zusammenhang erwähnenswert, dass die fernen Feinde des Gleichmuts Erregung, Rastlosigkeit und Angst sind, während die Gleichgültigkeit der nahe Feind ist. Gleichgültigkeit ist oft ein Schutz gegen Emotionen. Menschen, die Unglück erlebt haben, die verletzt worden sind, deren Gefühle mit ihnen durchgingen, versuchen oft, sich vor ihren eigenen negativen Emotionen zu schützen. Aber indem sie sich bemühen, niemals aufgebracht, ärgerlich oder voller Hass zu sein, unterdrücken sie auch alle anderen Emotionen. Das Ergebnis ist dann

Gleichgültigkeit. Da sie eine Schutzwand um sich herum errichtet haben, sind ihnen auch die Gefühle der liebenden Güte und des Mitgefühls nicht mehr zugänglich. Sie wollen sich auf nichts einlassen, weil sie vielleicht in der Vergangenheit erfahren haben, dass Sicheinlassen zu unangenehmen Begegnungen und Situationen führt. Aber diese Haltung verschließt das Herz. Manchmal können wir uns dessen bei der «Stück-für-Stück-Methode» bewusst werden, die wir bereits in Kapitel 4 kurz erwähnt haben. Falls wir wenig oder keine Empfindung im Brustbereich spüren, können wir vielleicht feststellen, dass dort eine Art Blockade vorhanden ist. Das mag sich wie ein Ziegelstein oder eine Betonwand anfühlen oder wie irgendetwas anderes, das ungewöhnlich hart zu sein scheint. Das ist die Rüstung, die wir angelegt haben, um uns vor unerwünschten Emotionen und Reaktionen zu schützen. Gleichgültigkeit wird als der nahe Feind des Gleichmuts bezeichnet, da sie ganz ähnlich aussieht und es schwer fällt, beide zu unterscheiden. Wir mögen glauben, dass wir alle Erregung und Unruhe bereits hinter uns gelassen haben, um schließlich festzustellen, dass in uns der Liebesaspekt nicht entwickelt ist. Das macht den ganzen Unterschied in der Welt aus: Gleichmut, der durch Einsicht kommt, und Gleichgültigkeit, die in Wirklichkeit ein Selbstschutz ist. Aus Einsicht geborener Gleichmut legt der liebenden Güte und dem Mitgefühl keine Steine in den Weg. Ganz im Gegenteil, beide fließen nun leichter, weil man nichts zurückbekommen will, nichts davon erwartet. Es lohnt sich sehr, dies näher zu untersuchen, um herauszufinden, ob man mit der Gleichgültigkeit Probleme hat.

> Zu dieser Zeit schwindet die wirkliche, aber subtile Wahrnehmung von Gleichmut und Glück, und eine wirkliche, aber subtile Wahrnehmung von Weder-Leid-noch-Glück erscheint, und er nimmt zu dieser Zeit Weder-Leid-noch-Glück wirklich, aber subtil wahr.

Was hier beschrieben wird, ist das Freisein von Emotionen – weder Glücklichsein noch Unglücklichsein. Selbst die Zufriedenheit und Friedlichkeit der dritten Jhāna müssen fallen gelassen werden, um diesen Zustand zu erlangen, in dem es wirklich nur

Stille gibt. Wir sind dann jenseits von Glück und Leid, in der «Reinheit von Gleichmut und Achtsamkeit». Es muss erst einmal eine Reinigung oder Läuterung stattfinden, bevor wir diese «Reinheit», die äußerste Stille, tatsächlich erleben können. Unsere Achtsamkeit und Einspitzigkeit müssen zu dieser Zeit perfekt sein. Es darf kein Schwanken geben. In den ersten drei Jhānas mag sich der Geist noch etwas bewegen, nicht aber in der vierten. Gleichmut muss ebenfalls anwesend sein, so dass wir fähig sind, alle angenehmen Gefühle der drei ersten Vertiefungen gänzlich loszulassen. Entzückende Empfindungen, Freude, Zufriedenheit und Friedlichkeit werden sämtlich aufgegeben, um zu vollkommener Stille zu gelangen.

«Die wirkliche, aber subtile Wahrnehmung von Weder-Leid-noch-Glück» ist subtil, weil es sich dabei nicht um etwas handelt, das wir zu dieser Zeit klar genug erkennen, um zu sagen: «Jetzt bin ich weder glücklich noch unglücklich.» Was wir erleben, ist Stille. Danach, wenn die Jhāna vorbei ist und wir uns fragen, was wir daraus gelernt haben, wird uns vielleicht klar, dass wir weder glücklich noch unglücklich waren und somit ein Zustand des Gleichmuts geherrscht haben müsse. Aber gewöhnlich wird es nicht so ausgedrückt. Wir sagen: «Stille ohne erkennbaren Beobachter», und uns wird klar, was das für uns bedeutet. Der Buddha führt ein Gleichnis für die vierte Jhāna an:

> Genauso, wie wenn ein Mann dasäße und sich bis über den Kopf in ein weißes Tuch gehüllt hätte, und keine Stelle seines Körper bliebe von diesem weißen Tuch unbedeckt – ebenso sitzt nun ein Mönch da und hat eben diesen Körper mit einem reinen und geklärten Gemüt durchdrungen, und keine Stelle seines gesamten Körpers bleibt von diesem reinen und geklärten Gemüt undurchdrungen.

Wiederum dürfen wir das Wort «Körper» nicht falsch verstehen. Wenn wir tatsächlich einmal in der vierten Jhāna gewesen sind, werden wir wissen, was gemeint ist. Es handelt sich dabei nicht wirklich um eine körperliche Empfindung; es ist ein Gesamterlebnis. Für den Körper selbst ist es unmöglich, Gleichmut oder Achtsamkeit zu empfinden, oder Klarheit und Läuterung. Dies alles fühlt der Geist. Wir jedoch haben den Eindruck, vollständig in die Stille eingetaucht zu sein. Dies alles dürfte klarer und leichter verständlich werden, wenn wir das Wort «Körper» durch «Sein» ersetzen.

> Wenn sein Geist so gesammelt ist, vollkommen rein und geklärt, unbefleckt, frei von Trübungen, geschmeidig, fügsam, gefestigt und unerschütterlich, richtet und lenkt er seinen Geist auf Wissen und Sehen.

All diese Eigenschaften des Geistes sind das Ergebnis der Jhānas. Wir erleben sie nicht, während der Geist völlig ruhig und still ist, aber wir können diese Veränderungen in uns erkennen, wenn wir unsere Bewusstseinszustände untersuchen. In anderen Lehrreden sagt der Buddha, dass man seinen Geist auch nach der dritten Jhāna auf «Wissen und Sehen» zu richten vermag. Man kann dies mit Sicherheit nach der vierten, fünften, sechsten oder siebten Jhāna tun, die dafür besonders geeignet sind. Das «Wissen und Sehen» beschreibt das Wissen und Sehen der Dinge, wie sie wirklich sind, also das erkannte Erleben. «Sehen» bedeutet nicht, sich etwas in Bildern vorzustellen; es bezeichnet vielmehr die Fähigkeit, die Lehre zu verinnerlichen, während «Wissen» das Verstehen des Gesehenen meint.

Nach jeder Jhāna, tiefgründiger jedoch ab der dritten, ist der Geist fähig und gewillt, eine andersartige Wirklichkeit zu erkennen, die er sonst nicht sehen kann. Diese Wirklichkeit zeigt sich darin, dass sich keine persönliche Identität auffinden lässt. Dies wird oft angezweifelt mit Fragen wie: «Wenn das so ist, wer meditiert denn dann?» Oder: «Wer ist dann beunruhigt?» Diese Fragen demonstrieren, dass sich der Geist gegen die Möglichkeit, einer Illusion zu erliegen, sträubt, die uns in der Tat unsägliche Qualen beschert. Er versucht, zu seiner üblichen Haltung zurückzukehren: «Da ich hier bin, muss ich es sein.» Das gilt für die relative Ebene und für die relative Wahrheit. Es bringt weder Befreiung noch Freiheit. Wir können uns in diesem Stadium dadurch helfen, dass wir unsere Gedankeninhalte und Emotionen läutern, und wir sollten dies unbedingt tun. Aber Befreiung – frei zu sein, sich vollkommen wohl zu fühlen, nur da zu sein und nichts weiter – ist nur möglich, wenn wir zuerst das letztendliche Ziel der Lehre des Buddha verstehen und uns ihm nähern.

Wie wir dem oben zitierten Absatz entnehmen können, müssen wir ruhig werden, um dem Wissen und Sehen des erkannten Erlebens näher zu kommen. Für einen Geist, der noch in der Welt herumstöbert, gibt es keine Möglichkeit, die absolute Wirklichkeit zu erkennen, dass es in Wahrheit lediglich Geist und Körper gibt und sonst nichts. Wir sind vielleicht in der Lage, dem intellektuell zuzustimmen, wenn wir genügend über die Lehre des Buddha gelesen oder gehört haben, wenn wir sozusagen einer Gehirnwäsche unterzogen worden sind. «O ja», sagen wir vielleicht, «*anattā* bedeutet, dass keiner da ist.» Aber dies in sich wahrlich zu fühlen vermag man einfach nicht mit einem Geist, der sich während der Meditation noch mit all den Dingen der Sinnenwelt abgibt. Tatsächlich erleben wir das Gegenteil jener Wirklichkeit, die wir eigentlich ergründen wollten.

Die Wahrheit jedoch, die wir finden können und werden, zeichnet sich durch eine zugrunde liegende Reinheit des Geistes aus, die vollkommen frei ist von jeglichem Ziehen, um etwas zu haben, und jeglichem Stoßen, um von etwas wegzukommen. Sie ist klar, durchscheinend, Teil der Schöpfung und des universellen Bewusstseins, sie hat keine Individualität und stellt keine Forderungen. Wie können wir diese Wirklichkeit erkennen, wenn uns unsere Sinne in Anspruch nehmen? Wenn wir einfach darum auf sie reagieren müssen, um zu interpretieren, was in der Welt vor sich geht? Weder gefällt es uns vielleicht, noch missfällt es uns, dennoch müssen wir es wissen. Aber mit einem Geist, der durch nichts zu erschüttern ist, bietet sich hier die Gelegenheit, ein anderes inneres Erleben festzustellen.

Wie fangen wir es an, *anattā* zu verstehen? Der Buddha fährt fort:

> Und er weiß: «Das ist mein Körper: eine Form besitzend, aus den vier Grundelementen bestehend, von Mutter und Vater gezeugt, mit Reis und Haferschleim aufgezogen, vergänglich, der Auslöschung, dem Zerfall, der Zerstörung und Vernichtung unterworfen; und das ist mein Bewusstsein, das daran geknüpft und davon abhängig ist.»

Als Erstes betrachten wir also den Körper und die vier Elemente, aus denen er besteht: Erde, Feuer, Wasser und Luft. Das Erdelement ist durch Festigkeit gekennzeichnet und hat eine unterstützende Funktion. Das Feuerelement besteht aus Temperatur und wirkt zerstörend oder auch verjüngend. Wasser schließt jede Flüssigkeit ein und ist das bindende Element. Luft oder Wind sind Leben spendend, und ihre Funktion ist die Bewegung. Wir können leicht erkennen, dass unser Körper diese vier Grundelemente enthält und nichts weiter.

«Von Mutter und Vater gezeugt, mit Reis und Haferschleim aufgezogen» – das beschreibt Ursache und Wirkung. Für diesen Körper gibt es eine Ursache; wir selbst verursachen, dass er hier ist; wir essen, um ihn zu erhalten. Er erschien bei unserer Geburt, deren Existenz durch das Begehren verursacht wurde. Ohne diese Begierde gäbe es keine Geburt. Sie geschieht nicht durch reinen Zufall. Es gibt kein Chaos im Universum; im Gegenteil, es ist alles geordnet und unterliegt den Naturgesetzen.

Wir wollen unseren Blick auf den Körper richten und erkennen, dass er nicht das «Ich» ist. Wie machen wir das? Sicherlich sieht er aus wie ich, oder etwa nicht? Wir müssen nur in den Spiegel schauen, um zu wissen: «Ja, das bin ich.» Aber es gibt viele Möglichkeiten, um zu dem Verständnis zu gelangen, dass es sich nur um einen Körper handelt. Zunächst einmal können wir sehen, dass er vollkommen unbeständig ist. Er verändert sich die ganze Zeit. Zunächst einmal wird er älter. Die meisten Menschen werden damit spielend fertig und akzeptieren einfach, dass sie nicht mehr ganz so gut ausschauen wie einst. Und wie steht es mit dem Atem? Würden wir versuchen, ihn unvergänglich zu machen, indem wir ihn anhalten – was würde geschehen? Wir würden ersticken und womöglich sterben. Der Atem ist niemals etwas Bleibendes. Aber auch dann, wenn wir die Achtsamkeit bis zu einem Grad entwickelt haben, an dem wir uns unseres Körpers zutiefst bewusst sind, auf eine Art und Weise, die weiter geht, als nur die Körperbewegungen zu kennen, können wir ein ständiges Pulsieren fühlen. Alle Zellen unseres Körpers fallen ständig auseinander und kommen wieder zusammen. Die Wissenschaft berichtet, dass all unsere Zellen in einem Zyklus von sieben Jahren sterben und erneuert werden. Was noch? Wir geben dem Körper zu essen und zu trinken, und was geschieht? Wir müssen die Nahrung verdauen, umsetzen und ausscheiden. Hinein und hinaus! Nichts bleibt bestehen. Was wir vor einer Woche gegessen haben, ist weg; wir sind gezwungen, uns immer wieder neue Nahrung zuzuführen.

Solange wir glauben: «Das ist mein Körper, das bin ich», werden sich unsere Begierden niemals verringern, denn die meisten Begierden sind an den Körper gebunden. Es lohnt sich, dies nachzuprüfen, um zu sehen, ob es sich so verhält.

Wir haben die wunderbare Vorstellung, dass der Körper perfekt sein kann. Der Buddha sagte jedoch, dass der Körper keinen Krebs bekomme, sondern Krebs sei. Schauen wir uns einmal all die Dinge an, die aus dem Körper ausgeschieden werden müssen, um uns gesund zu halten. Nichts davon ist sehr anziehend. Ich bin sicher, es würde uns widerstreben, sie wieder in den Körper zurückzubefördern. Sehen wir den Körper als das, was er ist: ein Teil, der notwendig ist, um ein Mensch sein zu können. Viel von unserem Dukkha ist dem Körper anzulasten; auf vielen Ebenen haben wir seinetwegen Probleme, da wir stets versuchen, die Begierden zu stillen, die mit seinen Ansprüchen verbunden sind. Erinnern wir uns daran, dass sich der Körper aus den vier Elementen zusammensetzt, und betrachten wir die vier Elemente in uns. Wir können die Festigkeit und Kompaktheit unseres Körpers empfinden und uns dann an einen Baum stellen und dessen festen Stamm berühren. Wenn wir auf dem Gras stehen, fühlen wir den Tau und den Saft des Grases und sind uns unseres eigenen Speichels, der Tränen, des Schweißes und des pulsierenden Blutes bewusst. Wir fühlen unsere eigene Wärme und die der uns umgebenden Erde. Wir werden uns des Windes auf unserem Gesicht bewusst und des eigenen Atems. Wir sehen, wie der Wind die Wolken und Blätter bewegt und beziehen das auch auf unsere eigenen Bewegungen. Wir können sehen, es gibt keinen Unterschied in der Körperlichkeit, im Sein; es ist einfach. Unsere Körper sind materiell, wie der Buddha sagt, und die vier Elemente sind die Grundlage jeder Existenz.

Es ist wichtig, die Unzulänglichkeit des Körpers zu erkennen. Das bedeutet nicht, ihn abzulehnen und zurückzuweisen oder zu meinen: «Es wäre besser, wenn ich überhaupt keinen Körper hätte.» Wir verstehen einfach, dass er uns Probleme bereitet. Durch das Erkennen seiner Unbeständigkeit sind wir dann fähig, unsere eigene Sterblichkeit festzustellen – nicht theoretisch oder in der Hoffnung, dass dies nicht so bald geschehen wird; nicht als zukünftiges Ereignis, sondern vielmehr als ein sich von Augenblick zu Augenblick vollziehendes Geschehen. Wir sterben hier und jetzt. All unsere Gedanken, all unsere Gefühle, unser Atem, unser ganzer Körper sind ständig im Fluss. Diese andauernde Bewegung ist in uns, genauso wie im ganzen Universum – Tod und Wiedergeburt, die von Augenblick zu Augenblick stattfinden. Verstehen wir diese Wahrheit, können wir auch die sich in größerem Maßstab abspielende Wiedergeburt begreifen, die sich jeden Morgen ereignet, wenn wir aus dem Schlaf erwachen. Es besteht keine Notwendigkeit, sich darüber Gedanken zu machen, was nach dem Tod passiert. Er geschieht jetzt, in jedem Augenblick. Mit dem Altern des Körpers wird diese Wiedergeburt immer hinfälliger und gebrechlicher, bis sie sich schließlich nicht mehr ereignet. Die Sterblichkeit ist jetzt.

Kann sich einer von uns daran erinnern, was er gestern Nachmittag um halb fünf gedacht hat? Es ist unmöglich. Wir haben keinen blassen Schimmer. Zerbrecht euch nicht den Kopf darüber, was im letzten Leben geschah, wir können uns nicht einmal an das jetzige erinnern. Wir sind imstande, uns an wichtige oder aufregende Ereignisse oder Situationen erinnern, aber davon gibt es wenige, und sie liegen weit auseinander. Alles Übrige gehört der Vergangenheit an und ist vorbei und vergessen.

Der Körper ist «vergänglich, der Auslöschung, dem Zerfall, der Zerstörung und Vernichtung unterworfen». Wir wissen, wie leicht man krank werden oder einen Unfall haben kann. Es ist überhaupt nicht schwer, einen Körper zu vernichten; es geschieht die ganze Zeit – in Kriegen, bei Auseinandersetzungen, bei Unfällen.

Wenn wir die Worte des Buddha erwägen, müssen wir nachprüfen, ob jemand den Körper besitzt oder ob er in der Tat eine unpersönliche Schöpfung ist, die aus dem Begehren nach Existenz geboren wurde, aus den vier Elementen besteht, durch Essen am Leben erhalten wird, vergänglich und leicht zu vernichten ist. Wenn wir in der Lage sind zu sehen, dass alles Ursache und

Wirkung ist, dass der Körper keine «Persönlichkeit» besitzt, wird uns die Tatsache klar werden, dass wir für ihn nur begrenzt zuständig sind. Niemand möchte krank werden, Rückenschmerzen, eine Erkältung oder Kopfschmerzen haben, aber wir sind alle dafür anfällig. Was soll damit gesagt werden? Wenn wir den Körper wirklich besitzen würden und er uns unterstehen würde, wie könnte dies dann passieren? Eine andere falsche Auffassung besagt, dass uns der Körper niemals mehr Probleme machen wird, wenn wir den Geist läutern. Das ist eines der New-Age-Wunder, die heute sehr in Mode sind. Selbst der Buddha wurde krank und starb. Wir müssen uns daran erinnern, dass jeder, der jemals gelebt hat, auch gestorben ist. Jeder, der jetzt hier ist, wird sterben. Wenn es wahr wäre, dass es in unserer Macht liegt, Tod und Krankheiten zu überwinden, warum war dann noch nie jemand dazu in der Lage? Etwas Derartiges ist weder durch Tatsachen bestätigt noch durch spirituelle Lehren. Selbstverständlich sollen wir uns um unseren Körper kümmern, genauso, wie wir uns um das Haus, das wir bewohnen, kümmern. Aber keiner von uns würde sich für das Haus halten oder der Illusion erliegen, es würde für immer bestehen oder es würden keine Reparaturen anfallen. Egal, wie gut wir es instand halten, keinem von uns würde es im Traum einfallen, so zu denken. Dieser Körper ist das Haus, das wir bewohnen, und wir sollten es sauber und in Ordnung halten, dabei unser Bestes tun, aber das ist alles. Wir können ihn nie perfekt machen. Bei weitem am wichtigsten von allem, was wir tun können, ist es, sich zu fragen: «Wer ist der Besitzer? Was sind seine Funktionen? Warum macht er so oft Sachen, die ich gar nicht will?»

»Und das ist mein Bewusstsein, das daran geknüpft und davon abhängig ist.» Das ist der allererste Einsichtsschritt – dass es Körper und Geist gibt oder Bewusstsein, wie letzterer hier genannt wird. Jedoch besagt eine andere gängige New-Age-Idee, dass beide völlig und an sich eins seien. Das ist nicht nur unmöglich, sondern wäre auch nicht sehr angenehm; denn wenn Geist und Körper eins wären, wären wir niemals in der Lage, Gleichmut gegenüber den Schmerzen und Leiden unseres Körpers zu entwickeln. Eine solche Lehre oder Ansicht ist gut gemeint, aber wo sie den Tatsachen widerspricht, ist sie nicht hilfreich. Es gibt jedoch ein «Einheitsbewusstsein», bei dem wir uns eins mit allen anderen Geschöpfen, mit der ganzen Natur fühlen, bei dem wir keinen Unterschied zwischen «mir» und allem Existierenden sehen, und dies tritt ein, wenn wir die dominierende, sich rücksichtslos durchsetzende «Ich»-Idee losgelassen haben.

Geist und Körper sind zwei verschiedene Phänomene, aber voneinander abhängig. Diese Abhängigkeit besteht, weil wir auf der menschlichen Daseinsebene leben. Der Körper trägt sozusagen den Geist herum. Wir besitzen keine Freiheit vom Körper, obgleich es andere Daseinsebenen gibt – wir werden davon später hören –, auf denen es nicht notwendig ist, diese Art von Körper zu haben. Zu unserem Unglück hängt der Geist vom Körper ab. Falls wir sehr schmerzhafte Empfindungen haben, wird der Geist wütend, negativ, widerwillig oder ablehnend. Wenn die Empfindungen angenehm sind, greift er danach und hängt sich daran. Der Geist reagiert auf das, was der Körper empfindet. Jedoch muss das nicht notwendigerweise so bleiben. Der Buddha pflegte zu sagen, dass ein Unerleuchteter zweifach geplagt wird, von Körper und Geist, während ein Erleuchteter nur noch vom Körper geplagt wird, da der Geist nicht mehr reagieren muss. Es gibt diese Möglichkeit der Unabhängigkeit von körperlichen Empfindungen, aber für uns im unerleuchteten Zustand besteht noch eine beidseitige Abhängigkeit.

Wenn wir die vier Elemente im Körper betrachten, erkennen wir seine Struktur. Auf die gleiche Weise können wir den Geist betrachten und ebenso dessen vier Aspekte erkennen. Indem wir das tun, kommen wir dem Verständnis näher, dass es tatsächlich niemanden gibt, der ihn besitzt. Der erste Aspekt besteht aus dem Sinnesbewusstsein, den fünf Sinnen: Sehen, Hören, Schmecken, Riechen und Tasten. Der zweite Aspekt ist das Gefühl, das aus dem Sinneskontakt entsteht. Dieses Gefühl ist entweder angenehm, unangenehm oder neutral. Als Drittes kommt die Wahrnehmung, die man auch als das Etikettieren bezeichnen kann. Wenn zum Beispiel das Gefühl unangenehm ist, ist das Etikett «Schmerz». Als Viertes kommt die Geistesformation oder Reaktion. Hat der Geist «Schmerz» gesagt, ist die übliche Reaktion darauf: «Ich mag ihn nicht.» Oder: «Ich muss ihn loswerden.» In diesem Stadium unserer Praxis ist es sehr nützlich, sich deutlich bewusst zu machen, was die vier Aspekte des Geistes sind und wie sie als Ursache und Wirkung aufeinander folgen: Sinneskontakt, Gefühl, Wahrnehmung und zuletzt die Reaktion. Es ist wichtig, diese Abfolge kennen zu lernen, sowohl während der Meditation als auch im täglichen Leben. Der Buddha lehrte, dass wir durch das Gewahrsein dieser vier Teile, durch das Wissen und Sehen des erkannten Erlebens zu der Erkenntnis gelangen, dass in diesen Teilen nichts zu finden ist, was ein «Ich» ausmacht. Das «Ich» ist ein Gedanke, eine Vorstellung. Es ist in uns so tief verwurzelt, dass wir uneingeschränkt daran glauben, und wir stellen fest, dass jeder andere um uns herum gleichfalls daran glaubt.

Das «Ich» ist jedoch nicht nur eine Vorstellung, es ist auch ein Mechanismus, der Gier und Hass erzeugt. Wir alle kennen beides; wir fangen sie uns sehr leicht ein. Wir leben alle damit und sind damit vertraut, aber wir werden dadurch nicht glücklich. In unserer Praxis müssen wir nicht nur die vier Elemente untersuchen, wenn wir sie im Körper erleben, sondern auch die vier Teile des Geistes, wie sie entstehen und vergehen. Wir können uns jedes Sinnenkontaktes bewusst werden – ein Geschmack, ein Geruch – und dessen, wie solche Kontakte zum nächsten Schritt führen, dem Gefühl – angenehm, unangenehm, neutral –, und so weiter.

Die meisten Menschen sind sich nur des ersten und letzten Schrittes bewusst, des Sinneskontakts und der Reaktion: «Das sieht schön aus; ich will es haben.» Oder: «Das sieht scheußlich aus; ich muss es loswerden.» Die Reaktion folgt so schnell, dass wir die beiden Zwischenschritte völlig verpassen. Wir sollten auf folgende Weise üben: Haben wir die Reaktion bemerkt, gehen wir zum Sinneskontakt zurück, der dazu führte. Dann versuchen wir, uns wieder des Gefühls bewusst zu werden, das dem Sinneskontakt folgte, und dann der Erklärung des Geistes, seiner Etikettierung (schmutzig, abstoßend, köstlich, langweilig). Auf diese beiden fehlenden Teile ist zu achten, auf das Gefühl und das Etikett! Jetzt ist innerhalb dieser vier Teile – Sinneskontakt, Gefühl, Wahrnehmung, Reaktion – derjenige zu finden, der spürt, fühlt, wahrnimmt, reagiert! Der Geist sagt: «Das bin doch ich, der da am Werk ist», aber das ist nur eine Idee. Wo ist dieser Wirkende? Wir können sogar bemerken, dass die vier Schritte in dieser Reihenfolge automatisch ablaufen, dass es keinen gibt, der hierbei irgendwie am Werk ist. Alles geschieht einfach, und wir können dabei zuschauen, wie es geschieht.

Wir können auch beschließen, diese Abfolge an einer beliebigen Stelle anzuhalten, vor allem nach der Wahrnehmung, also nach dem Etikettieren. Dann werden wir bemerken, dass wir nicht gezwungen sind zu reagieren. Wenn wir das tun, wird der Geist jedoch sagen: «Gewiss bin ich derjenige gewesen, der die Entscheidung fällte, der sich entschloss, das zu tun.» Ihr könnt nun versuchen, den Betreffenden zu finden. Es gibt nur Entschlusskraft, und die ist ein geistiger Faktor. Es ist entscheidend, dies nicht nur einmal zu untersuchen, sondern viele Male. Auf diese so genannten *khandhas*, die Daseinsgruppen, gründet sich die Illusion. Einer wird sagen, der Entschluss sei durch sein Denken zustande gekommen, ein anderer, er sei durch sein Gefühl erzeugt worden, wieder jemand anders wird sagen: «Es war der Beobachter.» Oder: «Es war meine Willenskraft.» Dann müssen wir uns fragen, ob davon irgendetwas wirklich «Ich» genannt werden kann. Wo ist das «Ich», wenn keine dieser Reaktionen stattfindet, wenn es keinen Beobachter gibt und keine Willenskraft, wenn überhaupt nichts dergleichen vorgeht? Wenn keines dieser mutmaßlichen «Ichs» in Erscheinung tritt, wo ist es dann? Was macht es? Es ist viel Konzentration nötig und eine große Bereitwilligkeit, wirklich die absolute Wahrheit zu finden, um auf den Grund der menschlichen Existenz zu gelangen und nicht einfach auf der oberflächlichen Ebene zu bleiben, wo wir mit unseren Vorlieben und Abneigungen leben. Wenn wir lange genug gewollt und abgelehnt haben, sind wir an diesem Punkt vielleicht in der Lage zu sehen, dass es eine andere Lösung geben muss.

Es ist zweckmäßig, diese Untersuchung nach einer konzentrierten Meditation durchzuführen, ansonsten kann es gut sein, dass sie nur eine intellektuelle Übung bleibt. Der Geist mag ganz gerne zustimmen, einfach deswegen, weil er von all dem Nachforschen loskommen will. Er möchte damit aufhören, daher sagt er: «Ja, ja, natürlich; das ist in Ordnung.» Wenn wir uns auf dieser oberflächlichen Ebene bewegen, kommt nichts bei dem Ganzen heraus, aber wenn die Untersuchung zu einer Erkenntnis führt, ist der Gewinn groß. Es ist ein Aha-Erlebnis. Wir müssen jedoch aufpassen, nicht in die Falle des Gedankens zu gehen, dass «ich» es bin, der «aha» sagt. Es ist der Geist, der das tut.

Der Buddha führt für die Einsicht, die aus dem Erlebnis der vierten Jhāna rührt, ein Gleichnis an:

> Das ist genauso wie ein Juwel, ein Edelstein, der schön ist, kostbar, achteckig, gut gearbeitet, klar, makellos, ungetrübt und in jeder Hinsicht vollendet, durch den ein Faden gefädelt ist, ein blauer, gelber, roter, weißer oder beiger Faden. Nähme ihn ein Mensch mit scharfen Augen in die Hand, würde er ihn als solchen beschreiben. Ebenso, wenn nun der Geist eines Mönchs so gesammelt ist, vollkommen rein und geklärt, … richtet und lenkt er seinen Geist auf das Wissen und Sehen. Und er weiß: «Das ist mein Körper: eine Form besitzend, aus den vier Grundelementen bestehend, … und das ist mein Bewusstsein, das daran geknüpft und davon abhängig ist.»

«Ein Juwel, … in jeder Hinsicht vollendet» – das ist ein Bild für die Einsicht, «die klar, makellos» und «ungetrübt» ist. Genauso wie zur Begutachtung eines Juwels «scharfe Augen» nötig sind, ebenso benötigt die Einsicht einen Geist, der «rein» und «gesammelt» oder konzentriert ist. Zwischen dem Gesehenen oder Untersuchten und unserem inneren Sein muss eine Beziehung bestehen. Der Geist führt die Untersuchung durch: «Wer hat den Sinneskontakt? Wer reagiert?» Aber wenn wir untersuchen, muss auch eine Verbindung zu unserem inneren Gefühl vorhanden sein, das vielleicht immer und immer wieder beteuert: «Das bin ich.» Wenn wir das fühlen, führen wir die Untersuchung einfach weiter. Obgleich es ganz zutreffend ist, dass das wirklich gefühlt wird, erweist es sich nicht als hieb- und stichfest, wenn wir es ausführlich und in allen Einzelheiten analysieren. Es handelt sich lediglich um eine falsche Ansicht. Wir fahren fort, die vier Elemente zu betrachten, die Ursachen für das Auftreten des Körpers, seine Unbeständigkeit, unsere eigene Sterblichkeit, eines davon oder alle, wenn wir wirklich wissen wollen, was vorgeht. Wir untersuchen auch die vier Teile des Geistes, wie sie nacheinander erscheinen. «Wer macht dies alles, und sehr oft sogar gegen meinen Willen? Warum geschieht das, wenn ich mich doch viel lieber in der vierten Jhāna befände?»

Auf diese Weise können wir dem Verständnis dessen näher kommen, was der Buddha wirklich lehrte. Wenn wir lediglich an der Oberfläche bleiben, werden wir niemals fähig sein, seine Landkarte richtig zu benutzen. Er versprach, dass es niemals mehr Dukkha geben wird, wenn wir den ganzen Weg gehen. Fassen wir durch unsere Praxis Vertrauen zu seinen Worten, wünschen wir vielleicht, seinen Wegweisern in jeder Einzelheit zu folgen und unsere Reise fortzusetzen.

7

Die fünfte und sechste meditative Vertiefung (Raum- und Bewusstseinsunendlichkeit)

In der *Visuddhi-Magga*[4], einem von Buddhaghosa im 5. Jahrhundert nach Christus verfassten Kommentar, finden sich zu den ersten vier meditativen Vertiefungen einige treffende Gleichnisse.

Ein Mann wandert durch die Wüste; er hat kein Wasser dabei und wird immer durstiger. Zuletzt sieht er in der Entfernung einen Tümpel und ist daher voller Erregung und Entzücken.

Durch die Wüste zu wandern und sich sehr durstig zu fühlen versinnbildlicht unsere Sehnsucht nach Freude, Glück und Frieden, die wir in der Außenwelt nicht allzu erfolgreich zu befriedigen versuchen. Die Begeisterung und das Entzücken, die man beim Anblick des in der Ferne sichtbaren Wassertümpels erlebt, entsprechen dem in der ersten Jhāna auftretenden Gefühl – der Erkenntnis, dass es etwas gibt, obgleich noch in der Ferne, das uns letztendliche und vollkommene Befriedigung bringen kann. Weiß der Geist darum, bewegt er sich darauf zu.

Dann steht der Mann am Rande des Tümpels und ist äußerst erfreut, da er weiß, dass er das Wasser erreicht hat, das seinen Durst löschen wird. Dies beschreibt die zweite Jhāna: die Freude zu wissen, dass wir der inneren Befriedigung nahe sind.

Dann steigt der Mann in den Wassertümpel und trinkt; und nachdem er seinen Durst nach Herzenslust gelöscht hat, fühlt er sich zufrieden und ist nun ein ganz anderer Mensch als derjenige, der ohne Wasser in der Wüste herumirrte.

Das ist das Erlebnis der dritten Jhāna. Falls wir je für längere Zeit ohne Wasser gewesen sein sollten, wissen wir, wie viel Leiden, sowohl physisches als auch psychisches, das hervorruft. Das Gleichnis bezieht sich auf unsere normalen mentalen und emotionalen Bewusstseinszustände, denn während wir suchen, sind wir immer in Unruhe und fühlen uns nicht wohl, aber sobald wir «getrunken haben, was wir brauchen», bedeutet das eine gewaltige Veränderung. Wir erleben Freude und Zufriedenheit. Dieser entzückende Zustand ist nicht das endgültige Ziel der Lehre des Buddha, sondern nur ein Schritt auf dem Weg. Es ist jedoch ein entscheidender Schritt, denn er verschafft uns den Antrieb, weiterzumachen und neue Einsichten zu gewinnen.

Nun fühlt sich der Wüstenwanderer in Frieden. Vorher, als er rastlos suchte, war er in einer sehr unangenehmen Lage, denn Wasser ist eine absolute Überlebensnotwendigkeit. Seine Not trieb ihn in alle möglichen Richtungen. Nachdem er nun seinen Durst gestillt hat, steigt er aus dem Tümpel, begibt sich unter einen schattigen Baum und legt sich nieder, um sich von dieser großen Anstrengung zu erholen. Dieses Gefühl, sich völlig behaglich zu fühlen, erlebt man in der vierten Jhāna. Nicht dass wir einschlafen würden, es ist vielmehr so, dass der Geist in der Stille der Jhāna zur Ruhe kommt.

Diese Gleichnisse beschreiben sehr schön, was wir im Leben durchmachen, manchmal sogar, ohne zu wissen, was sich abspielt. Genauso wie wir nicht ohne Wasser leben können, sind Freude und Frieden für unsere innere Erfüllung unabdingbar. Wir sind uns vielleicht gar nicht dessen bewusst, dass wir auf der Suche sind. Es zeigt sich nur in unserer Rastlosigkeit, wenn wir von hier nach dort ziehen, verschiedene Freunde ausprobieren, verschiedene Ideen, verschiedene Berufe, verschiedene Länder. Was auch immer wir versuchen, spiegelt unseren inneren Durst wider, den wir auf jede erdenkliche Art und Weise zu löschen hoffen. Wonach wir Ausschau halten, liegt in uns. Wenn wir unsere Zeit und Energie für diese innere Suche einsetzten, würden wir viel schneller darauf stoßen, da dies der einzige Platz ist, an dem es zu finden ist.

Es heißt, dass die vierte Jhāna das Sprungbrett für die hierauf folgenden formlosen Jhānas ist. Wir alle sind in der Lage, diese

Bewusstseinszustände zu erreichen; eigentlich könnte man beinahe sagen, sie seien nichts Besonderes. Sie sind sicherlich nicht die Erleuchtung, aber sie sind die Grundlage und Erweiterung unserer Geisteskapazität. Die Erleuchtung ist etwas Besonderes und verlangt ziemlich viel geistige Stärke; daher müssen wir erst die Grundlage dafür schaffen. Die Vertiefungen sind nur eine Frage der Geduld und Ausdauer, vor allem, solange man nichts zu erreichen trachtet oder auf ein Ergebnis aus ist.

Die vier ersten Jhānas bezeichnet man als feinkörperliche Vertiefungen, weil wir ähnliche Bewusstseinszustände aus dem normalen Leben kennen, auch wenn sie dort weit weniger erfüllend sind und immer von äußeren Bedingungen abhängen. Auf Grund dessen können wir diese Jhānas jedoch leicht darauf beziehen. Die Vertiefungen sind alle schon in uns, und es sind allein unsere Gedankenprozesse, die uns den Blick darauf verstellen. Welchen Gedanken wir haben, ob «Ich muss mich konzentrieren» oder «Ich muss das tun» oder «Ich mag das nicht tun», ist dabei gleichgültig. Die Vertiefungen bleiben uns wegen unseres Denkens und Reagierens, unserer Gefühlsregungen und Ansichten verborgen – alles Dinge, mit denen wir äußerst vertraut sind. Wenn uns klar wird, dass wir durch unsere üblichen geistigen und körperlichen Aktivitäten nie völlig zufrieden gestellt wurden, gibt es nur eine Antwort: sie während der Meditation loszulassen und nicht zuzulassen, dass sie im Geiste Fuß fassen. Ob «ich» etwas mag oder nicht, ob «ich» etwas erreichen möchte oder nicht, macht keinen Unterschied und ist für die Meditation belanglos. Wenn wir diesen ganzen Wust fallen lassen, wendet sich der Geist von selbst anderen Bewusstseinszuständen zu. Genau das versucht der Buddha Poṭṭhapāda klar zu machen. Wir alle haben Bewusstsein, und deshalb sind wir auch fähig, uns zu diesen als meditativen Vertiefungen bekannten Bewusstseinszuständen Zugang zu verschaffen.

Es wurde schon allerlei Widersprüchliches über die meditativen Vertiefungen geschrieben und erzählt, was für ziemlich viel Verwirrung sorgte. Wir erlangen sie leichter, wenn wir darüber nichts gelesen haben, weil wir dann keine vorgefassten Meinungen haben, die uns behindern, so dass wir uns dann einfach hinsetzen und sie praktizieren können. Wenn wir all das fallen lassen, was so im Geist vor sich geht, ergibt sich das Übrige ganz natürlich, weil ein ruhiger und gesammelter Geist diesen Weg von selbst beschreitet. Er muss sich nirgendwo anders hinwenden, bis er Nibbāna erreicht hat. Dann kann er in der Glückseligkeit von Nibbāna verweilen. Bis es so weit ist, kann er nur diese Bewusstseinszustände erleben, wenn er alles andere fallen gelassen hat. Es ist nicht einmal nötig, konzentriert zu sein. Die Gedankenprozesse loszulassen ist alles, was wir tun müssen. Genauso wie ein Hund, der in einen Bach gesprungen ist, sich durch Schütteln des wasserdurchtränkten Fells von der Nässe befreit, so schütteln wir alles ab.

Die nächsten Schritte sind als die formlosen Vertiefungen bekannt. In Pāli nennt man die ersten vier Rūpa-Jhānas und die nächsten vier Arūpa-Jhānas. Rūpa bedeutet «Form», *a* «nicht» oder «ohne». Diese Jhānas werden als formlos bezeichnet, weil wir keinen Bezug zu ihnen haben, wenn wir unsere geistigen Fähigkeiten auf eine gewöhnliche, alltägliche Weise gebrauchen. Für einen Nichtmeditierenden könnten sich deren Beschreibungen tatsächlich wie ein Märchen anhören. Ein Meditierender mag vielleicht einen Schimmer davon verstehen, selbst wenn er sie noch nicht erlebt hat. Wie wir in den vorangehenden Kapiteln gesehen haben, betreffen die vier ersten Jhānas physische Empfindungen und Gefühle. Die vom Buddha angeführten Gleichnisse beziehen sich alle auf den Körper: Er soll getränkt und durchtränkt oder, in der vierten Jhāna, völlig bedeckt werden. Für die nächsten vier Jhānas führt der Buddha keine solchen Gleichnisse an. Sie haben nicht mit Emotionen und schon gar nicht mit körperlichen Empfindungen zu tun. Es handelt sich um rein geistige Bewusstseinszustände, und sie entstehen, weil der Geist durch die ständige Praxis der vier ersten meditativen Vertiefungen fügsam, formbar und geschmeidig genug wurde, um sie zu erleben. Er hat seine Starrheit und seinen Widerstand verloren und ist nun fähig, die nächsthöheren Ebenen zu erreichen.

Der Buddha beschreibt die fünfte Jhāna wie folgt:

> Und ferner gewinnt ein Mönch durch das Hintersichlassen der Form-Wahrnehmungen, durch den Untergang der Widerstands-Wahrnehmungen, durch das Nichtbeachten der Viel-

falts-Wahrnehmungen und mit der Vorstellung, dass der Raum unendlich ist, das Gebiet der Raumunendlichkeit, und er verweilt darin. So treten durch Training einige Wahrnehmungen auf, und einige Wahrnehmungen erlöschen.

In der vierten Jhāna haben wir keine körperlichen Empfindungen mehr, sondern sind uns nur der Stille des Geistes bewusst, unserer Emotionen. So ist das bei der fünften Jhāna erwähnte «Hintersichlassen der Form-Wahrnehmungen» nichts, das noch speziell zu tun ist. Vielmehr sind es die «Widerstands-Wahrnehmungen», die vorsätzlich fallen gelassen werden müssen. Diese beziehen sich in erster Linie auf die Begrenzung des Körpers, wie wir sie normalerweise empfinden. Wir erschaffen die Vorstellung einer klaren Grenze: «Mein Körper endet, wo meine Haut endet, und dort ende auch ‹ich›», und das glauben wir. Das zeigt einen deutlichen Widerstand, eine Begrenzung, die wir uns auferlegen. In den vier feinkörperlichen meditativen Vertiefungen wurden diese Grenzen bereits bis zu einem gewissen Grade erweitert. Auf jeden Fall sind sie nicht ganz so starr und eng wie in unserem täglichen Leben, wo wir genau wissen, wo wir anfangen und aufhören, oder zumindest meinen, dass wir es wissen; wir sehen uns einen festgelegten Raum einnehmen.

Wenn wir aus der vierten Jhāna herauskommen und die «Unendlichkeit des Raums» erreichen wollen, können wir die Körpergrenze wahrnehmen, wo immer sie in diesem Moment auch sein mag, und fangen an, diesen Bereich weiter und weiter auszudehnen. Die Kontemplation der vier Elemente, auf die bereits im vorigen Kapitel Bezug genommen wurde, gibt uns eine andeutungsweise Vorstellung dieses Vorgangs.

Der Buddha spricht von dem «Nichtbeachten der Vielfalts-Wahrnehmungen». Wir müssen den Reiz der Einmaligkeit überwinden, den einer Person, eines Hauses, eines Baums, eines Waldes, eines Himmels oder eines Horizonts. Wir nehmen alles als getrennt wahr, als ob es Grenzen gäbe. Diese Anziehungskraft der Vielfalt ist der natürliche menschliche Zustand. Das Pāli-Wort für Vielfalt ist *papañca,* »Mannigfaltigkeit», und die Natur schwelgt darin. Von jeder Art gibt es zahllose «Individuen». Die Menschen sind dafür ein typisches Beispiel: Wir sehen alle etwas unterschiedlich aus. Diese Vielfalt zieht uns an. Wenn wir in einem Wald sind, genießen wir die Gestalt jedes einzelnen Baumes, die Kennzeichen jedes Astes oder Zweiges; wir finden das schön. In ähnlicher Weise schauen wir zum Himmel und schätzen die einzelnen Sterne oder den Mond. Mit Menschen machen wir es entsprechend: Von einem bestimmten Gesicht werden wir angezogen, finden es sympathisch, und von einem anderen wenden wir uns ab. All dies müssen wir hinter uns lassen, um in die Raumunendlichkeit zu gelangen.

Dafür gibt es zwei Methoden, und wir können eine davon oder auch beide benutzen, je nachdem, wie schwierig wir es finden, den Geist genügend zu erweitern. Eine Möglichkeit, die bereits oben erwähnt wurde, besteht darin, an die Grenzen des Körpers zu gehen, wo auch immer sie erlebt werden, und zu beginnen, sie zu erweitern, bis sie sich völlig in der Unendlichkeit auflösen. Sollten wir an eine Blockade gelangen, wo die Ausdehnung nicht mehr weiterzugehen scheint, können wir die Vorstellung von Wäldern, Bergen, Tälern, Flüssen oder Ozeanen benutzen; dann weiter bis zur ganzen Erde, auf der wir leben; und noch weiter bis zum Himmel, der sie umgibt, und zum Horizont. Wenn wir zum Horizont kommen, lassen wir auch ihn los und sind in der Unendlichkeit des Raumes. Das ist das Nichtbeachten der Vielfalt beziehungsweise der Grenzen, die nach unserer Meinung alle Dinge voneinander trennen.

Ferner ist es hilfreich, über diese Anweisungen nachzudenken, indem man sich fragt, ob die Aussagen des Buddha wahr sind. Ist nicht eine völlige Einheit wahrscheinlicher als die scheinbare Vielfalt, die uns so anzieht? Sind die Grenzen, die uns so wirklich vorkommen, nichts weiter als optische Täuschungen? Aus wissenschaftlicher Sicht ist im gesamten Universum nicht ein einziger solider Bauklotz zu finden. Es gibt nur Energieteilchen, die unaufhörlich zusammenkommen und wieder auseinander fallen. Wir haben das alle gehört, neigen aber dazu, es zu vergessen. Wenn wir durch die Kontemplation einsehen lernen, dass es sich tatsächlich so verhält, werden wir auch erkennen, dass unsere Grenzen nur durch den Geist geschaffene Illusionen sein können. Dieses Verständnis wird uns helfen, uns der Anziehungskraft, die die Vielfalt auf uns ausübt, zu entziehen.

Das sind die beiden Vorgehensweisen, um sich in die Unendlichkeit des Raums zu begeben, was man nach den Worten des Buddha vorsätzlich tun kann. Wir müssen nicht warten, bis uns vielleicht eines Tages zufällig das große Glück begegnet. Fähig zu sein, eine solche tiefere Wahrheit zu erkennen, hilft, den Geist auszuweiten. Die meisten Menschen denken niemals auf diese Weise. Sie haben keine Vorstellung von der vollkommenen Einheit. Selbst Wissenschaftler, die diese Wahrheit durch Experimente und Untersuchungen fanden, machen sie selten zu einem Teil ihrer inneren Gedankenwelt. Sie sehen sie einfach als wissenschaftliche Tatsache. Wenn es sich dabei jedoch um eine Wahrheit handelt, dann bezieht sie sich auf unseren Geist, denn der Geist liegt dem Universum zugrunde. Das ist nicht der persönliche, beschränkte Geist, mit dem wir alle vertraut sind. Wenn wir über diese Erkenntnis ein wenig nachdenken, finden wir vielleicht heraus, dass wir in der Lage sind, diese Art der Ausweitung des Geistes zu erreichen. Je weniger wir den Geist beschränken, desto mehr ist er fähig, sich auszuweiten, und desto leichter fällt es, die höchsten Wahrheiten zu sehen. Was wir üblicherweise wissen, hat keinen Bezug zur absoluten Wahrheit; es ist durch unsere eigenen Beschränkungen beeinträchtigt und verzerrt. Wenn wir den Geist ausweiten, gehen wir über diese Beschränkungen hinaus. Dieses Potenzial besitzen wir alle, und als Menschen haben wir eigentlich die Verantwortung, aus unserem Potenzial das Beste zu machen, nicht in unserer gegenwärtigen Beschränkung zu verharren, sondern so viel Weite wie möglich zu gewinnen.

Nach jeder konzentrierten Meditation, vor allem aber nach jeder Jhāna ist es äußerst lohnend und förderlich, den Geist auf die Untersuchung der Einsichten zu lenken.

In den folgenden Zitaten beschäftigt sich der Buddha mit falschen Ansichten über das «Ich», die zu seiner Zeit herrschten. Weil diese Sprache für unsere Ohren altertümlich klingt, ziehen wir vielleicht den vorschnellen Schluss, dass das Gesagte nichts mit dem zu tun hat, was wir heutzutage denken. Das Gegenteil ist richtig – gegenwärtig denken wir ganz genauso.

Einige Asketen und Brahmanen vertreten folgende Ansicht: Weil dieses «Ich», das eine Form besitzt, aus den vier Grundelementen besteht und von Mutter und Vater gezeugt ist, mit dem Zerfall des Körpers vernichtet wird, zugrunde geht und nach dem Tode nicht weiter existiert, wird nun hiermit dieses «Ich» vollkommen vernichtet.

Als Erstes lernen wir daraus, dass Vertreter dieser Ansicht – und Poṭṭhapāda war einer von ihnen – glaubten, dass das «Ich» mit dem Körper identisch, dass der Körper das «Ich» sei. Diese Vorstellung ist auch in unserer Zeit so weit verbreitet, dass man unmöglich abschätzen kann, wie viele fest daran glauben. Daher kommt die beliebte Idee, dass wir selbst perfekt sein werden, sobald unser Körper perfekt ist. Erstens können wir den Körper niemals perfekt machen, und zweitens würde selbst das keinen wesentlichen Unterschied machen. Physisch mögen wir uns etwas besser fühlen, aber das ist auch schon alles. Diese Ansicht kann man jedoch heute in nahezu jeder esoterischen Zeitschrift finden.

Wir benutzen natürlich eine etwas andere Sprache. Wir würden nicht sagen, dass wir «aus den vier Grundelementen» bestehen, aber die Vorstellung ist genau die gleiche. Wir schauen in den Spiegel und sagen zu uns: «Das bin ich.» Wer sonst sollte es sein? Wir haben so oft in den Spiegel geblickt und immer das gleiche Spiegelbild gesehen. Natürlich muss «ich» das sein. Das ist ein beschränkter und beschränkender Standpunkt. Er kann uns keine Erfüllung bringen, weil man den Körper als solchen niemals zufrieden stellen kann. Er hat Bedürfnisse, denen man laufend nachkommen muss, und er stellt manchmal recht absurde Ansprüche. Der Körper verschafft uns viele Probleme. Überlegt euch einen Augenblick, wie es wäre, wenn wir nur mit dem Geist und ohne Körper auf dem Meditationskissen sitzen könnten. Was für eine wunderbare Hilfe wäre das für unsere Meditation! Wir würden nie das Gefühl haben: «Ich kann diese Position keinen Augenblick länger aushalten», würden nie von schmerzenden Knien geplagt werden, von Rückenschmerzen, gelegentlichem Juckreiz oder Niesen. Natürlich müssten wir den Geist dennoch konzentrieren, aber wir hätten es um vieles leichter. Der Körper ist, gelinde gesagt, eine Plage. Können wir zugeben, dass es lächerlich ist, sich mit ihm zu identifizieren? Warum sollten wir denken, diese Plage zu sein? Wie Poṭṭhapāda und seine Begleiter nehmen wir aber genau das an.

Als Nächstes wird eine zweite falsche Ansicht über das «Ich» präsentiert, eine, die sich etwas großartiger anhört:

> Und ein anderer sagt Folgendes: Ich leugne nicht die Existenz des «Ich», von dem du sprachst. Dennoch ist dieses «Ich» hiermit keineswegs vollkommen vernichtet, weil nämlich noch ein anderes «Ich» existiert, das himmlisch ist, eine Form besitzt, der Sinnensphäre angehört und sich von fester Nahrung ernährt. Du kennst es nicht und siehst es nicht, aber ich kenne es und sehe es. Dieses «Ich» ist es, das beim Zerfall seines Körpers vollkommen vernichtet wird und zugrunde geht.[5]

Das ist die Identifikation mit einer Seele. Wenn es mit dem Körper zu Ende geht, hört auch diese bestimmte Person, die wir waren, zu existieren auf. Aber es gibt noch ein anderes, «himmlisches» Ich, das «der Sinnensphäre» angehört. Eine ähnliche Ansicht ist heutzutage weit verbreitet. Unser Verstand mag anders darüber denken, aber es wurde uns so lange eingepaukt, dass wir im tiefsten Innern glauben: «Vielleicht gibt es ein ‹Ich› in der Seele oder die Seele in mir.» Wie auch immer, dieses «Ich» wird sich stark von dem «Ich», das wir jetzt kennen, unterscheiden. Das «Seelen-Ich» ist das Gute in uns. Wir geben ungern zu, dass wir beide Seiten besitzen, die heilsame und die unheilsame. Wir würden gerne glauben, dass die Seele unser geläutertes Wesen darstellt und dass sie das «Ich» enthält. Selbst wenn wir das mit dem Verstand ablehnen, gibt es diese innere Hoffnung: «Wenn ich nicht der Körper bin, möchte ich wenigstens das sein.» Ein anderer Teil dieses Glaubenssystems besteht in der Vorstellung, dass die Seele nach dem Tode glücklich sein wird, ganz gleich, wohin sie gelangt.

Die dritte Ansicht lautet:

> Ich leugne nicht die Existenz des «Ich», von dem du sprachst. Dennoch ist dieses «Ich» hiermit keineswegs vollkommen vernichtet. Es existiert nämlich noch ein anderes «Ich», das himmlisch ist, eine Form besitzt, geistartig ist, alle Glieder und

> Organe besitzt und intakte Sinne hat. Du kennst es nicht und siehst es nicht. Aber ich kenne und sehe es. Es ist dieses «Ich», das beim Zerfall seines Körpers vernichtet wird und zugrunde geht.

Hier haben wir eine subtile, «geistgeborene» Vorstellung, die nicht von einer Seele, sondern von einem höheren «Selbst» ausgeht. Im Hinduismus ist das die Vereinigung mit Ātman, dem absoluten Selbst, im Gegensatz zum individuellen «Ich». Der Buddha erklärt all diese Standpunkte für falsch. Das «geistgeborene» «Ich» bezieht sich auch auf die höheren Jhānas, wovon die erste, wie wir gesehen haben, die Raumunendlichkeit ist. Einen solchen Bewusstseinszustand zu erleben führt zu der Idee, dass die Art und Weise, wie «ich» mich in diesem Raum aufgelöst habe, dieselbe ist, in der der Geist das «Ich» gebildet hat.

All diese Vorstellungen entstehen, weil die Menschen unfähig sind, den Gedanken loszulassen, dass es da jemanden geben muss. Wir glauben es weiterhin. «Wer macht das alles, was ich mache?», fragen wir uns. «Wer denkt all die Gedanken, die ich denke? Wer reagiert auf meine Sinneskontakte? Wer will all die Dinge, die ich will? Da muss doch jemand sein.» Selbst wenn wir uns nicht länger mit dem Körper identifizieren, was wirklich nicht so schwierig ist, fühlen wir uns gezwungen, uns mit etwas anderem zu identifizieren. Der erste Schritt wäre die Seele; der zweite wäre ein höheres Selbst oder mittels der formlosen Vertiefungen eine Art «Ich», das noch im unendlichen Raum oder unendlichen Bewusstsein existiert.

Die vierte falsche Ansicht schließlich lautet:

> Dieses «Ich», von dem du sprachst, existiert, doch es existiert auch noch ein anderes «Ich», das durch das Hintersichlassen der Form-Wahrnehmungen, durch den Untergang der Widerstands-Wahrnehmungen, durch das Nichtbeachten der Vielfalts-Wahrnehmungen und mit der Wahrnehmung des unendlichen Raums zum Gebiet der Raumunendlichkeit gehört. Du kennst es nicht und siehst es nicht. Aber ich kenne und sehe es. Es ist dieses «Ich», das beim Zerfall des Körpers vernichtet wird und zugrunde geht.

Das ist das «Ich» innerhalb der Einheit. In der fünften Jhāna führt die Fähigkeit, in den unendlichen Raum zu gelangen, zu einem Erlebnis der Einheit. Wir verlieren unsere Getrenntheit, unsere Entfremdung. Die derzeit populäre Idee des «Einheitsbewusstseins» hat eine gewisse Berechtigung. Es handelt sich um das Bewusstsein, dass man nicht der Beobachter ist, derjenige, der abseits steht und dem zusieht, was geschieht. Solange wir Beobachter sind, können wir nicht umhin, zu beurteilen, zu kritisieren und abzulehnen. Wir werden von Begierde heimgesucht, weil wir einiges von dem Beobachteten gern behielten und anderes davon wiederum gern loswürden, aber wir sind nicht in all das eingebettet, was wir erleben. Solange wir diese Haltung aufrechterhalten, können wir an den Körper, die Seele oder das höhere «Selbst» glauben. Wenn wir die Erfahrung der Einheit besitzen, mögen wir tatsächlich glauben, dass wir unser Ich-Bewusstsein abgelegt haben. Das ist die Vorstellung der Einheit mit Gott oder, im Hinduismus, mit Ātman. Eine Vereinigung und Verbindung mit etwas setzt jedoch voraus, dass da etwas oder jemand ist, der in eine solche Vereinigung eintreten kann. Auch diesen Standpunkt lehnt der Buddha ab.

In jeder dieser vier falschen Ansichten ist noch die subtile Vorstellung eines «Ich» vorhanden. Sicherlich ist das Einheitsbewusstsein dem Bewusstsein des Getrenntseins vorzuziehen. Es befähigt uns, liebende Güte und Mitgefühl für andere beinahe ohne Anstrengung zu empfinden, denn wenn alles eins ist, wer kann uns dann ärgern oder irritieren? Es beseitigt auch einen großen Teil der Furcht. Wenn wir eine Distanz fühlen, fühlen wir uns auch durch andere bedroht, durch die Welt um uns herum und durch den Tod. Wenn wir uns eins mit allem fühlen, das existiert, ob wir es Gott nennen oder Ātman oder sonst irgendwie, ist diese Furcht stark vermindert. Die Vorstellung des «Selbst» ist jedoch noch gegenwärtig, denn wir benötigen sie, um uns mit dem höheren Ideal zu vereinigen.

Es lohnt sich sehr, diese vier Ansichten zu betrachten und sich dabei zu fragen, welcher von ihnen man anhängt. Ist es die Identifikation mit dem Körper, die mit der Seele oder die mit dem höheren «Selbst»? Ist es die Vereinigung mit der Schöpfung? Wer glauben wir eigentlich zu sein? Wir mögen das Einheitsbewusstsein niemals erlebt haben, aber wir können über die Vorstellung kontemplieren und uns dabei fragen, wer oder was sich vereint. Wir können nachprüfen, ob die Seele in uns zu finden ist und ob sie das «Ich» ist. Wir können über das höhere «Selbst» und den Körper nachsinnen. Gibt es wirklich irgendeine Grundlage dafür, mich in einem dieser Dinge zu sehen? Unsere Überzeugungen sind tief verwurzelt, und solange der Geist eher noch zusammengezogen ist als geschmeidig und weit, hat er große Schwierigkeiten, die Dinge zu sehen, wie sie sind. Für uns ist es sehr schwer zu begreifen, dass dies alles nur Glaubenssysteme sind, die vom Geist erfunden wurden, um das Ego zu stützen. Wenn wir diese Ich-Behauptung nicht länger stützen müssen oder wollen, wird es viel leichter, eine andere Wirklichkeit zu sehen. Je klarer diese Wirklichkeit wird, desto leichter ist es, zu meditieren, denn wir beginnen zu verstehen, dass das einzige, was unserer Praxis im Weg steht, das «Ich» ist. Je klarer wir dieses «Ich» einfach als eine Vorstellung erfassen, desto weniger wird es unseren Pfad behindern.

Die Lehre des Buddha ist nicht nur eine psychologische Lebenshilfe. Sie ist das auch, aber wichtiger ist, dass sie ein radikales Umdenken beinhaltet, dem ein radikal neues Erleben folgt. Darum hat sie 2500 Jahre lang überlebt. Die Psychologie hat ihre Höhen und Tiefen, ihre Marotten und neuen Ideen, aber diese Lehre ist so grundlegend, dass nichts hinzugefügt werden kann. Wenn wir praktizieren, versuchen wir, die ganze Skala des Erlebens zu sehen, die der Buddha uns gezeigt hat. Hierbei wird unsere Fähigkeit, zu kontemplieren und zu untersuchen, angesprochen. Wenn wir meditieren, versucht der Geist, ruhig und gesammelt zu werden; wenn wir kontemplieren, versucht er, die Dinge in einem anderen Licht zu sehen. Beides muss Hand in Hand gehen. Der Lehre des Buddha zeichnet sich durch Vollständigkeit und Einheit aus, wie wir aus dieser Sutta ersehen können. Wir können nicht einfach einen Teil aussondern und uns dann nur mit diesem befassen; so funktioniert es nicht. Alles muss in unserer Praxis enthalten sein: sittliches Verhalten, das Bewachen der Sinne, Zufriedenheit, Achtsamkeit, Meditation beziehungsweise rechte Konzentration, Kontemplation und Untersuchen.

Wir kommen jetzt zur sechsten Jhāna:

Und ferner gewinnt ein Mönch nach dem Hintersichlassen des Gebiets der Raumunendlichkeit mit der Vorstellung, dass das Bewusstsein unendlich ist, das Gebiet der Bewusstseinsunendlichkeit, und er verweilt darin. So treten durch Training einige Wahrnehmungen auf, und einige Wahrnehmungen erlöschen.

Diese Erklärungen der formlosen Vertiefungen sind sehr kurz, und man darf vielleicht annehmen, dass dem so ist, weil der Buddha erkannt hat, dass Poṭṭhapāda noch nicht so weit ist, sie tatsächlich zu praktizieren, oder dass ein Teil der Ausführungen verloren gegangen ist.

Wenn wir in der fünften Jhāna die Unendlichkeit des Raums erleben, müssen wir lediglich unsere Aufmerksamkeit vom Raum auf das Bewusstsein lenken, das ihn erlebt hat. Nur ein unendliches Bewusstsein vermag den unendlichen Raum zu erleben. Wenn wir aus der sechsten Jhāna herauskommen und uns fragen: «Was habe ich daraus gelernt?», stellen wir fest, dass es so etwas wie eine persönliche Identität nicht gibt, sondern lediglich Einheit. Wenn wir das in unser Denken integrieren, entsteht Einheitsbewusstsein. Weder im unendlichen Raum noch im unendlichen Bewusstsein können wir eine separate Person ausfindig machen, die eine meditative Vertiefung erlebt. Sollten wir auf eine stoßen, sind wir nicht mehr auf die Unendlichkeit konzentriert, und der Beobachter ist wieder aufgetaucht. In der vierten Jhāna ist der Beobachter auf ein Minimum reduziert, was der geistigen Energie und Klarheit sehr zugute kommt. In der fünften und sechsten Jhāna tritt der Beobachter stärker zutage; wenn wir daher aus einer dieser Jhānas herauskommen, weiß der Beobachter ganz genau, dass es da niemanden gab und dass nichts als Unendlichkeit herrschte, und er kann dieses Verständnis voll in sich aufnehmen.

Mit dem Erleben der Bewusstseinsunendlichkeit geht die Erkenntnis einher, dass es gleichbedeutend ist mit dem universellen Bewusstsein. Wenn wir dieses Verständnis einmal in Form von tatsächlichem Erleben besitzen, werden wir das universelle Bewusstsein niemals mehr mit unheilsamen Gedanken, Worten oder Handlungen beschmutzen wollen. Wir alle sind ein Teil davon, und je geläuterter unser Bewusstsein ist, desto leichter ist es für uns, zur Reinheit des universellen Bewusstseins Zugang zu bekommen. In ihm kann alles gefunden werden. Was wir auch denken, sagen oder tun, ist darin enthalten und verschwindet nicht. Das ist eine weitere Erkenntnis, die dem Erleben der Jhānas innewohnt.

Wir können die fünfte und sechste Jhāna mit der ersten und zweiten meditativen Vertiefung vergleichen. Wenn wir eine entzückende Empfindung haben, entsteht Freude. Alles, was wir zu tun haben, besteht darin, unsere Aufmerksamkeit von der Empfindung auf die Emotion zu verlagern, die ja schon vorhanden ist und lediglich unsere Aufmerksamkeit benötigt. In der fünften und sechsten Jhāna ist es genauso, nur auf einem subtileren Niveau, denn die Vertiefungen werden zunehmend feiner. Mit dem Erleben der Raumunendlichkeit tritt zugleich die Bewusstseinsunendlichkeit auf. Wir verlagern unsere Aufmerksamkeit einfach vom Raum selbst auf das ihn erlebende Bewusstsein.

Hinsichtlich der Bewusstseinsunendlichkeit kommt es leicht zu Missverständnissen. So vor allem in der Hindu-Tradition, wo man oft meinte, sie zu erreichen sei der Inbegriff spiritueller Bemühung. Das Erleben führt zu einer vollkommen authentischen Erkenntnis, die sich in den Worten ausgedrückt: «Das bin ich», auf Sanskrit: *tat tvam asi*, was das Einheitsbewusstsein beschreibt. Der mittelalterliche christliche Mystiker Meister Eckhart kleidete diese Erkenntnis in etwas andere Worte, als er sagte: «Gott und ich sind dasselbe.» Nur mit knapper Not entging er damit der Verbrennung auf dem Scheiterhaufen. Er äußerte dies ohne irgendeine zusätzliche Erklärung, und ich glaube, wir dürfen annehmen, dass er die höheren Jhānas erreicht hatte. Denn ansonsten wäre es ihm nicht möglich gewesen, so etwas zu behaupten, und dies nicht stolz, sondern, wie er es tat, mit Demut, denn sein größtes Bestreben war es, niemand zu sein.

Dies ist sicherlich eine höchst wichtige Erkenntnis und Bestandteil des meditativen Prozesses. Wenn wir durch die Praxis diesen Prozess entwickeln und ihn uns immer mehr zu Eigen machen, hebt sich im Geist gleichzeitig auch das Niveau der Klarheit und des Verständnisses. Er ist nicht mehr so beschränkt und zusammengezogen, dass er nur mit dem «individuellen Ich» beschäftigt ist. In der Meditation hat er etwas berührt, das selbst jenseits des «absoluten Ich» liegt. Obwohl er vielleicht den unendlichen Raum und das unendliche Bewusstsein erlebt, wird der Geist erkennen, wenn er aus diesen Bewusstseinszuständen herauskommt, dass das Dukkha wieder da ist und es also noch mehr zu tun gibt. Solange man sich als ein «Ich» fühlt, wird dieses «Ich» Dukkha haben. Deshalb ist es wichtig zu untersuchen, an welches «Ich» wir glauben, und uns zu fragen, ob es für diesen Glauben irgendwelche Gründe gibt. Wenn wir feststellen, dass er jeder Grundlage entbehrt, erleben wir möglicherweise eine ganz entscheidende Veränderung in unserer Wahrnehmung, die uns dann die Dinge sehen lässt, wie sie wirklich sind.

8

Die siebte meditative Vertiefung

«Das Gebiet der Nicht-Etwasheit»

Die achte meditative Vertiefung

«Weder Wahrnehmung noch Nicht-Wahrnehmung»

Die neunte meditative Vertiefung

«Erlöschen»

> «Und ferner gewinnt ein Mönch nach dem Hintersichlassen des Gebiets der Bewusstseinsunendlichkeit mit der Vorstellung, dass nichts existiert, das Gebiet der Nicht-Etwasheit und verweilt darin, und er nimmt zu dieser Zeit das Gebiet der Nicht-Etwasheit wirklich, aber subtil wahr. So treten durch Training einige Wahrnehmungen auf, und einige Wahrnehmungen erlöschen. Das ist das Training», sagte der Erhabene.

Die Beschreibung der siebten Jhāna ist genauso kurz wie die der vorausgehenden. In der Übersetzung wurde hierbei das übliche Wort «Nichtsheit» zu «Nicht-Etwasheit» erweitert, was eine gewisse Hilfe darstellt.[6] Andernfalls würden wir diesen Begriff möglicherweise falsch auffassen oder ihn zurückweisen, weil wir uns fragen würden, wie die «Nichtsheit» jemals etwas sein könnte, auf das wir unsere Aufmerksamkeit zu richten vermögen. «Nicht-Etwasheit» ist klarer und beschreibt den Sachverhalt besser.

Die fünfte, sechste und siebte Jhāna sind auch unter dem Namen Vipassanā- oder Einsichts-Jhānas bekannt. Natürlich gewinnen wir auch aus den ersten vier Jhānas Einsichten, wie wir bereits gesehen haben. Um es kurz zu wiederholen: Die erste verschafft uns die Einsicht, dass das, wonach wir in der Welt Ausschau halten, bereits in uns vorhanden ist; die zweite die, dass uns unsere Sinneskontakte niemals die Freude bereiten können, die wir in der Jhāna erleben; die dritte die, dass Zufriedenheit und Friedlichkeit entstehen können, wenn wir wunschlos sind. Es lohnt sich hier zu wiederholen, dass der Wunsch, in eine dieser Jhānas zu gelangen, die Garantie dafür ist, dass man dies nicht schafft. Wir müssen alle Wünsche loslassen und uns einfach in das Erleben hineinfallen lassen. Die vierte Jhāna vermittelt die Einsicht, dass Stille eintritt, wenn die «Ich»-Behauptung auf ein Minimum reduziert wird, und dass aus dieser Stille Gleichmut entsteht.

Die fünfte und sechste Jhāna erbringen die bedeutende Einsicht, dass während der Meditation die Person, die wir zu sein glauben, nicht vorhanden ist. Es gibt Raum, es gibt Bewusstsein, und obgleich es einen Beobachter gibt, lässt sich keine Person ausfindig machen. Dieser Beobachter hat sich zur Unendlichkeit des Raums und des Bewusstseins erweitert, denn ansonsten wüsste man von beiden nichts. Der kleine Beobachter, der jetzt hier sitzt, diese Seiten liest und zu verstehen versucht, kann die Unendlichkeit nicht erleben. Wir sehen nicht sehr unendlich aus, oder? Und wir fühlen uns auch nicht besonders unendlich. Aber während der Jhāna gibt es ein Gefühl der Unendlichkeit, und auch der Beobachter ist unendlich. Obgleich es Raum gibt, der materiell ist, und obgleich es Bewusstsein gibt, das geistig ist, gibt es niemanden, der behaupten kann, diese beiden zu besitzen. Sie sind einfach.

In der siebten Jhāna, dem Gebiet der Nicht-Etwasheit, erkennen wir, dass nicht nur keine Person existiert, sondern auch kein «Ding». Weder in der Raumunendlichkeit noch in der Bewusstseinsunendlichkeit gibt es etwas, das ergriffen werden kann oder an das man sich zu halten vermag – nicht einen einzigen festen Baustein im ganzen Universum. Von einer solchen Wahrheit zu hören, darüber zu lesen, ist ja sehr interessant, aber es selbst zu erleben ist doch eine andere Sache. Danach ändern sich unsere Reaktionen auf die Welt und die Menschen bestimmt, denn wir besitzen nun das innere Wissen, dass in Wirklichkeit alles in dauerndem Fluss ist, ganz gleich, wie fest alles und jeder auch erscheinen mag.

Während der siebten Jhāna kann dies auf zweifache Weise erlebt werden. Wir mögen uns einer ständigen, sehr subtilen Bewegung bewusst werden, so, als ob wir einen Springbrunnen betrachten würden, bei dem der Strahl ständig in Bewegung ist; das ist eine zu grobe Beschreibung, aber es vermittelt eine gewisse Vorstellung. Die andere Möglichkeit besteht darin, dass wir uns einer großen Weite bewusst werden, die die Raum- und Bewusstseinsunendlichkeit miteinander verbindet, und innerhalb dieser Weite lässt sich nichts, kein Ding, finden.

Diese tiefe Einsicht ensteht nicht sofort; sie benötigt Zeit, und die Jhānas müssen viele Male wiederholt werden, bevor der Geist von diesem Wissen und diesem Erleben durchdrungen ist. Dann hat man sie sozusagen im Gefühl und kann bei seinen Handlungen darauf aufbauen. Man darf dies nicht mit Nibbāna verwechseln, es ist sicherlich eine Kostprobe einer anderen Dimension.

> Poṭṭhapāda, sobald ein Mönch kontrolliert wahrnimmt, erreicht er, Stufe um Stufe erklimmend, den Gipfel der Wahrnehmung.

Der Ausdruck «kontrolliert wahrnehmen» bezieht sich auf die Jhānas, denn während der Jhānas erlangt der Geist zum ersten Mal eine solche Kontrolle. Die meisten Leute meinen, sie hätten ihr Leben bereits unter Kontrolle, was lediglich auf mangelndem Verständnis beruht. Falls es wirklich so wäre, wären wir sicherlich nicht so dumm, uns zu erlauben, unglücklich zu sein. Kontrolle bedeutet, dass wir denken können, was wir zu denken beschließen, und all die Dinge loslassen, die nicht unserem Glück und dem Ziel unserer Praxis dienlich sind. Zum ersten Mal geschieht das, wenn der Geist einspitzig genug ist, um die Jhānas zu erleben. Je höher die Jhāna ist, desto größer ist offensichtlich der Grad an Kontrolle, und es ist die dritte Jhāna, mit der die kontrollierte Wahrnehmung wirklich anfängt. Dann erreichen wir, wie der Buddha sagt, «Stufe um Stufe erklimmend, den Gipfel der Wahrnehmung».

Der «Gipfel der Wahrnehmung» wird in der achten Jhāna berührt, die die tiefste Ruhe für den meditierenden Geist bietet und uns die größtmöglichste Energie zuführt. Es handelt sich dabei um die letzte Stufe vor dem «Erlöschen des höheren Bewusstseins» (Wahrnehmung), das manchmal als neunte Jhāna bezeichnet wird, wonach Poṭṭhapāda ganz am Anfang fragte. Wie wir in Kapitel 1 gesehen haben, lautet die Pāli-Bezeichnung hierfür *abhisaññānirodha*, wobei *abhi* «höher» bedeutet, *saññā* »Wahrnehmung» und *nirodha* «Erlöschen». Üblicherweise spricht man einfach von *nirodha*. In den Schriften steht, dass nur Nichtwiederkehrer und Arahats in diese Jhāna eintreten können.

In einigen Texten und Kommentaren wird dieser Zustand recht ausführlich beschrieben. Die betreffende Person scheint tot zu sein, denn der Atem ist so fein, dass er unmerklich ist. Die Lebenskraft hat den Körper jedoch nicht verlassen, so dass noch etwas Wärme darin verbleibt und das Herz, wenngleich sehr langsam, weiterhin schlägt. Es heißt, dass ein Meditierender bis zu sieben Tage in diesem Erlöschungszustand verweilen kann. Normalerweise würde man dies jedoch nicht versuchen; man könnte damit höchstens auf eine gewisse Art seine Meisterschaft zur Schau stellen, was der Buddha auf das Äußerste missbilligte.

> Steht er auf dem Gipfel der Wahrnehmung, ist ihm Folgendes bewusst: «Geistestätigkeit ist schlecht für mich, fehlende geistige Aktivität ist besser für mich.»

Hiermit ist gemeint, und das ist eine sehr wichtige Einsicht, dass das Denken an sich Dukkha ist. Jeder Wunsch, jede Begierde, jede geistige Aktivität ist Dukkha, weil alles Denken auch immer Bewegung ist. Bewegung ist irritierend, erzeugt Dukkha und ist niemals völlig erfüllend. Falls wir beispielsweise über die Vergangenheit nachdenken, holen wir sie in die Gegenwart. Wenn diese Vergangenheit unzufriedenstellend war, wünschen wir, dass sie anders gewesen wäre, wodurch wir uns viel überflüssiges Leid bereiten. Wir sollten die Vergangenheit ruhen lassen. Sie ist vergangen; es besteht keine Notwendigkeit, diese Unzufriedenheit wieder zum Leben zu erwecken. Wir leben und praktizieren jetzt. Die einzigen Gedanken, die uns etwas nützen können, sind solche, die den Pfad zur Befreiung betreffen, wie wir ihn im gegenwärtigen Augenblick erleben. Das Gleiche passiert, wenn wir über die Zukunft nachdenken und hoffen, dass etwas, das wir wollen, geschieht oder dass etwas anderes nicht geschieht. Damit holen wir es in die Gegenwart und ebenso das damit verbundene Dukkha. Wir müssen uns aufrichtig betrachten, doch ohne zu beurteilen, und erkennen, wie oft wir das tun und wie töricht es ist.

Zu sagen: «Geistestätigkeit ist schlecht für mich, fehlende geistige Aktivität ist besser für mich», bedeutet nicht, dass wir hirnloses Gemüse werden sollen! Der Buddha selbst hatte den schärfsten Verstand und war ein Genie darin, die menschliche Situation zu erklären. Aber selbst außerhalb der Meditation gibt es viele Augenblicke am Tag, an denen es nicht notwendig ist zu denken. Zu diesen Zeiten können wir uns einfach dessen bewusst sein, was ist: der Atem, Bewegung, Sehen, Hören, ohne dass der Geist eine Erklärung dazu abgibt. Wir lernen das Nicht-Denken durch die Jhānas, wir üben es im Alltag und geben dem Geist dadurch viel mehr Stärke und Energie, denn wir überfordern ihn nicht, wie es die meisten von uns gewohnheitsmäßig tun.

«Wenn ich nämlich nun dächte und mir etwas vorstellte, würden meine subtilen Wahrnehmungen erlöschen und andere, gröbere Wahrnehmungen würden auftreten. Wie wäre es also, wenn ich nun weder denken noch mir etwas vorstellen würde?» Somit wird es dem Meditierenden klar, dass diese sehr subtilen Wahrnehmungen, die in der siebten und noch mehr in der achten Jhāna auftreten, erlöschen, sobald wir zu denken anfangen und uns Vorstellungen machen. Verglichen mit den Bewusstseinszuständen der Jhānas sind Denken, Reagieren und Projizieren grobe Wahrnehmungen. Vor allem das Projizieren ist eine sehr schlechte Angewohnheit des Geistes. Wir projizieren auf andere, was wir in uns tragen, weigern uns aber, uns dies einzugestehen, und machen dann der anderen Person Vorwürfe und lehnen sie ab. Natürlich müssen wir in der Welt leben, einen Beruf ausüben, uns an Gesprächen beteiligen; wir müssen uns auf diese Gedankenebene einlassen, daran führt kein Weg vorbei. Auch der Buddha tat dies. In dieser Lehrrede unterhält er sich mit Poṭṭhapāda auf einer ganz alltäglichen geistigen Ebene, weil er Fragen beantwortet und Erklärungen anbietet. Aber es gibt beides, subtile und grobe Wahrnehmungen, und die subtilen Wahrnehmungen bringen Feinheiten in unseren Geist und unser ganzes Wesen. Wir sind, was wir denken, und wir sollten uns danach richten und immer gewissenhaft über unsere Gedankenprozesse wachen und darauf achten, worüber wir nachdenken. Je größer die Sorgfalt ist, die wir walten lassen, desto leichter wird uns der Pfad fallen und die Praxis der meditativen Vertiefungen.

> So denkt er weder, noch stellt er sich etwas vor. Und dann entstehen in ihm nur diese subtilen Wahrnehmungen, andere gröbere Wahrnehmungen treten nicht auf.

Man kann «sich etwas vorstellen» auf verschiedene Weise übersetzen, etwa mit: beeinflussen, planen, vervollkommnen, sich einbilden – dies alles sind Möglichkeiten. Da es sich um eine tote Sprache handelt, die vor mehr als 2500 Jahren gesprochen wurde, ist die Aufgabe nicht leicht. Aber wenn wir weder denken noch uns etwas vorstellen, noch planen, reagieren, projizieren, treten die gröberen Wahrnehmungen nicht auf: die Dualität der Welt, was wir mögen oder nicht mögen, das, was wir meinen, was andere tun sollten oder nicht tun sollten, nichts davon ist im Geist vorhanden. Die viel subtileren Wahrnehmungen der Jhānas können nur entstehen, wenn wir fähig sind, all dies loszulassen. Der Buddha fährt fort:

> Er erreicht das Erlöschen. Und dies, Poṭṭhapāda, ist der Weg auf dem man das Erlöschen der Wahrnehmung Schritt für Schritt erreicht.

Die achte Jhāna, auf die der Buddha hier nicht eingeht, ist unter dem Namen «Weder-Wahrnehmung-noch-Nichtwahrnehmung» bekannt. Es ist «weder dies noch das», ein Zustand, in dem der Geist untätig ist, in dem das Beobachten beinahe vollständig aufgehört hat. Es ist noch vorhanden, aber auf einem derart verfeinerten Niveau, dass wir weder wahrnehmen noch nicht wahrnehmen. Selbst beim Erlöschen, der neunten Jhāna, gibt es für den Nichtwiederkehrer noch eine sehr subtile Wahrnehmung des «Ich», die mit dem Duft, der einer Blume anhängt, verglichen wird. Nur ein Arahat ist völlig frei davon. Der Buddha fragt Poṭṭhapāda nun:

> «Was meinst du, Poṭṭhapāda? Hast du davon früher etwas gehört?»
> «Nein, Erhabener. Wenn ich es richtig verstehe, so hat der Erhabene gesagt: ‹Poṭṭhapāda, sobald nun ein Mönch kontrolliert wahrnimmt, erreicht er, Stufe um Stufe erklimmend, den Gipfel der Wahrnehmung ... Er erreicht das Erlöschen ..., und das ist der Weg, auf dem man das Erlöschen der Wahrnehmung Schritt für Schritt erreicht.›»
> «So ist es, Poṭṭhapāda!»

Poṭṭhapāda ist ein guter Schüler. Er hat zugehört und behalten, was ihm erzählt wurde. Aber jetzt, nachdem er endlich die Antwort auf seine ursprüngliche Frage bekommen hat, stellt er sofort neue Fragen:

> Lehrt nun der Erhabene, dass es nur einen Gipfel der Wahrnehmung gibt oder viele?

Der Buddha erwidert:

> Poṭṭhapāda, ich lehre sowohl einen als auch viele Gipfel der Wahrnehmung.

Poṭṭhapāda lässt eine weitere Frage folgen:

> Inwiefern lehrt denn der Erhabene sowohl einen als auch viele Gipfel der Wahrnehmung?

Und der Buddha antwortet:

> Entsprechend dem stufenweisen Erlöschen der Wahrnehmung lehre ich den Gipfel eben dieser Wahrnehmung: So lehre ich sowohl einen Gipfel der Wahrnehmung als auch viele Gipfel.

Wenn wir das Wort «Bewusstsein» an die Stelle von «Wahrnehmung» setzen, läßt sich möglicherweise leichter begreifen, was der Buddha hier sagt. In der ersten Jhāna vollzieht sich eine Bewusstseinsänderung. Sie ist noch nicht sehr subtil, aber dennoch merklich. Wenn wir aus der Jhāna herauskommen, hört dieses Bewusstsein, der Gipfel unseres Erlebens zu dieser Zeit, auf. Wenn wir in der Praxis der Jhānas fortschreiten, wird es zunehmend subtiler, wobei jede Stufe den Weg für die nächste ebnet, bis wir die höchste Jhāna erreichen, den «Gipfel der Wahrnehmung», der die äußerste Grenze dessen darstellt, wozu Menschen erlebnismäßig fähig sind. Dann folgt das Erlöschen. Der Buddha lehrt beides, sowohl den letztendlichen Gipfel als auch die stufenweise erklommenen Gipfel der jeweiligen Jhānas. Poṭṭhapāda jedoch ist noch nicht zufrieden:

> Erhabener, tritt nun zuerst die Wahrnehmung auf und danach die Erkenntnis, oder tritt zuerst die Erkenntnis auf und danach die Wahrnehmung, oder treten Wahrnehmung und Erkenntnis gleichzeitig auf?

Der Buddha antwortet:

> Poṭṭhapāda, zuerst tritt die Wahrnehmung auf, danach die Erkenntnis. Durch das Auftreten der Wahrnehmung tritt nämlich die Erkenntnis auf. Und so weiß man: «Dadurch bedingt, trat Erkenntnis auf.»

In Kapitel 6 haben wir die vier Aspekte des Geistes betrachtet: Sinnesbewusstsein, Gefühl, Wahrnehmung und Geistesformation. Der Lehre von Ursache und Wirkung entsprechend, muss die Wahrnehmung auftreten, bevor die Erkenntnis folgen kann. Mit anderen Worten: Wir müssen das Erleben haben, bevor wir es verstehen können. Das bewahrheitet sich bei allem, was wir tun. Um beispielsweise den Begriff «Vergänglichkeit» zu verstehen, müssen wir letztere einmal erleben, vielleicht beim Entstehen und Vergehen unseres Atems oder unserer Gedanken. Mit den Bewusstseinsebenen der Jhānas ist es genau das Gleiche. Sie müssen erst einmal da sein, bevor wir «wissen» können, was geschehen ist. Das Wort «Erkenntnis», wie es der Buddha hier benutzt, wurde in den frühen Kommentaren zum Pāli-Kanon als «Rückblick-Erkenntnis» bezeichnet. Dies läuft in der Tat auf das Gleiche hinaus, denn wir können nur auf das zurückblicken, was schon geschehen ist. Das ist wirklich der Weg zur Weisheit, denn Einsicht entsteht nur durch das erkannte Erleben. Dies ist ein wichtiger Teil der Lehre des Buddha. Wir haben alle den Samen der Erleuchtung in uns, aber weil wir unsere Erlebnisse nicht richtig verstehen, verschaffen sie uns keine Einsicht, und wir bleiben unerleuchtet. Der Buddha fährt fort:

> Auf diese Art und Weise ist ersichtlich, wie zuerst die Wahrnehmung auftritt und danach die Erkenntnis und wie durch das Auftreten der Wahrnehmung die Erkenntnis auftritt.

In dieser Phase beantwortet der Buddha Poṭṭhapādas Fragen direkt, da er ihm bereits alle Übungsschritte dargelegt hat. Poṭṭhapāda ist offensichtlich an dem Gesagten sehr interessiert, aber es wird ebenso deutlich, dass er damit nicht recht vertraut ist, denn sonst würde er keine derartigen Fragen stellen. Nun kommt er mit einer neuen Erkundigung:

> Erhabener, ist nun die Wahrnehmung das «Ich» des Menschen, oder ist die Wahrnehmung eine Sache, das «Ich» eine andere?

Dies ist eine typische Schwierigkeit, die sich ergibt, wenn wir die Dinge von der Ebene der relativen Wahrheit aus betrachten. Wir identifizieren uns mit der Wahrnehmung und nennen sie «Ich». «Wer sonst», sagen wir, «könnte beobachten, was ich denke? Das muss ich sein.» Auf diese Weise drehen sich unsere Gedanken beständig im Kreis, und wir finden keinen Ausweg, weil wir dazu all diese Vorstellungen loslassen müssten. Genauso ergeht es Poṭṭhapāda, der völlig der Ebene der relativen Wahrheit verhaftet ist. Es fällt uns leicht, uns mit ihm zu identifizieren, oder etwa nicht? Man kann auch eine Menge Mitgefühl mit ihm haben, denn er ist wie wir.

Der Buddha fragt ihn: «Setzt du denn ein ‹Ich› voraus, Poṭṭhapāda?» Er versucht, Poṭṭhapāda von der Vorstellung eines

«Ich» abzubringen, hat damit aber, wie wir sehen werden, keinen Erfolg:

> Erhabener, ich nehme ein grobstoffliches «Ich» an, das eine Form besitzt, aus den vier Grundelementen besteht und sich von fester Nahrung ernährt.

Poṭṭhapāda sieht den Körper als «Ich», als «Selbst». Der Buddha antwortet:

> Poṭṭhapāda, bei einem grobstofflichen «Ich» wäre Wahrnehmung eine Sache und das «Ich» eine andere. Auch auf folgende Art und Weise kannst du es betrachten: Ist ein grobstoffliches «Ich» gegeben, dann treten bei diesem Menschen ständig bestimmte Wahrnehmungen auf, und wiederum andere Wahrnehmungen erlöschen. Auf diese Art und Weise ist ersichtlich, dass Wahrnehmung eine Sache ist und das «Ich» eine andere.

Mit anderen Worten: Falls Poṭṭhapāda das grobstoffliche «Ich» wäre, der Körper, wie erklärt er dann Wahrnehmungen, die kommen und gehen? Wie können die beiden identisch sein?

Poṭṭhapāda scheint diesem Argument beizupflichten, denn er kommt nun auf eine andere Idee. Er setzt ein geistbeschaffenes «Ich» voraus. Auch hier können wir uns mit ihm identifizieren. Oft hört man von Leuten, sie hätten die Tatsache akzeptiert: «Ich bin nicht der Körper.» Dies ist jedoch eine riskante Behauptung. Eine tiefere Einsicht wäre: «Der Körper gehört mir nicht.» Wenn wir sagen: «Ich bin nicht der Körper», so lässt das immer noch auf einen Besitzer schließen. Und wer ist dieser Besitzer? Das bin natürlich «ich». «Ich» besitze den Körper, «ich» bemühe mich, ihn gesund zu erhalten und zufrieden zu stellen, ihm angenehme Sinneskontakte zu verschaffen. Er gehört mir auf die gleiche Weise, wie mir ein Haus, ein Auto oder ein Kühlschrank gehört. Ich glaube bestimmt nicht, dass ich der Kühlschrank bin. Das ist der Standpunkt Poṭṭhapādas, wenn er nun sagt:

> Ich nehme nun ein geistbeschaffenes «Ich» an, Erhabener, das alle Glieder und Organe besitzt und intakte Sinne hat.

Er hat keinesfalls die Vorstellung eines Besitzers aufgegeben. Er hat lediglich den Körper durch den Geist ersetzt. «Ich bin der Geist» anstelle von «Ich bin der Körper». Der Buddha erwidert ihm wie vorher:

> Aber auch mit solch einem geistbeschaffenen «Ich» wäre Wahrnehmung eine Sache und das «Ich» eine andere. … ist ein geistbeschaffenenes «Ich» gegeben, dann treten bei diesem Menschen ständig bestimmte Wahrnehmungen auf, und wiederum andere Wahrnehmungen erlöschen. Auf diese Art und Weise ist ersichtlich, dass Wahrnehmung eine Sache ist und das «Ich» eine andere.

Dazu gezwungen, diese Wahrheit anzuerkennen, denkt sich Poṭṭhapāda noch eine andere Möglichkeit aus: «Ich nehme nun ein formloses ‹Ich› an, Erhabener, das aus Wahrnehmung besteht.» In der Tat ist das ziemlich geschickt. Wenn das «Ich» weder der Körper ist noch der Geist, dann hat es vielleicht keine irgendwie geartete Stofflichkeit; womöglich ist es «formlos». «Formlos» ist ein Wort, das in Verbindung mit den höheren Jhānas gebraucht wird, die der Buddha bereits erklärt hat. Hier legt er Poṭṭhapāda wiederum dar, dass Wahrnehmung eine Sache ist und das «Ich» eine andere. Selbst wenn ein solches formloses «Ich» gegeben wäre, träten bei diesem Menschen ständig bestimmte Wahrnehmungen auf, und andere Wahrnehmungen würden erlöschen. Der Buddha versucht, Poṭṭhapāda klarzumachen, dass aus logischen Gründen eine Wahrnehmung nicht das Gleiche wie ein «Ich» sein kann, sei es formlos oder nicht, denn Wahrnehmungen entstehen und vergehen. Poṭṭhapāda fragt nun:

> Erhabener, ist es denn für mich möglich zu erkennen, ob die Wahrnehmung das «Ich» des Menschen ist oder ob Wahrnehmung eine Sache ist und das «Ich» eine andere?

Allmählich ist er etwas frustriert. Der Buddha sagt:

> Poṭṭhapāda, es ist für einen, der andere Ansichten hegt, in einer anderen Lehrtradition steht, anderen Einflüssen unterliegt, an-

deren Dingen zugeneigt ist und sich mit anderem beschäftigt, schwer zu erkennen, ob die Wahrnehmung das «Ich» des Menschen ist oder ob Wahrnehmung eine Sache ist und das «Ich» eine andere.

Anders formuliert sagt der Buddha: Du bist nicht mein Schüler. Du hast bei anderen Lehrern gelernt, hast ein anderes Glaubenssystem, warst anderen Einflüssen ausgesetzt, und daher dürfte es für dich sehr schwer sein, diese Wahrheit zu erkennen.

Für uns gilt das in ganz ähnlicher Weise. Wenn wir vom Glauben an eine Seele, das Leben nach dem Tod, das Glück nach dem Tod oder von einer bestimmten Art der Praxis beeinflusst sind, haben wir es wirklich schwer, dies zu verstehen. Wir sind sozusagen auf einem anderen Weg. Natürlich können wir unseren Geist ändern. Wir machen das ständig, aber wir müssen die Notwendigkeit für diese Änderung sehen. Um wahrlich zu hören, was der Buddha sagte, müssen wir uns unseres eigenen Dukkha so bewusst werden – das ist immer der erste Schritt –, dass wir letztendlich erkennen, dass nichts, was wir bisher versucht haben, dazu geführt hat, das Dukkha auszurotten. Dann sind wir vielleicht zu einer grundlegenden Änderung bereit und auf eine andere Art beeinflussbar. Später wurde Poṭṭhapāda selbst ein Schüler des Buddha. In diesem Stadium aber ist er noch voll von Ideen und Theorien, die ihm verschiedene Lehrer vermittelten oder der *Rigveda*, alte brahmanische Lehren, die oft von spirituellen Anwärtern auswendig gelernt wurden und mit denen er zweifellos vertraut war. Der Buddha weist sanft darauf hin, dass er Poṭṭhapāda wegen der Einflüsse, denen dieser früher ausgesetzt war, die Antworten auf dessen Fragen nicht so präsentieren könne, dass sie für Poṭṭhapāda zu akzeptieren wären. Poṭṭhapāda hört nun auf zu fragen, und dieser Teil des Gesprächs kommt damit zu einem Ende. Wie wir im nächsten Kapitel sehen werden, wird Poṭṭhapāda jedoch wieder damit beginnen, Fragen zu stellen, freilich ganz andere. Im Augenblick aber schweigt er. Es ist offensichtlich, dass er vollkommen unfähig ist, die absolute Wahrheit über das «Ich» zu erfassen.

Im letzten Kapitel wurden verschiedene Ich-Vorstellungen erwähnt, die alle zu der einen oder anderen Zeit in Umlauf waren und die im «Einheits-Ich» gipfelten. Poṭṭhapāda hat drei solche Vorstellungen entwickelt: das Ich als Körper, als Geist und als etwas Formloses. Ihm ist noch nicht klar, dass all dies nur Ideen sind. Wir sind in genau der gleichen Situation. Wir haben unsere eigenen Ideen, und wir hängen ihnen mit großer Leidenschaft an, da sie «unser» sind. Aber gibt es dafür wirklich eine solide Grundlage? Ist eine Vorstellung deshalb schon wahr, weil «ich» sie habe? Auf der absoluten Ebene selbstverständlich nicht, denn dort ist alles im Fluss und in Bewegung. Doch selbst auf der relativen Ebene gibt es keine Garantie dafür, dass es sich so verhält. Wir sollten unsere Ideen immer in Frage stellen und zu erkennen versuchen, woher sie stammen. Wenn sie negativ sind, sollten wir sie noch mehr in Frage stellen. Wir müssen ihre Quelle erkennen, die stets in uns liegt. Eine Idee, die wir haben, ist lediglich eine Projektion. Selbst die Idee eines «Ich» ist eine Projektion, von der wir gern hätten, dass sie wahr ist, weil sie das Fundament für unsere Gier und unseren Hass liefert. Falls wir jedoch feststellen, dass uns beide nicht viel Freude bereiten, sind wir möglicherweise in der Lage, einen Schritt weiterzukommen als Poṭṭhapāda. Wir sind dann vielleicht fähig, klarer zu sehen, und wundern uns darüber, dass wir uns jemals vorstellen konnten, dass es in diesem Fluss des Entstehens und Vergehens tatsächlich jemanden geben könnte. Wer sollte denn dort drinnen sitzen und die Fäden ziehen wie ein Marionettenspieler, der leblose Puppen tanzen lässt? Glauben wir wirklich, dass wir jemand sind? Es scheint so, und wir sollten diese Vorstellung immer und immer wieder untersuchen.

Wie Poṭṭhapāda sind auch wir unterschiedlichen Einflüssen ausgesetzt. Wir werden von dem, was andere denken, geprägt und von allem, was wir je erlebt haben und von dem wir glauben, wir verstünden es. Doch der Buddha bietet uns einen Übungsweg an, und im Rahmen dieses Trainings ist es möglich, einen Blick in die Freiheit zu erhaschen. Nicht länger ein «Ich» zu haben ist die einzig lohnende Freiheit, weil sie uns der Gier und des Hasses entledigt. Das Genie des Buddha zeigt sich daran, dass er fähig war, anderen zu erklären, was er selbst erlebt hatte.

9

Ernüchterung, Gierlosigkeit und die Vier Edlen Wahrheiten

Poṭṭhapāda beginnt nun eine Reihe anderer Fragen zu stellen. Er ist uns sehr ähnlich, nicht wahr? Wenn wir einen Teilbereich nicht erfassen, lassen wir das ganze Thema fallen und kommen auf etwas anderes zu sprechen.

> Nun, Erhabener, wenn die Sache mit dem «Ich» und den Wahrnehmungen für einen wie mich schwer zu erkennen ist, dann sage mir: Ist die Welt ewig? Ist nur das wahr und das Gegenteil unwahr?

Der Buddha erwidert:

> Poṭṭhapāda, ich habe nicht erklärt: Die Welt ist ewig; nur das ist wahr, und die gegenteilige Ansicht ist unwahr.

Es entwickelt sich jetzt das folgende Zwiegespräch:

> «Nun, Erhabener, ist die Welt nicht ewig?»
> «Ich habe nicht erklärt, dass die Welt nicht ewig ist.»»
> «Nun, Erhaberner, ist die Welt endlich ..., unendlich?»
> «Ich habe nicht erklärt, dass die Welt unendlich ist und dass die gegenteilige Ansicht unwahr ist.»

Diese vierteilige Fragemethode, die uns so schwerfällig vorkommt, ist typisch dafür, wie zu Poṭṭhapādas Zeiten in Indien Debatten ausgetragen wurden: «Ist es so? Ist es nicht so? Ist es sowohl so als auch nicht so? Ist es weder so noch nicht so?» Indem Poṭṭhapāda diese Methode anwendet, bringt er jene zehn Punkte zur Sprache, die der Buddha nicht erklärte, Fragen, die zu beantworten er nicht bereit war. Die Fachgelehrten glauben, dass diese Art Fragen traditionellerweise Asketen, Wanderern und spirituellen Führern vorgelegt wurden, um herauszufinden, welche Ansichten sie vertraten. Der Dialog zwischen Poṭṭhapāda und dem Buddha setzt sich wie folgt fort:

> «Nun, Erhabener, ist die Seele dasselbe wie der Leib? … ist die Seele eine Sache und der Leib eine andere?»
> «Ich habe nicht erklärt, dass die Seele eine Sache ist und der Leib eine andere.»
> «Nun, Erhabener, existiert der Tathāgata nach dem Tode? Ist nur das wahr und alles andere unwahr?»
> «Ich habe nicht erklärt, dass der Tathāgata nach dem Tode existiert.»
> «Nun, Erhabener, existiert der Tathāgata nicht nach dem Tode? … Existiert er sowohl nach dem Tod als auch nicht? … Existiert er weder nach dem Tode noch nicht nach dem Tod?»
> «Ich habe nicht erklärt, dass der Tathāgata nach dem Tode weder existiert noch nicht existiert und dass alles andere unwahr ist.»

Poṭṭhapāda fragt schließlich:

> Aber warum hat der Erhabene diese Dinge nicht erklärt?

Die Antwort des Buddha ist höchst bedeutsam:

> Weil dies, Poṭṭhapāda, nicht dem Ziele dienlich ist und nicht dem Dhamma, weil es nicht zur Grundlage des heiligen Wandels gehört, nicht zur Ernüchterung, nicht zur Gierlosigkeit, nicht zum Erlöschen, nicht zur Ruhe, nicht zur höheren Erkenntnis, nicht zur Erleuchtung und nicht zu Nibbāna führt, deswegen habe ich dies nicht erklärt.

Er weigert sich, über Dinge zu sprechen, die für den spirituellen Pfad nicht relevant sind, die uns nicht helfen können, mit unserem Dukkha besser umzugehen.

Macht es denn für Poṭṭhapāda einen Unterschied, ob die Welt ewig oder nicht ewig ist? Wie könnte das Wissen, ob die Seele dasselbe wie der Körper ist, zu seinem Glück beitragen? Was spielt es schon für eine Rolle, ob der Buddha nach dem Tod existiert oder nicht? Keine der Antworten würde Poṭṭhapāda von seinem Dukkha erlösen, und daher lehnt es der Buddha ab, mit ihm irgendeine dieser Fragen zu diskutieren.

Diese Fragenfolge taucht auch noch in weiteren Sutten auf, denn andere stellten ähnliche Fragen. Vaccagotta, ein Wanderasket einer anderen Glaubensrichtung, war einer von ihnen.[7] Er kam zum Buddha und fragte ihn, ob der Tathāgata (ein Beiname, den der Buddha für sich selbst benutzte) nach dem Tod existiere oder nicht; ob er sowohl existiere als auch nicht existiere; ob er weder existiere noch nicht existiere. Der Buddha antwortete, dass er nichts davon beantworte. Daraufhin fragte Vaccagotta, wie dies zu verstehen sei. Der Buddha erwiderte, er möge Brennholz sammeln und ein Feuer machen. Dann bat er ihn, noch mehr Äste anzuhäufen, was Vaccagotta tat. Der Buddha fragte ihn, ob das Feuer brenne, und jener erklärte, es brenne sehr gut. «Nun», sagte der Buddha, «hör auf, Äste hineinzulegen!» Nach einer Weile fragte er Vaccagotta wieder, wie es mit dem Feuer stehe. «Es geht aus», war die Antwort; und nach einem weiteren Blick: «Es ist völlig ausgegangen.» «Siehst du wohl», sagte der Buddha, «genau das Gleiche passiert mit dem Tathāgata. Wohin ging das Feuer? Ging es vorwärts oder rückwärts, seitwärts, nach rechts oder links?» «Nein», sagte Vaccagotta, «es ging einfach aus.» «Nun», fragte der Buddha beharrlich weiter, «ging es nach oben oder nach unten?» «Nein», erwiderte Vacchagotta, «es ging einfach aus, weil kein Brennstoff mehr vorhanden war.» «Das ist richtig», sagte der Buddha, «und auch der Tathāgata geht einfach aus, denn es gibt für seine Leidenschaften keinen Brennstoff mehr.»

Die zur Debatte stehende Frage wird auch heute noch gestellt, natürlich mit anderen Worten. Innerhalb bestimmter Traditionen, in Ländern, in denen der Buddhismus Fuß gefasst hat, gibt es alle möglichen Vorstellungen davon, was mit dem Buddha nach seinem Tode geschah. Aber er selbst sagte ganz deutlich, dass dem Körper und dem Geist die Nahrung entzogen wird, wenn das Feuer der Leidenschaften nicht länger geschürt wird, und sie dann einfach ausgehen. Wir brauchen diesen Punkt wirklich nicht zu diskutieren, sei es mit anderen oder in unserem eigenen Geist.

Wie der Buddha Poṭṭhapāda erklärte, beantwortete er keine Fragen, die «nicht dem Ziele dienlich sind» und nicht dem Dhamma. In einer anderen Sutta[8] findet sich eine hübsche Geschichte, die das illustriert: Ein Mann wird von einem Pfeil in die Brust getroffen und bricht zusammen. Er ist dem Tode nahe. Ein Arzt wird gerufen, um die Pfeilspitze zu entfernen. Aber der Mann wehrt sich dagegen. Zuerst möchte er wissen, aus welchem Holz der Pfeil geschnitzt ist. Dann will er, dass man herausfindet, welches Gift auf die Pfeilspitze gestrichen wurde, welche Federn an dem Pfeilende befestigt wurden, ob Entenfedern oder Habichtsfedern. Er möchte wissen, woraus die Pfeilspitze gemacht wurde und wer den Pfeil auf ihn abschoss, aus welcher Entfernung und warum? Bevor er das alles herausfinden konnte, war er natürlich längst gestorben. Diese Geschichte führt uns unsere Tendenz vor Augen, Fragen zu allen möglichen unwichtigen Details zu stellen, anstatt die Dinge zu praktizieren, die uns vom Dukkha befreien. In dieser Erzählung steht der Pfeil für Dukkha, der Arzt für den Buddha und die Heilung für das Dhamma. Der Mann weigert sich, das Dhamma zu hören, bevor er alle möglichen nutzlosen Informationen erhalten hat.

Der Buddha sagt Poṭṭhapāda das Gleiche: Keine der Fragen, die du stellst, hat einen Bezug zu dem, was tatsächlich getan werden sollte. Aber Poṭṭhapāda ist noch nicht bereit, etwas zu «tun». Er ist vom Buddha zweifellos beeindruckt, andernfalls würde er ihn nicht so lange mit all diesen Fragen aufhalten; doch ist er nur in intellektueller Hinsicht gefesselt. Der Buddha muss jedoch gespürt haben, dass er jemanden vor sich hatte, der lernfähig war; ein Glück für uns, denn ohne Poṭṭhapādas Fragen hätten wir die ausführlichen Erläuterungen des Buddha nicht.

Diese Fragen zu beantworten, sagt der Buddha, führt nicht zur Ernüchterung, nicht zur Gierlosigkeit, nicht zum Erlöschen, nicht zur Ruhe, nicht zur höheren Erkenntnis, nicht zur Erleuchtung und nicht zum Nibbāna. Ernüchterung ist ein wichtiger Schritt auf dem Weg zur Erleuchtung, ein Glied der so genannten «überweltlichen Entstehungskette», die mit dem Eingeständnis unseres eigenen Leidens beginnt, das Vertrauen in die Lehre bewirkt und Freude darüber, dass wir praktizieren können. Dann kommt *sammā samādhi* (rechte Konzentration), die eigentliche Meditation. Sie bringt uns das «Wissen und Sehen der Dinge, wie sie wirklich sind», mit anderen Worten: die Einsicht, dass alles unbeständig ist, unbefriedigend und ohne Substanz. Dies führt dann zur Ernüchterung hinsichtlich der Welt; und diese Ernüchterung ist der notwendige erste Schritt, um uns aus dem Dukkha herauszuführen. Bis zu diesem Zeitpunkt befinden wir uns nur in der Gewöhnungsphase der Praxis. Wir können uns dieser nicht aus vollem Herzen widmen, solange wir noch in der Welt nach Erfüllung Ausschau halten. Wir suchen noch nach dem richtigen Partner, Job oder Platz zum Leben oder wonach auch immer als Antwort auf unseren Jammer. Solange wir nicht an den Punkt der Ernüchterung gelangt sind, werden wir bestenfalls halbherzig praktizieren, was natürlich nur halbherzige Ergebnisse zeitigen wird. Kann man etwas anderes erwarten?

Natürlich müssen wir in dieser Welt leben. Wir haben einen Körper, und um am Leben zu bleiben, braucht er Sauerstoff, Sonne, Regen, Essen und viele andere Dinge. Aber innere Erfüllung hängt niemals von etwas Äußerem ab. Wir können sie nicht von außen hineinpumpen, denn es gibt dafür keine Rohrleitung. Erfüllung kann nur von innen kommen.

Wir werden möglicherweise eine ganze Weile benötigen, um diese Wahrheit zu verstehen. Bei manchen geht es schnell, andere brauchen länger, und dann gibt es diejenigen, die sie überhaupt nie erkennen werden. Es hängt in hohem Maße von unseren Karmaresultaten ab und von unseren Möglichkeiten, die natürlich selbst Karmaresultate sind.

Ernüchterung bedeutet nicht, dass wir die Welt nicht mögen oder die Menschen oder die Natur um uns herum oder die unendlich vielen Dinge, die wir benutzen und mit denen wir leben. Ernüchterung ist nicht Ekel, obwohl es manchmal fälschlich so übersetzt wird. Ekel hat einen negativen Beigeschmack, und sobald wir in uns Negativität verspüren, haben wir uns unsere Praxis bereits verdorben. Wir sind nicht von der Welt angeekelt; wir messen einfach all den Dingen, die wir körperlich verrichten können oder die uns geistig in Anspruch nehmen, keine so große Bedeutung mehr bei. Wir hören damit auf, in der Welt nach absoluter Erfüllung Ausschau zu halten. Das geschieht gewöhnlich nicht, bevor wir uns nicht schon wiederholte Male damit beschäftigt haben. Daher gelingt es selten, die Ernüchterung zu erreichen, solange man sehr jung ist, obwohl es natürlich vorkommen kann. Die meisten von uns müssen jedoch erleben, was die Welt zu bieten hat, und viele Male davon enttäuscht werden, bevor sie auch nur anfangen, nach einem anderen Pfad zum Glück Ausschau zu halten.

Ist man zur Meditation gekommen, bedeutet das jedoch nicht notwendigerweise, dass man auch Ernüchterung erlebt hat. Viele von uns fangen mit der Meditation an, weil sie ihrem Leben etwas Angenehmes hinzufügen wollen. Der Buddha sagte, dies sei besser, als überhaupt nicht zu praktizieren. Er war um jeden Menschen froh, der zu ihm kam und Fragen stellte. Hier können wir ihn dabei beobachten, wie er Poṭṭhapāda sehr direkte und knappe Antworten gibt: «Denk nicht über all die Äußerlichkeiten nach! Mach dir Gedanken, wie man die Ernüchterung erreicht!» Sollten wir nur deswegen zu meditieren anfangen, um in unserem Leben etwas Verfeinertem zu begegnen, so wird das letztendlich auch funktionieren, wenn wir standhaft sind und die Meditation nicht aufgeben. Wenn wir durch die Jhānas erleben können, dass eine völlig andere Bewusstseinsebene erreichbar ist, selbst für ganz gewöhnliche Menschen wie uns, werden wir schließlich verstehen, dass die Welt nur Schein ist. Sie glänzt, aber sie hat keinen Wert. Sie erscheint in der Tat sehr verlockend: schöne Frauen, gut aussehende Männer, herrliches Wetter, köstliches Essen; die Musik ist großartig, die Bücher sind faszinierend – aber alles ist von unseren Sinneskontakten abhängig. Es ist alles dort draußen, außerhalb von uns, und kann nicht unser tiefstes Wesen berühren. Auf Pāli wird es *māra* genannt, die Versuchung.

Wir werden von der Welt ständig in Versuchung geführt, nicht nur, weil sie so einladend aussieht, sondern auch, weil jeder zu glauben scheint, dass hier das Glück zu finden ist. Einige sind offenbar recht erfolgreich in dieser Beziehung und haben alles, was sie wollen, so dass wir uns fragen: «Warum wirken sie so zufrieden mit ihrem Leben, während ich es nicht bin? Vielleicht sollte auch ich tun, was sie tun.» Also probieren wir es aus. Wenn wir auf diese Weise zu lange immer wieder mit neuen Dingen experimentieren, werden wir die uns in diesem Leben angebotene Möglichkeit verpassen, einem inneren Weg zu folgen. Die Ernüchterung zu erreichen verlangt eine ziemlich lange Praxis, und dennoch ist das nur der allererste Schritt einer eingehenden Verwirklichung des Dhamma.

Nach der Ernüchterung kommt die Gierlosigkeit, die das Sprungbrett für das Erlebnis von Nibbāna ist. Auf dieser Stufe ist unsere Ernüchterung so stark geworden, dass wir in der Lage sind, auftretende Gier oder Hass augenblicklich fallen zu lassen, ohne dass sie ganz gewichen wären. Erst eine Stufe vor der Erleuchtung verschwinden Gier und Hass vollständig, und selbst dann lauern sie immer noch auf subtile Weise im Hintergrund, obgleich sie uns nicht mehr länger stören. Nur der Arahat, der Erleuchtete, ist vor ihnen völlig sicher. Die Gierlosigkeit bewirkt, dass wir nicht mehr klammern und festhalten oder ablehnen und Widerstand leisten wollen. Die zugrunde liegende Tendenz ist noch vorhanden, aber wir können sie loslassen, da wir die Wahrheit erkannt haben, die in der Ernüchterung liegt. Sollten wir das nicht tun, werden wir unsere spirituelle Reise nicht fortsetzen können.

Ernüchterung und Gierlosigkeit sind wesentliche Schritte auf diesem Pfad. Es lohnt sich, zu wiederholen, dass sie nicht erfolgen können, wenn wir nicht unser eigenes Dukkha erkannt haben. Falls wir unserem Leben einfach ein bisschen Meditation hinzufügen wollen, können wir beiden niemals nahe kommen. Sein Dukkha zu erkennen bedeutet nicht, große Tragödien zu erleben. Dukkha ist das ständige Gefühl der Rastlosigkeit, Sorge und Unruhe, nicht ganz erfüllt zu sein. Wenn wir Dukkha erkennen, entsteht Vertrauen in die Lehre. Das bedeutet, dass wir gewillt sind, uns hinzugeben, nicht im blinden Glauben an die Worte des Buddha, sondern in dem Bestreben herauszufinden, ob das, was er sagte, in jeder Hinsicht wahr ist. Mit diesem Engagement kommt die Freude, fähig zu sein, etwas zu tun, das weit über unsere weltlichen Bestrebungen hinausgeht, und diese Freude macht es uns auch möglich, zu meditieren. Als nächste Schritte, dem Gesetz von Ursache und Wirkung folgend, wie wir es aus der «überweltlichen bedingten Entstehungskette» kennen, kommen die Vertiefungen. Dadurch bedingt folgt «das Wissen und Sehen der Dinge, wie sie wirklich sind», was das erkannte Erleben der Unbeständigkeit, Unzulänglichkeit und Substanzlosigkeit beinhaltet.

Etwas zu erleben bedeutet nicht, dass wir es notwendigerweise verstehen. In der gleichen Weise, wie wir eine Zeitung überfliegen können, selbst wenn unser Wortschatz begrenzt ist, können wir im täglichen Leben mit einem minimalen Verständnis durchkommen. Unser Alltagsleben erfordert keine tiefen Einsichten; es genügt, dass wir einigermaßen fähig sind, die anfallenden Dinge zu erledigen. Sollten wir der Lehre des Buddha folgen wollen, müssen wir viel tiefer gehen: Wir müssen uns jedes gegenwärtigen Augenblicks und seiner Bedeutung bewusst werden und wirklich verstehen, was wir erleben.

Wenn wir das tun, beginnen wir, die Vergänglichkeit als einen Lebensstil anzusehen; wir sind diese Vergänglichkeit. Dies geht weit über das Akzeptieren der einfachen Tatsache hinaus, dass alles vergänglich ist oder dass unser Atem vergänglich ist. Auf der tiefsten Ebene unseres Seins erkennen wir darin eine Wahrheit über uns selbst.

Auf genau die gleiche Weise erkennen wir die Wahrheit von Dukkha, wenn wir immer und immer wieder die zugrunde liegende Unruhe in unserem Geist und unserem Herzen feststellen. Wir werden uns dessen bewusst, wie viel Zeit wir damit verbringen, äußere Gründe zu finden und die Schuld jemand anderem zuzuschieben: «Ein anderer muss daran schuld sein.» Wir vergessen in diesem Augenblick vollkommen, dass die andere Person die gleiche Unruhe in sich hat, auf genau die gleiche Weise wie wir. Wir sehen nur, dass in uns kein Frieden herrscht, und erstellen dann hierfür eine Liste möglicher Gründe. Keiner davon erreicht die Tiefe unseres Wesens, sie bleiben vielmehr an der Oberfläche und berühren unser Erleben nur am Rande.

Es ist von großer Wichtigkeit, sich der Vergänglichkeit und des Dukkhas bewusst zu werden, und zwar nicht nur desjenigen in uns, sondern überall, wo wir hinschauen. Jeder Baum, jeder Busch, jedes Blatt, jeder Grashalm berichtet von der Vergänglichkeit. Jeder einzelne Tag ist völlig davon durchdrungen. Vielleicht besitzen wir eine Digitaluhr, die jede Sekunde blinkt.

Nichts könnte die Unbeständigkeit besser enthüllen. Irgendwie haben wir jedoch immer die Vorstellung, dass wir, obgleich die Uhr weiterläuft, stillstehen. Wie sollte das möglich sein? Wir sind ganz genauso wie die Uhr, unsere Zeit vergeht ebenfalls.

Gierlosigkeit hat eine starke Auswirkung auf unsere Lebensführung. Aber sie stellt sich nur als Ergebnis der vorausgehenden Praxis ein, alles ist Ursache und Wirkung. Weil wir manchmal einen bestimmten Wunsch loslassen können, glauben wir, bereits den Zustand der Gierlosigkeit erreicht zu haben. Dann sind wir überrascht, wenn der nächste Wunsch entsteht. Natürlich ist es empfehlenswert, sogar wichtig, einen Wunsch loszulassen, aber das bedeutet nicht, ohne Leidenschaften zu sein. Wir sind immer noch in Begierden verwickelt, müssen immer noch praktizieren. In der Geschichte von Vaccagotta geht das Feuer nur aus, wenn überhaupt kein Brennmaterial mehr vorhanden ist. Einige Leute sagen vielleicht: «Aber ich mag meine Leidenschaften. Ich möchte sie behalten.» Wenn wir so fühlen, müssen wir einfach warten, bis in uns eine Änderung eintritt; es mag in diesem Leben sein, im nächsten oder nach hundert Leben, wer weiß? Es könnte sogar schon morgen sein. Unser Geist ändert sich, wenn wir uns den Dingen auf unterschiedliche Weise nähern. Je besser die Meditation funktioniert, desto klarer kann der Geist die Wirklichkeit sehen, in der wir leben. Die meisten Menschen leben in einer Wirklichkeit, die sie erfunden haben. Sie stellen sie sich so vor, wie sie sie gerne hätten. Und dann wundern sie sich, dass sie nicht glücklich sind, was einfach daher kommt, dass sich die Vorstellung nicht mit der Wirklichkeit deckt. Unser Innenleben kann nicht unseren Wünschen entsprechend organisiert werden, wir sind nicht imstande, unsere eigene Wirklichkeit zu kaufen. Wenn wir das könnten, wäre jeder Reiche vollkommen zufrieden, was offensichtlich nicht der Fall ist. Einige von ihnen sind sogar so verzweifelt und unglücklich, dass sie Selbstmord begehen. Wahrscheinlich ist uns das allen unterschwellig bewusst, aber handeln wir dementsprechend? Das, was wir wissen, und das, was wir tun, liegen oft meilenweit auseinander. Dies ist ein wichtiger Gesichtspunkt des spirituellen Lebens. Wenn wir etwas wirklich wissen, müssen wir auch danach handeln. Andernfalls führt es zu nichts. Wissen allein bringt keine Änderung.

Gierlosigkeit, so sagt der Buddha in dieser Sutta, führt «zum Erlöschen, zur Ruhe und zur höheren Erkenntnis». Solange im Geist Hass und Gier vorhanden sind, kann er nicht über sich hinausgehen. Er ist im Strudel der eigenen Reaktionen gefangen. Wir können dies in der Tat oft fühlen, wenn sich unsere Gedanken endlos im Kreise drehen. Wir sind dann Poṭṭhapāda mit seinen verwirrten Fragen und Meinungen ganz ähnlich. Solange wir noch Hass und Gier in uns beherbergen und ihnen erlauben, während der Meditation hervorzutreten, können wir niemals zur Ruhe kommen oder die höheren Bewusstseinszustände erleben. Der Geist ist dann der Welt noch zu sehr verbunden. In der Meditation ist das eine Frage der Beruhigung des Geistes, so dass er die Welt einfach als notwendige Grundlage für den Körper sehen kann, nicht als etwas, das uns Glück oder Unglück bringt, und gewiss nicht als etwas, dem wir zu dieser Zeit unsere Aufmerksamkeit schenken sollten. Natürlich müssen wir uns mit der Welt auseinander setzen, wenn es erforderlich ist, aber während der Meditationszeit dürfen wir nicht in den Strudel geraten, der in uns durch Gier und Hass aufgerührt wurde. Nur dann werden wir die höheren Jhānas und *abhiññā*, die höhere Erkenntnis, erreichen, was gleichbedeutend ist mit der Beseitigung der Hindernisse und der zugrunde liegenden Tendenzen. Wenn wir auf unserer spirituellen Reise zu gegebener Zeit an dieser Stelle angelangt sind, werden sie sich so weit aufgelöst haben, dass sie uns nicht länger behindern.

Der Buddha beantwortete Fragen auf vier Arten: mit einem einfachen Ja oder Nein; mit einer längeren Erklärung, wie in dieser Sutta; mit einer Gegenfrage, was hier ebenfalls vorkommt, wie wir noch sehen werden; und schließlich mit Schweigen. Anstatt zu schweigen, hat er Poṭṭhapāda erläutert, warum er nicht bereit ist, all dessen Fragen zu beantworten. Es sei «nicht dem Ziele dienlich», und «deswegen», sagt er, «habe ich dies nicht erklärt». Dazu hat nun Poṭṭhapāda eine weitere Frage. Schließlich ist der Buddha der Lehrer, und so ist es ganz richtig, dass er ihn fragt:

Was aber hat der Erhabene erklärt?

Der Buddha antwortet:

> Poṭṭhapāda, ich habe erklärt: «Das ist Leid, das ist der Ursprung des Leids, das ist das Erlöschen des Leids, und das ist der Pfad, der zum Erlöschen des Leids führt.»

Das sind die Vier Edlen Wahrheiten, der Kern der Lehre des Buddha. Poṭṭhapāda war allzu sehr vom Thema abgekommen und verfolgte Ideen, die nicht hilfreich sind, so dass sich der Buddha genötigt sieht, ihn zu diesen grundlegenden Wahrheiten zurückzubringen. Sie sind die Erleuchtungserklärung des Buddha. Unter dem berühmten Bodhi-Baum im heutigen Bodhgayā hatte er eine Woche in den meditativen Vertiefungen verbracht. Als er sich aus der Meditation erhob, formulierte er die Edlen Wahrheiten und erkannte, dass sie die Antwort auf das Dilemma der Menschheit waren. Nach seiner Erleuchtung erklärte er sie in seiner ersten Lehrrede, der *Dhamma-cakka-pavattana-Sutta* (*Dhamma-cakka* ist das «Rad des Dhamma» und *pavattana* bedeutet «Ankurbeln»), fünf Freunden, mit denen er früher bei zwei Lehrern die Meditation gelernt hatte. Beim Hören seiner Darlegung wurde einer der fünf sofort erleuchtet. Später folgten die anderen nach. Sie wurden die ersten buddhistischen Mönche, Schüler und Anhänger des Buddha.

«Der Pfad, der zum Erlöschen des Leids führt» ist der Edle achtfache Pfad, der in drei Teile geteilt ist: *sīla*, *samādhi* und *paññā* (Sittlichkeit, Konzentration und Weisheit), die alle in dieser Lehrrede angesprochen werden. Poṭṭhapāda hat von der Notwendigkeit gehört, ein sittliches Leben zu führen; er hat von den Jhānas gehört, das ist die Konzentration; und die Weisheit wurde angesprochen, als er Fragen über die Existenz oder Nichtexistenz eines «Ich» stellte. Tatsächlich ist Poṭṭhapāda immer noch der Ansicht, dass es ein «Ich» gibt, und er wird dieses Thema später wieder aufnehmen. Er ändert seine Meinung erst ganz am Schluss der Lehrrede, als er ein Schüler des Buddha wird. Die Buddha-Lehre enthält immer alle drei Teile, falls nicht, ist sie unvollständig. Tatsächlich muss jede spirituelle Lehre, die es wert ist, befolgt zu werden, Sittlichkeit, Konzentration und Weisheit beinhalten. Anstelle von Konzentration – die übliche Übersetzung für *samādhi* –

können wir auch Stille, Gelassenheit oder Ruhe sagen. Ein ruhiger Geist kann Weisheit erlangen.

Poṭṭhapāda hat noch eine Frage:

> Doch warum hat der Erhabene dies erklärt?

Sehr geduldig wiederholt der Buddha, was er zuvor gesagt hatte.

> Poṭṭhapāda, weil dies dem Ziele dienlich, dem Dhamma dienlich ist, zur Grundlage des heiligen Wandels gehört, zur Ernüchterung, zur Gierlosigkeit, zum Erlöschen, zur Ruhe, zur höheren Erkenntnis, zur Erleuchtung und zu Nibbāna führt, deswegen habe ich dies erklärt.

Jetzt scheint Poṭṭhapāda endlich zu verstehen, denn er sagt:

> So ist es, Erhabener, so ist es, Wohlgegangener. Ich möchte nun die Zeit des Erhabenen nicht länger in Anspruch nehmen.

Da erhob sich der Erhabene von seinem Sitz und entfernte sich.

Die Botschaft, die Poṭṭhapāda vermittelt wurde, ist auch heute noch aktuell; es ist nämlich äußerst nützlich, Fragen zu untersuchen, die unserer spirituellen Entwicklung förderlich sind. Unter den Brahmanen, den Priestern und spirituellen Lehrern des damaligen und auch des heutigen Indien, wurden oft lange Diskussionen geführt, Erörterungen darüber, ob die Welt ewig bestehe oder nicht, ob sie endlich sei oder nicht oder ob die Seele mit dem Körper identisch sei oder nicht. Wenn wir darüber nachdenken, werden wir einsehen, dass nichts davon eine Hilfe für unserere Praxis darstellt. Im Gegenteil, es würde nur mehr diskursives Denken erzeugen. Das führt mit Sicherheit nicht zur Konzentration.

Die nützlichste Untersuchung, die wir anstellen können, besteht darin, die Vier Edlen Wahrheiten zu betrachten und sie in uns zu erleben. Die beiden ersten, dass es Leid gibt und dass dessen Ursprung im Begehren liegt, kann man täglich, beinahe in jedem Augenblick erfahren. Falls wir imstande sind, diese Wahrheiten zu erkennen, sind wir möglicherweise auch fähig, an die dritte Wahrheit, das Erlöschen des Leids, vorläufig einfach zu glauben. Die vierte Wahrheit, der Weg aus dem Leiden, ist der achtfache Pfad, der schließlich zu dieser Freiheit führt. Es ist von großer Wichtigkeit, diese Wahrheiten so lange zu untersuchen, bis wir sie wirklich verstehen: «Erlebe ich Dukkha? Wenn ja, mache ich äußere Umstände dafür verantwortlich? Glaube ich noch, dass etwas oder jemand mein Leiden verursacht? Oder bin ich durch meine eigene Erfahrung völlig davon überzeugt, dass ich selbst es verursache?» Wenn wir uns dessen nicht ganz sicher sind, müssen wir uns die gleiche Frage immer wieder stellen: «Wer verursacht mein Dukkha?» Natürlich können wir verstandesmäßig begreifen: «Niemand ist daran interessiert, mir Dukkha zuzufügen; niemandem liegt etwas daran.» Oder wir legen uns irgendeine andere vernünftige Erklärung zurecht. Aber das hilft uns wenig. Wir müssen diese Wahrheit in uns selbst erkennen und danach handeln. Wenn wir das tun und unser Begehren, ganz gleich, was es ist, fallen lassen können, werden wir feststellen, dass dann auch unser Dukkha augenblicklich verschwindet.

Unsere Begierde mag durchaus lobenswert sein; vielleicht wollen wir eine gute Meditation haben. Aber können wir, solange wir so denken, meditieren? Natürlich nicht. Es geschieht nichts. Wenn ein «Ich will» vorhanden ist, wird es Dukkha geben. Angenommen, wir lassen das Wollen fallen, lassen es los und setzen uns nieder, kreuzen die Beine und sind einfach da, im gegenwärtigen Augenblick, ohne jegliches Wollen, dann werden wir entdecken, wie gut das funktioniert. Jeder kann das erleben. Selbst wenn unser Geist noch einem Wasserstrudel gleicht, können wir das Verlangen für einige Sekunden fallen lassen und werden uns dann der großen Erleichterung bewusst, die das bringt. Es ist ein Augenblick der Wahrheit. Wir verlieren eine Bürde, so, als ob wir einen schweren Rucksack geschleppt hätten und ihn endlich absetzen könnten. Natürlich wird ihn ein untrainierter Geist gleich wieder ergreifen, aber wir können ihn immer und immer wieder fallen lassen. Wenn wir das tun, werden wir nicht nur besser verstehen lernen, unser Verlangen loszulassen, sondern wir werden auch die Ergebnisse sehen: Weite, Offenheit, Wohlsein, Leichtigkeit, Meditation.

Je mehr wir uns von ganzem Herzen der Meditation hingeben können, ohne etwas davon zu erwarten, desto besser. Es ist auch weise, unseren Geist von diesen spekulativen, rein intellektuellen Untersuchungen freizuhalten, von denen der Buddha sagte, dass sie nicht hilfreich seien, und denen Poṭṭhapāda so gerne nachging. Poṭṭhapādas Fragen sind wertvoll, da sie uns zeigen, was der spirituellen Entwicklung förderlich ist und was nicht.

10

Das Erlöschen des Begehrens: Was ist förderlich für Nibbāna?

Im letzten Kapitel beendete Poṭṭhapāda seine Unterredung mit dem Buddha mit den Worten: «So ist es, Erhabener.» Aber kaum hatte der Buddha die Versammlungshalle verlassen, da wandten sich Poṭṭhapādas Weggefährten an ihn:

> Kaum hatte sich der Erhabene entfernt, machten die Wanderasketen Poṭṭhapāda von allen Seiten mit stichelnden Bemerkungen Vorwürfe: « Allem, was der Asket Gotama sagt, stimmt dieser Poṭṭhapāda zu: ‹So ist es, Erhabener, so ist es, Wohlgegangener.› Wir haben von den Ausführungen des Asketen Gotama kein Wort verstanden: ‹Ist diese Welt ewig oder nicht? Ist sie endlich oder unendlich? Ist die Seele dasselbe wie der Leib, oder ist die Seele eine Sache und der Leib eine andere? Existiert der Tathāgata nach dem Tode, oder existiert er nicht, oder sowohl als auch, oder weder noch?›»

Poṭṭhapāda antwortet:

> Auch ich kann nicht erkennen, ob die Welt ewig ist oder nicht... oder ob der Tathāgata nach dem Tod existiert oder nicht, oder sowohl als auch, oder weder noch. Jedoch lehrt der Asket Gotama einen wahren und wirklichen Übungsweg, der mit dem Dhamma übereinstimmt und auf dem Dhamma fußt.

Es ist interessant, dass vom «Asketen Gotama» die Rede ist und nicht vom «Buddha», ein Name, unter dem er zu dieser Zeit schon lange bekannt war. Die Beteiligten nehmen anscheinend an, dass er einfach einer von ihnen ist, ein (Wander-)Asket. Poṭṭhapāda verwendet den Begriff «Dhamma», worunter wir üblicherweise die Lehre des Buddha verstehen. Aber Poṭṭhapāda ist noch kein Schüler des Buddha, und dies ist das erste Mal, dass er die Lehre gehört hat. Das Wort war bereits in Gebrauch, und für ihn und andere bedeutete es etwas, das sich auf die absolute Wahrheit gründet, die Gesetze der Natur. Er fährt fort:

> Und warum sollte nicht einer wie ich Zustimmung ausdrücken für die gut formulierten Erklärungen des Asketen Gotama, der einen wahren und wirklichen Übungsweg erkennbar macht?

Obgleich er kein Anhänger des Buddha ist, hat er erkannt, welchen Wert die Lehre besitzt, und er schätzt sie. Weiter heißt es in der Sutta:

> Zwei oder drei Tage später suchten Citta, der Sohn des Elefantentreibers, und der Wanderasket Poṭṭhapāda den Erhabenen auf. Bei ihrer Ankunft grüßte Citta, der Sohn des Elefantentreibers, den Erhabenen ehrerbietig und setzte sich dann seitlich nieder.

Wir können dem entnehmen, dass Citta die Lehre bereits kannte und ein Anhänger des Buddha war. Hingegen tauschte Poṭṭhapāda mit dem Erhabenen nur Höflichkeiten aus, bevor er sich hinsetzte und ihm erzählte, was vorgefallen war, wie die anderen Wanderasketen sich über ihn lustig gemacht hatten. Der Buddha sagte:

> Poṭṭhapāda, all diese Wanderasketen sind blind, sie haben keine Augen, du bist der Einzige unter ihnen, der Augen hat.

Der Buddha gebrauchte oft solche Bilder und sagte einmal, es gebe nur wenige Menschen «mit wenig Staub auf den Augen», womit er diejenigen meinte, die wirklich verstehen konnten, was er ihnen sagte. Tatsächlich beschloss er nach seiner Erleuchtung, als er unter dem Bodhi-Baum saß und die Glückseligkeit des Nibbāna genoss, nicht zu lehren. Er hatte den Eindruck, dass die Menschen seine Lehre nicht verstehen würden, weil sie so verschieden war von allem, was sie bisher gehört hatten, und weil sie zu ihrem Leben keinen Bezug hatte. Der Überlieferung nach kam der höchste Brahma, der erste unter den Göttern, zu ihm und bat ihn, zum Wohle der Götter und Menschen zu lehren. Dann sah der Buddha, vielleicht in einer Vision, dass es Menschen gab, die «wenig Staub auf ihren Augen» hatten, und beschloss, um ihretwillen ein Lehrer zu werden. Nun fährt er fort:

> Einige Dinge habe ich in Form von zuverlässigen Lehrsätzen gelehrt und aufgezeigt, Poṭṭhapāda, andere als unzuverlässig dargelegt. Welche Lehren habe ich als unzuverlässig dargestellt?

Der Buddha wiederholt die Aufzählung: ob die Welt ewig ist oder nicht; ob sie endlich ist oder nicht; ob die Seele dasselbe ist wie der Leib oder nicht; und ob der Tathāgata nach dem Tode existiert oder nicht, oder sowohl existiert als auch nicht existiert, oder weder existiert noch nicht existiert.

> Warum? Weil sie nicht … dem Ziele dienlich sind, nicht zum Nibbāna führen, deswegen habe ich diese Lehren als unzuverlässig dargestellt.

Wiederum macht der Buddha deutlich, dass er nur das lehrt, was zur letztendlichen Befreiung führt. Ganz egal, was von seiner Lehre wir betrachten, es bewegt sich stets nur in eine Richtung. Das wurde zu seiner Zeit nicht immer so verstanden und sicherlich nicht von vielen Lehrern gelehrt.

Heute ist es genauso. Unsere Reise führt uns Schritt für Schritt einem Ziel entgegen, dem Nibbāna. Sie führt nicht zur Vernichtung. Im Nibbāna gibt es so etwas nicht; da ist nur Klarheit, vollständiges und vollkommenes Wissen, das Ende aller Illusion. Dieses Wissen ist jedoch keine Allwissenheit. Der Buddha sagte einmal, er könne nicht alles gleichzeitig wissen; aber worauf er seinen Geist richtete, das wusste er. Nibbāna zu erreichen bedeutet nicht eine Art von Allwissenheit, womit man einen großen Eindruck auf die Welt machen könnte. Es ist vielmehr das Ende der Verblendung und das Ende von Dukkha.

> Und welche Lehren habe ich als zuverlässig erwiesen? Das sind das Leid, der Ursprung des Leids, das Erlöschen des Leids, der Pfad, der zum Erlöschen des Leids führt.
> Und warum? Weil diese dem Ziele dienlich, dem Dhamma dienlich sind, die Grundlage des heiligen Wandels bilden, zur Ernüchterung, zur Gierlosigkeit, zum Erlöschen, zur Ruhe, zur höheren Erkenntnis, zur Erleuchtung und zu Nibbāna führen, deswegen habe ich diese Lehren als zuverlässig erwiesen.

Er bringt Poṭṭhapāda zu den Vier Edlen Wahrheiten zurück und zählt die Schritte auf, die man zur Einsicht benötigt, wobei jeder einzelne zum nächsten führt, bis wir schließlich die ganze Illusion loslassen können.

Wir haben uns bereits die Ernüchterung und die Gierlosigkeit angeschaut. Als Nächstes kommt das Erlöschen, ein Wort, das verschiedene Bedeutungen hat. Es kann sich um das Erlöschen der Wahrnehmung und der Gefühle handeln, was sich in der neunten Jhāna ereignet. Im Zusammenhang mit Nibbāna kann damit aber auch das Erlöschen von allem Dukkha und von aller Illusion gemeint sein. So, wie es vom Buddha hier verwendet wird, bezieht es sich auf die drei Begehren, die als Ergebnis der Gierlosigkeit aufhören zu entstehen. Es handelt sich dabei um die Begierde nach Sinnesbefriedigung, die Daseinsbegierde und die Begierde nach Nichtdasein. Diese drei bilden die grundlegenden Ursachen für unser In-der-Welt-Sein, für die menschliche Existenzform. Wir sind oft versucht, unsere Eltern für unser Verhalten und ihren Einfluss auf uns zu tadeln. Eltern sind in der Regel nicht erleuchtet und können sich daher sehr wohl unweise verhalten. Aber es ist unser eigenes Begehren, das uns hierher, in eine bestimmte Familie, brachte, und dieses Begehren müssen wir daher untersuchen.

Die Begierde nach Sinnesbefriedigung haben wir ausführlich besprochen, und falls wir in uns hineingeschaut haben, werden wir diese Wahrheit schon erkannt haben. Aber die Daseinsbegierde sitzt noch tiefer. Es ist die stärkste Begierde, die wir haben, diejenige, die uns ständig herumstößt. In unserem täglichen Leben sind wir uns dessen wahrscheinlich gar nicht bewusst. Viele Leute beschäftigen sich oft einfach deswegen mit irgendetwas, um das Unbefriedigende der menschlichen Existenzform nicht sehen zu müssen. Das ist eine übliche Weise, mit dem Dukkha umzugehen. Aber wenn wir uns das Begehren nach Dasein wirklich anschauen, wirklich ein Gefühl dafür bekommen, was damit gemeint ist, dann werden wir wissen, was der Buddha lehrte, weil dieses Begehren andauernd Dukkha erzeugt.

Es veranlasst uns, nach Dingen zu greifen, um den Geist damit zu füllen; deshalb denken wir. Es veranlasst uns, uns zu bewegen, um von dem wegzukommen, was wir nicht mögen, was auch immer es sei. Erinnert euch einen Augenblick daran, wie unsere Betten am Morgen üblicherweise aussehen: unordentlich, zerwühlt, das Bettzeug liegt überall herum. Selbst im Schlaf erlebt der Geist noch Dukkha, daher wälzen wir uns hin und her. Wenn wir aufwachen, was ist dann unser erster Gedanke? Denken wir: «Ist es nicht herrlich, am Leben zu sein?» Wie selten gibt es so einen Menschen. Bei den meisten von uns wird es vermutlich eher in diese Richtung gehen: «Jetzt geht das schon wieder los!», oder so etwas Ähnliches. Wie viele von uns sind sich tatsächlich dessen bewusst, wie sie aus dem Schlaf aufwachen? Wie das Bewusstsein auftritt, wie es augenblicklich mit Ereignissen gefüttert werden will, die wir dann kreieren? Ansonsten wäre es zu langweilig, und wir halten nach Dingen Ausschau, die wir tun könnten. Aber diese ganze Aktivität ist nichts weiter als ein Mittel, um die Illusion zu unterstützen, dass da ein «Ich» ist, das beschäftigt und daher wirklich wichtig ist. Dies nährt unser Begehren nach Dasein. Alles, was wir tun, ist tatsächlich darauf ausgerichtet. Wenn wir uns genau prüfen würden, würden wir schnell sehen, wie wahr das ist. Selbst unsere edelsten, mit bester Absicht ausgeführten Taten unterstützen noch unser Begehren nach Existenz.

Es ist hilfreich, einen ganzen Tag in allen Einzelheiten zu untersuchen. Es kann der heutige sein, obwohl das manchmal schwierig sein wird, weil wir zu dicht dran sind. Wir könnten vielleicht den gestrigen Tag nehmen und uns zu erinnern versuchen, wie wir jeden Augenblick verbrachten: «Was habe ich gemacht? Wie habe ich meinen Geist beschäftigt? Wie habe ich die Ich-Illusion genährt? Kann ich in der ständigen Bewegung das Begehren nach Existenz erkennen?» Die Bewegung ist nicht nur körperlich, sondern auch geistig. Unser Geist beißt sich an diesem und jenem fest; wir denken an das, was wir in Zukunft machen könnten, was wir in der Vergangenheit gemacht haben. Nur wenn wir denken, wissen wir, dass wir existieren. Die ganze geistige Aktivität dient nur einem Ziel: das Daseinsbegehren zu unterstützen. In der Meditation lernen wir durch die Verwendung eines Meditationsobjekts wie dem Atem, das diskursive Denken loszulassen. Wenn wir dabei loslassen können, können wir es auch im täglichen Leben. Machen wir das, treten Ruhe und Stille ein.

Das Begehren nach Nichtexistenz ist nur die andere Seite der Medaille. Es wurzelt in derselben Illusion, nämlich der, dass es ein «Ich» gibt. In diesem Fall will das «Ich» nicht hier sein. Alles scheint schrecklich, und «Ich» will da raus. Dies ist das Verlangen, nicht zu sein, und es steht dem Erleben von Nibbāna genauso im Wege wie das Daseinsbegehren. Wenn wir Dukkha verstanden haben und nun gewillt sind, das Begehren nach Existenz zu untersuchen, müssen wir aufpassen, nicht in diese Falle zu gehen. Denn wenn wir zu dem Schluss kommen, dass die Dinge unbefriedigend und leidvoll sind, wollen wir möglicherweise all dem entfliehen, was in sich selbst eine andere Form des Begehrens ist. Immer noch bin es «ich», der etwas «bekommen» will. Das kann niemals funktionieren. Genau das Gegenteil ist nötig: alles loszulassen, was diese Illusion bildet, die wir für die Wirklichkeit halten. Es ist die Praxis, die Dinge immer und immer wieder so zu sehen, wie sie sind, und nicht, wie wir glauben, dass sie seien. Solange wir in unsere Überzeugungen und vorgefassten Meinungen verstrickt sind, kommen wir keinen Schrit weiter, ebenso wie die Wanderasketen, die Poṭṭhapāda tadelten und sich über ihn lustig machten. Sie wollten nichts Neues hören. Poṭṭhapāda möchte es gern, aber bisher hat er noch nicht ganz verstanden, was er tun soll.

Es ist wichtig, die drei Begehren und deren mögliches Erlöschen zu untersuchen, eingehend darüber zu kontemplieren. Dies kann man jederzeit während einer formalen Meditationsperiode tun oder auch beim Sitzen auf einem Baumstumpf und selbst beim Gehen.

Der nächste vom Buddha erwähnte Schritt ist die «Ruhe». Wir können lernen, das rastlose Denken fallen zu lassen, das uns davon abhält, Ruhe und Stille zu erleben. Oft denken wir untertags auch dann, wenn es wirklich nichts zu überlegen gibt. Wir fangen einfach deshalb zu denken an, weil wir unseren Geist mit etwas beschäftigen müssen. Wenn wir uns dabei ertappen, was nicht so schwierig ist, können wir uns darin üben, den Gedanken loszulassen und dabei einen Zustand des reinen Gewahrseins zu erleben, in dem der Geist rein und transparent ist. Wir können einfach nur sein. In solchen Augenblicken herrscht innerer Friede, der auch der Erneuerung unserer Energie förderlich ist. Denken ist harte und ermüdende Arbeit. Wir haben vielleicht einen Beruf, der keine größeren körperlichen Anforderungen stellt, als ein paar Knöpfe zu drücken oder einen Füller hin und her zu schieben, aber am Ende des Tages sind wir erschöpft, weil wir ohne Pause denken, urteilen und reagieren mussten. Aber keiner von uns muss denken, wenn keine Notwendigkeit dazu besteht.

Es wird uns nicht leicht fallen, dies zu erreichen. Der ruhige Zustand reinen Gewahrseins kommt nur als Ergebnis des Erlöschens des Daseinsbegehrens zustande. Aber bevor das Begehren erlöschen kann, müssen wir dessen Auswirkungen erkennen. Wir müssen erkennen, wie es sich andauernd ausdrückt und wie unbefriedigend das ist, wie rastlos und unruhig uns das macht, selbst wenn wir nach außen hin nicht so erscheinen mögen. Da herrscht ein ständiges Gefühl innerer Unruhe, das wir oft rational zu erklären trachten und für das wir eine äußere Ursache suchen. Aber es gibt nur einen Grund, und das ist die Begierde nach Existenz.

Wenn wir das bei uns erkennen, ist es ein Aha-Erlebnis. Ein ruhiger Geist, der gut meditiert, vermag dies leichter zu beobachten, denn er kann objektiv bleiben. Subjektiv werden wir etwas in der Art sagen: «Das bin ich, und ich habe so viel zu tun. Es nimmt zu viel Zeit in Anspruch, aber wenn ich es nicht mache, wird es kein anderer tun.» Objektiv ist es jedoch möglich, eine Person einfach, einem inneren Antrieb folgend, agieren zu sehen. All dies ist das Begehren nach Existenz, ganz egal, wohin uns dieser Antrieb führt. Die Schwierigkeit liegt genau in diesem Paradox. Wir benötigen den Antrieb, um die Praxis aufrechtzuerhalten, um die Lehre des Buddha zu untersuchen, zu betrachten und zu verstehen. Aber wir müssen ihn loslassen, um Nibbāna zu erlangen. Da muss es eine Weiche geben. Es ist, als ob wir von einem Gleis auf ein anderes wechseln würden. Aber wir können das nur tun, wenn wir uns so eingehend erforscht haben, dass wir jede Facette unseres Innenlebens kennen. Nicht, dass es da etwas abzulehnen, zu tadeln oder übel zu nehmen gäbe. Da ist nichts, wofür wir uns schuldig fühlen sollten. Alles in uns ist Teil der menschlichen Natur, die wir transzendieren können; aber zuerst müssen wir uns der zugrunde liegenden Ursachen bewusst werden. Unsere elementare Begierde nach Existenz zu betrachten ist äußerst interessant. Es ist zwar ziemlich schwierig, aber Dinge, die leicht fallen, zeitigen gewöhnlich keine wichtigen Ergebnisse.

Nach dem Erlöschen und der Ruhe erwähnt der Buddha den nächsten Schritt, das «höhere Wissen». Damit können wiederum verschiedene Bedeutungen verbunden sein, aber für Praktizierende ist hierbei die wichtigste, zu wissen, dass nun die Hindernisse zusammen mit den zugrunde liegenden Tendenzen aufgegeben wurden. Das kann so lange nicht geschehen, bis nicht auch das Begehren nach Existenz aufgegeben wurde. Die Hindernisse gehören zu unserer menschlichen Ausstattung. Wenn wir den Pfad der Läuterung praktizieren, können wir sie stutzen und ihre Macht über uns verringern. Die Unterstützung hierfür liefert die Konzentration in der Meditation, die Achtsamkeit und das Ersetzen des Unheilsamen durch das Heilsame. Aber auf diese Weise können wir sie nicht völlig loswerden. Gier und Hass werden noch da sein. Erst auf der letzten Stufe des spirituellen Pfades werden wir schließlich fähig sein, sie völlig loszulassen. Auf das höhere Wissen folgt die Erleuchtung, Nibbāna, der letzte Schritt der Reise. Der Buddha benutzt hier beide Wörter, aber ihre Bedeutung ist identisch, und es handelt sich vermutlich nur um eine Redeweise.

Der Pfad zur Erleuchtung durch Meditation und Läuterung klärt den Geist so weit, dass er fähig ist, das am tiefsten liegende Fundament unseres Seins zu untersuchen. Dieses Fundament entpuppt sich als nichts anderes als die Begierde nach Existenz. Es ist der Dreh- und Angelpunkt, der uns veranlasst, die dümmsten, dramatischsten und schrecklichsten Dinge zu tun, aber auch die ganz gewöhnlichen Alltagsdinge, die wir immer wieder von morgens bis abends verrichten.

Der Buddha hat nun seine Lehre für Poṭṭhapāda zweimal wiederholt, wobei er ihm den Einsichtsweg, der zu Nibbāna führt, und die Vier Edlen Wahrheiten vortrug. Aber er weiß sehr gut, dass Poṭṭhapāda noch nichts wirklich begriffen hat. Daher fasst er es nun in andere Worte:

> Poṭṭhapāda, einige Asketen und Brahmanen glauben und vertreten die Ansicht, dass das «Ich» nach dem Tode völlig glücklich und frei von Krankheit ist.

Das ist die vertraute Vorstellung eines Paradieses, in dem wir Harfe spielen und für immer glückselig sind. Es muss dazu gesagt werden, dass solche Ideen immer noch in einigen buddhistischen Kreisen geläufig sind, so zum Beispiel die, dass man, wenn man den Namen des nächsten Buddha rezitiert, im «Reinen Land» wieder geboren wird, wo man immer glücklich sein wird.

> Ich suchte sie auf und fragte sie, ob dies tatsächlich ihr Glaube und ihre Ansicht sei, und sie antworteten: «Ja, so ist es.» Daraufhin sagte ich: «Kennt und seht ihr, Freunde, die ihr in der Welt lebt, diese denn als einen völlig glücklichen Ort?» Und sie antworteten: «Nein!» Ich sagte zu ihnen: «Wart ihr denn je auch nur eine Nacht oder einen Tag oder eine halbe Nacht oder einen halben Tag lang völlig glücklich?» Und sie sagten: «Nein!»

Der Buddha zeigt Poṭṭhapāda nicht nur, dass die Behauptungen der Brahmanen unbegründet sind, sondern er demonstriert, dass sich jeder, der glaubt, wir könnten das Glück in dieser Welt finden, auf dem Holzweg befindet. Offensichtlich hätte er gern, dass Poṭṭhapāda dies untersucht. Ich möchte vorschlagen, dass wir das auch tun. Wir können vielleicht über den vergangenen oder dem heutigen Tag nachdenken, gerade so, wie wir dies getan haben, als wir uns mit dem Daseinsbegehren befassten. Wenn wir erkennen können, wie wir ständig eine Sache beiseite schieben, weil sie uns nicht befriedigt, und zur nächsten übergehen und dann aus demselben Grund versuchen, auch davon wegzukommen, werden wir die Frage des Buddha verstehen: Warst du jemals für einen Tag oder eine Nacht völlig glücklich?

Das bedeutet nicht, dass wir unglücklich sein müssen, obgleich wir das natürlich manchmal sein werden; aber wenn wir einen ganz gewöhnlichen Tag untersuchen, was finden wir dann? Er ist nicht vollkommen befriedigend, nicht vollkommen erfüllend. Es mögen Augenblicke der Freude dabei sein, aber wie lange dauern sie an? Wie oft haben wir Emotionen oder Gedanken, die der Ruhe, dem Erlöschen oder Nibbāna nicht förderlich sind? Das ist Dukkha. Es ist kein Dukkha im offensichtlichen Sinne, das wir alle erkennen – das Leid, das daher kommt, dass wir nicht bekommen, was wir möchten, oder bekommen, was wir nicht möchten. Es ist das Dukkha, das einfach zum Leben dazugehört, und wir sollten es so genau wie möglich unter die Lupe nehmen.

Damit ist keinesfalls beabsichtigt, Abscheu gegen das Leben zu erzeugen. Wenn wir Dukkha in der rechten Weise erkennen, führt dies dazu, dass wir das Unzufriedenstellende am Leben annehmen und verstehen, dass der Buddha die absolute Lösung fand. Dies mag in uns auch die Entschlossenheit hervorrufen, in seine Fußstapfen zu treten und die Wahrheit selbst zu erkennen. Sich dieser kleinen, quälenden Unzufriedenheit bewusst zu werden, die ständig im Geist und in den Emotionen zugegen ist, wird unser Dukkha vermindern, denn wir werden in der Lage sein, zu akzeptieren, dass das Leben nun einmal so ist. Die übliche Reaktion auf Dukkha besteht darin, zu leiden und zu klagen, aber das hilft überhaupt nicht. Wenn wir leiden, können wir die Dinge nicht klar sehen. Daher ist es sehr nützlich, einen ganzen Tag lang zu beobachten, was gerade hochkommt, und sich dabei zu fragen: «Was macht der Geist? Was bedeutet es, zu leben?» Der Buddha erklärt, dass er als Nächstes die Brahmanen und Asketen fragte:

> Kennt ihr denn den Pfad und Übungsweg zur Verwirklichung einer völlig glücklichen Welt? So gefragt, sagten sie: «Nein!»

Heutzutage existieren zahllose esoterische Zeitschriften und eine ungeheuere Menge von Lehren, die verkünden, wie man dabei vorgehen könnte, und offensichtlich funktioniert nichts von alledem. Solange das Daseinsbegehren vorhanden ist, muss es Dukkha geben. Genau in diesem Begehren liegt die Angst vor der Vernichtung, dem Nichtdasein. Oft manifestiert sie sich als Angst vor dem Tode. Manchmal sagt einer: «Oh, das Sterben ist mir egal», weil er von der Vorstellung beherrscht wird, dass es ein leichter Übergang sein werde. Dann hört man: «Ich möchte nur nicht leiden.» Oder: «Ich möchte bloß nicht, dass meine Angehörigen vor mir sterben.» Aber die Angst vor dem Tod ist ein sehr reales Dukkha, hinter dem sich das Daseinsbegehren verbirgt.

Die Angst vor der Vernichtung manifestiert sich auch, wenn wir nicht geachtet, akzeptiert und geliebt werden. Manche von uns tun beinahe alles, um von anderen akzeptiert zu werden. Dies führt zu einem sehr unbefriedigenden Leben, weil man völlig von den Meinungen und Emotionen anderer Menschen abhängig ist, auf die niemals Verlass ist. Aber weil wir meinen, einzigartig und von anderen abgetrennt zu sein, benötigen wir für diese Person einen Unterstützungsapparat, und wenn wir den nicht in uns finden können, versuchen wir ihn von anderen zu bekommen. Das wird auf lange Sicht niemals erfolgreich sein, obgleich wir natürlich manchmal die Liebe und Wertschätzung erhalten, auf die wir aus sind. Keinem von uns werden sie die ganze Zeit entgegengebracht werden. Weil jedoch das «Ich» auf einer Illusion beruht, benötigt es andauernd Unterstützung. Je größer die Illusion, desto gefährlicher das Begehren. Ich möchte es mit einer sehr dicken Person vergleichen, die durch eine ziemlich schmale Tür durchzukommen versucht und dabei auf beiden Seiten gegen den Türrahmen stößt. Wenn wir eine starke Ego-Unterstützung benötigen, werden wir uns bei der leisesten Kritik oder einem geringfügigen Verständnismangel verletzt fühlen. Je größer das Ego, desto leichter ist es verletzbar. Je kleiner das Ego, desto weniger Schwierigkeiten haben wir. Wenn es kein Ego gibt, sind wir überhaupt nicht verletzbar. Wie stellen wir es an, das Ego zu verkleinern? Durch Kontemplation, dadurch, dass wir etwas Einsicht in die tägliche, stündliche und minütliche Manifestation unseres Daseinsbegehrens bekommen.

Wir alle erleben eine Menge Dukkha, obgleich wir meistens nicht die zugrunde liegende Ursache erkennen. Oft sehen wir den spirituellen Pfad als eine Möglichkeit an, unser Leid dadurch zu erleichtern, dass wir etwas tun, sagen oder erleben, das Freude bringt, nach dem Motto: Friede, Freude, Eierkuchen! Aber das ist nicht der Weg des Buddha. Er sagte, die einzige Möglichkeit, wirklich glücklich zu sein, bestehe im Loslassen der Ich-Illusion, was letzlich bedeutet, die Daseinsbegierde zu verlieren. Der Buddha fährt fort:

> Ich sagte: «Habt ihr denn die Stimmen von Göttern gehört, die in einer völlig glücklichen Welt wieder geboren sind und die sagen: Das Ziel einer völlig glücklichen Welt ist erreicht, und wir haben die Wiedergeburt in einer solchen himmlischen Welt erlebt?» Und sie antworteten: «Nein!» Was meinst du, Poṭṭhapāda? Stellt sich nicht in Anbetracht dessen die Rede dieser Asketen und Brahmanen als töricht heraus?

Der Buddha hatte keine Skrupel, eine falsche Lehre als dumm zu kennzeichnen. Er hielt nicht viel davon, irgendwelche spirituellen Belehrungen zu unterstützen, die nicht zum Kern der Sache vordrangen. Dies ist nicht die einzige Lehrrede, in der er andere Lehren kritisiert und sie als töricht bezeichnet, besonders dann, wenn sie andere in die Irre führen. Er führt nun ein Gleichnis an:

> Es ist genauso, wie wenn ein Mann sagte: «Ich begehre und ich liebe diejenige, die die Schönste im Lande ist.» Zu ihm sagte man: «Weißt du denn, ob die Schönste im Lande der Krieger-, Brahmanen-, Händler- oder Handwerker- und Dienerkaste angehört?» Und er sagte: «Nein!» Dann sagte man zu ihm: «Nun, weißt du denn, wie sie heißt und welchem Geschlecht sie entstammt, ob sie groß, klein oder von mittlerer Körpergröße ist, ob sie eine dunkle, braune oder helle Hautfarbe hat und in welchem Dorf, welchem Marktflecken oder welcher Stadt sie wohnt?» So gefragt, sagte er: «Nein!» Zu ihm sagte man: «Nun, dann begehrst und liebst du eine, die du weder kennst noch gesehen hast?» Und er sagte: «Ja!» Stellt sich nicht in Anbetracht dessen die Rede dieses Mannes als töricht heraus?

Poṭṭhapāda antwortet:

Sicher, Erhabener.

Er hat nun anscheinend mehr Vertrauen in die Lehre des Buddha gewonnen.

«Und ebenso, Poṭṭhapāda, gilt das für die Asketen und Brahmanen, die folgende Ansicht vertreten und glauben, dass das ‹Ich› nach dem Tode völlig glücklich und genesen ist ... Stellt sich nicht in Anbetracht dessen ihre Rede als töricht heraus?»
«Sicher, Erhabener.»

Der Buddha möchte, dass Poṭṭhapāda einsieht, dass diese Lehrer keinerlei Anhaltspunkt haben, auf den sich ein solcher Glauben stützen ließe. Es ist ganz einfach dummes Gerede, und sie sind so töricht wie der Mann, der beschließt, die schönste Frau im Lande zu finden, aber keine Vorstellung davon hat, wer sie sein oder wo er sie suchen könnte.

Diesen Glauben an irgendein ewiges Glück, das einen am Ende erwartet, findet man in den meisten Religionen: Wenn wir ein einigermaßen gutes Leben führen und nicht zu viele Sünden begehen, dann wird irgendwie das «Ich» im Leben nach dem Tode für immer glücklich sein. Der Buddha hat dem niemals beigepflichtet. Ganz im Gegenteil, er sagte, dass der einzige Weg zum Glück darin bestehe, das «Ich» als das zu sehen, was es ist: eine falsche Vorstellung, nichts weiter als eine Geistesformation. Er führt ein weiteres Beispiel an:

Es ist genauso, wie wenn ein Mann an einer Straßenkreuzung eine Treppe für einen Palast anfertigen wollte. Zu ihm sagte man: «Nun, weißt du, ob der Palast im Osten, im Westen, im Norden oder im Süden liegen soll, ob er hoch, niedrig oder von mittlerer Höhe sein wird?» Und er würde sagen: «Nein!» Zu ihm sagte man: «Nun, dann fertigst du eine Treppe für einen Palast an, den du weder kennst noch siehst?» Und er würde sagen: «Ja!» Was meinst du, stellt sich nicht in Anbetracht dessen die Rede dieses Mannes als töricht heraus?

«Sicher, Erhabener.»

Es wäre, mit anderen Worten, so, als würde man einen Traumpalast des Glücks zu erreichen versuchen, ohne die geringste Vorstellung davon zu haben, ob es ihn gibt und wie man dort hinkommt. Der Buddha spricht darüber recht ausführlich, weil er nochmals Poṭṭhapādas falsche Annahmen und Theorien über das «Ich» herausstellen möchte, die sie früher diskutiert hatten. Diesmal wird er das Thema etwas anders angehen. Er hat mit Poṭṭhapāda unendlich viel Geduld und erklärt ihm das Dhamma auf vielfache Weise, in der Hoffnung, dass dieser es schließlich verstehen wird. Ich meine, wir können uns mit Poṭṭhapāda identifizieren, denn es ist nicht leicht zu begreifen, dass dieses «Ich», das hier sitzt und glücklich sein möchte, dasselbe ist, das dem Glück ständig im Wege steht. Es verhindert unser Befriedigtsein, unsere Erfüllung, jeden Augenblick, von morgens bis abends.

Wenn wir uns nur subjektiv betrachten, sehen wir ein «Ich». Aber sobald wir einmal fähig sind, uns objektiv zu betrachten, sehen wir, dass es nichts weiter als eine Vorstellung und eine Geistesformation ist. Nicht, dass es leicht wäre, von einem tief verwurzelten Gedankenmuster loszukommen, wie jeder Meditierende weiß, doch können wir zumindest damit umgehen. Wir beginnen zu erkennen, was unsere Hochs und Tiefs verursacht, unsere Unruhe und Rastlosigkeit, warum wir ständig Dinge begehren oder ablehnen. Es ist die Ich-Illusion, die aus dem Daseinsbegehren entsteht. Wenn wir dieser Wahrheit näher kommen, wird uns klar, was für ein Genie der Buddha war. In der gesamten Geschichte der Menschheit ist es das einzige Mal, dass die Bedingungen des Menschseins und das sie transzendierende Bewusstsein so deutlich umrissen wurden.

Viele Menschen verehren den Buddha, beten zu ihm, werden aber nie seine wahre Genialität begreifen. In diesem Leben die Möglichkeit dazu zu haben ist ein karmisches Resultat von großer Bedeutung. Es ist eine Gelegenheit, die wir ergreifen sollten. Die Genialität dieser Lehre zu erkennen bedeutet, dass wir fähig sind, die Wahrheit in uns zu erkennen, wir «sehen sie ein». Diese Einsicht berührt direkt unsere Existenzgrundlage. Wenn wir dazu fähig sind, haben wir das Dhamma begriffen. Das bedeutet nicht, dass wir das «Ich» losgeworden sind, aber wir haben verstanden, wie es beschaffen ist. Solange wir nicht wissen, was es damit auf sich hat, werden wir es niemals loswerden können, denn um etwas loslassen zu können, muss man es erst einmal fest in der Hand haben.

11

Die Beseitigung der Ich-Illusion

Der Buddha kehrt nun zu dem Problem zurück, das «Ich» zu definieren, womit Poṭṭhapāda früher so große Schwierigkeiten hatte:

> Poṭṭhapāda, diese drei Ich-Identifikationen gibt es: die grobstoffliche Ich-Identifikation, die geistbeschaffene Ich-Identifikation und die formlose Ich-Identifikation.

Das Wort «Ich-Identifikation» kann missverstanden werden, aber die Bedeutung wird klarer, wenn wir sie uns als «Ich-Annahme» denken – also, dass wir das sind, was wir von uns annehmen.

> Und was ist die grobstoffliche Ich-Identifikation? Sie besitzt eine Form, besteht aus den vier Grundelementen und ernährt sich von fester Nahrung.

Das ist offensichtlich der Körper. Man vergleicht dieses «Ich» auch mit dem Reich der Sinnesbegierde, dem *kāma-loka. Kāma* bedeutet «Begierde» und *loka* «Ort» oder «Platz». Das ist die Welt, in der wir leben, und so begleitet uns die Begierde ständig, ist ein Teil unserer Beschaffenheit und bereitet uns eine Menge Schwierigkeiten. Sie zu transzendieren erfordert harte Arbeit und ist nur möglich, wenn wir das Dukkha, das sie mit sich bringt, klar genug sehen. Schließlich können wir dahin kommen, dass wir uns, obgleich wir noch am selben Ort sind, in der gleichen Welt, nicht mehr länger im Reich der Begierde befinden.

Wie Poṭṭhapāda halten wir die «grobstoffliche Ich-Identifikation» für das, was wir eigentlich sind. Wir haben hinsichtlich des Körpers gemischte Gefühle: Wenn er Schmerzen hat, krank wird oder sich nicht wunschgemäß verhält, mögen wir ihn nicht sehr. Wenn er gesund ist und uns mit vielen angenehmen Sinneskontakten versorgt, sind wir jedoch ganz glücklich, der Körper zu «sein». Wir glauben nicht wirklich, der Körper zu sein, eher, dass wir ihn besitzen; dennoch haben wir keine Schwierigkeit damit, zu glauben, dass wir diese bestimmte Person von Kopf bis Fuß sind. Den Körper nicht realistisch zu sehen ist eine unserer größten Illusionen.

Der Buddha lehrte, dass der Körper mit seinen ständigen Ansprüchen niemals völlig erfüllend sein kann. Er sagte, er sei der Träger der Sinne und auf der menschlichen Daseinsebene notwendig, aber wir sollten ihn als unpersönlich betrachten, als etwas, mit dem wir konfrontiert sind, statt als etwas, das wir besitzen. Diese Vorstellung, der Besitzer zu sein, widerspricht allem, was der Körper tut. Keiner möchte, dass er krank wird, schmerzt, älter wird und, wie wir zugeben müssen, auch hässlicher; keiner will wirklich, dass er stirbt. Dennoch tut er dies alles. Wenn wir ihn wirklich besäßen, warum haben wir dann kein Wörtchen mitzureden?

Der Körper «besteht aus den vier Grundelementen» – Erde, Wasser, Feuer und Luft –, wie alles Materielle, und er erhält sich mit «fester Nahrung» am Leben, und das allein schon zwingt uns, sehr vielen Ansprüchen gerecht werden zu müssen. Wenn der Körper nicht so wäre, wäre das Leben um vieles leichter. Wir bräuchten keine Toiletten, Badewannen und Duschen; wir bräuchten keine Küche; wir müssten nicht so viel Zeit und Energie dafür verwenden, einzukaufen, etwas anzubauen oder das Essen zuzubereiten, das unser Körper schon allein dafür benötigt, um am Leben zu bleiben.

Wir wollen einen Augenblick an unser Zuhause denken. Was ist da vorhanden? Alles ist auf den Körper ausgelegt: Küche, Bad, Schlafzimmer, ein Wohnzimmer mit bequemen Stühlen oder einer Couch, um darauf zu sitzen. Falls wir ein höheres Stockwerk eines Wohnhauses bewohnen, gibt es wahrscheinlich auch einen Lift, so dass der Körper ohne die geringste Anstrengung unsererseits befördert wird. Wohin wir auch schauen, wir haben alles für die Annehmlichkeit des Körpers geplant. Kein Wunder, dass wir glauben, der Körper zu sein oder ihn zu besitzen.

Wir stellen an den Körper auch eine Menge Ansprüche. Sein Aussehen sollte genau unseren Erwartungen entsprechen: nicht zu dick und nicht zu dünn, nicht zu groß und nicht zu klein. Er sollte keinen Makel haben, keine Kratzer oder Wunden und natürlich keine gebrochenen Knochen. Eigentlich sollte er nichts haben, egal, was es auch sei, das uns auch nur das geringfügigste Dukkha zufügen könnte. Aber der Körper weigert sich, einzuwilligen, und sein angeblicher Besitzer scheint nicht viel Kontrolle darüber zu haben.

Es ist sehr empfehlenswert, die Frage nach dem Besitzer als Kontemplationsthema zu verwenden, vielleicht am Ende einer Meditationssitzung, wenn unser Geist ruhig und klar ist. Gewöhnlich nehmen wir einfach an: «Ich bin diese Person.» Wir sagen nicht: «Ich bin dieser Körper», halten uns aber für eine bestimmte Person, die so und so aussieht. Wir müssen objektiver sein und versuchen, den mutmaßlichen Besitzer aufzuspürem. Wir können mit Sicherheit den Körper ausmachen; dazu müssen wir ihn nur anschauen oder berühren; aber wer besitzt ihn? Vielleicht versuchen wir, die Antwort zu finden, indem wir dem Besitzer einen Namen geben – «ich» bin es. Aber was ist dieses «Ich»? Wo ist es? Wie können wir darauf stoßen? Wenn wir dieser Frage wirklich auf den Grund gehen, werden wir erkennen, dass es unmöglich ist, darauf eine überzeugende Antwort zu geben. In der Tat wird der Buddha dies gleich in knappen Worten erklären.

Es ist sehr schwer, jemanden davon zu überzeugen, dass die Annahme «Ich bin diese Person» ein Irrtum ist. Wir schauen in einen Spiegel, und wir sehen: «Ich», und wir kümmern uns wirklich um dieses «Ich». Wir glauben der optischen Täuschung, obwohl unsere Optik sehr begrenzt ist und nur die äußere Erscheinung enthüllt. Sie kann uns nie unsere Tiefgründigkeit zeigen. Dennoch glauben wir so stark an das Bild, das der Spiegel zurückwirft, dass einige von uns viel Zeit darauf verwenden, die Attraktivität des Körpers zu erhöhen. Man identifiziert sich mit ihm total. Die einzige Möglichkeit, diesen Irrtum als solchen zu entlarven, besteht in Ruhe und Einsicht. Der ruhige Geist wird, seiner Natur gemäß, Einsicht erlangen und die Dinge in einem anderen Licht sehen.

Als Nächstes beschreibt der Buddha die zweite Ich-Identifikation, die geistbeschaffen ist:

> Was ist die geistbeschaffene Ich-Identifikation? Sie besitzt eine Form, alle Glieder und Organe und hat intakte Sinne.

Dieses «Ich» entsteht, wenn wir uns mit dem Beobachter identifizieren, mit unseren Gedanken, Reaktionen, Gefühlen, Sinneskontakten. Wir nehmen den Geist als das «Ich». Wenn wir einige Zeit praktiziert haben, kommen wir oft mit der Idee eines Beobachters beziehungsweise eines Wissenden in Schwierigkeiten. Wir sollten so tief schauen, wie wir können, und den zu finden versuchen, der weiß. Wir werden schließlich erkennen, dass da keiner ist. Wir nehmen es einfach an, weshalb der Buddha von einer erworbenen Ich-Identifikation spricht.

Dies ist eine solch radikale Lehre, dass sie offensichtlich nicht leicht zu erfassen ist. Sie steht allem entgegen, was die Menschheit glaubt und tut. Daher müssen wir auf das Dukkha achten, das aus diesen Ansichten entsteht. Wenn wir das klar in uns erkennen – nicht bei «diesen armen Menschen da draußen, die nicht wissen, was sie tun», sondern in unserem «Ich» –, wenn wir tatsächlich unser eigenes Dukkha erkennen und seine Ursache, kommen wir der Wahrheit näher. Alles, woran wir glauben, alles, was wir tun, ist immer auf das «Ich» ausgerichtet und enthält daher Begierde, die Dukkha bringt. Wenn wir das verstehen, haben wir eine dunkle Ahnung davon, was der Buddha lehrte.

Er sagte selbst, daß es schwer zu begreifen ist. Gewöhnlich betrachten wir alles von einem entgegengesetzten Standpunkt aus. Natürlich stellen sich dann all unsere Fragen von dort. Deshalb können wir, wenn wir die absolute Wahrheit hören, die der Buddha hier lehrt, nicht mit Fragen aus der relativen Ebene kommen. Es verhält sich so wie bei zwei getrennt verlaufenden Eisenbahnschienen, von denen die eine etwas höher liegt, die andere tiefer. Diese beiden Gleise vereinigen sich nie. Zum Beispiel wird oft gefragt: «Wenn es kein ‹Ich› gibt, wer sitzt dann hier und meditiert?» Auf der relativen Ebene lautet die Antwort: «Ich», auf der absoluten Ebene ist es «niemand».

Natürlich lehrte der Buddha auf beiden Ebenen. Wenn er von Achtsamkeit, Wissensklarheit und Sittlichkeit spricht oder davon, die Sinne zu beschützen, bezieht er sich auf die relative Ebene eines «Ich», das praktiziert. Wir müssen darauf achten, zwischen diesen beiden Ebenen der Lehre zu unterscheiden. Wenn er von einem angenommenen «Ich» spricht, sei es Körper oder Geist, können wir das nicht mit unserer gewöhnlichen, alltäglichen, dualistischen Einstellung verstehen oder auslegen. Wir müssen entweder akzeptieren, was er sagt, und versuchen, die Einsicht mittels Kontemplation zu gewinnen, oder es so lange loslassen, bis sich unsere Praxis vertieft hat und die Meditation für eine solche Untersuchung stark genug ist. Das sind wirklich die beiden einzigen Möglichkeiten, die wir haben. Es gibt noch eine dritte, nämlich, es nicht zu glauben. Aber das ist kontraproduktiv, und wir werden dort stehen bleiben, wo wir immer gewesen sind, indem wir voll und ganz an das eigene «Ich» glauben.

Das Letztere ist ein sehr unbefriedigender Standpunkt, weil wir dann das eigene «Ich» als «hier» und die Welt als «dort drüben» erleben. Ich bin dann nicht nur ein Zuschauer oder Beobachter, sondern häufig noch ein feindseliger dazu, weil sich die Welt nicht nach meinen Wünschen richtet. Offensichtlich haben andere keine Vorstellung davon, um welche Wünsche es sich dabei handeln könnte, und da sich jeder andere auf die gleiche ichbezogene Art und Weise benimmt, begegnet uns da ein universelles Problem. Dies erzeugt ein System der Dualität, das sehr erschreckend sein kann, denn wir wissen, dass wir ziemlich machtlos sind – ein unbedeutender Mensch gegen die ganze Welt. Wie, fragen wir uns, können wir damit zurechtkommen? Wenn uns alles zu viel wird, hören einige von uns wirklich auf, es zu bewältigen; die meisten lenken sich einfach ab. Wir beschäftigen uns, so dass wir keine Zeit haben, darüber nachzudenken, wie wir mit diesen bedrohlichen Aussichten umgehen können. Aber dies beseitigt nicht Alter, Krankheit und Tod und all unsere törichten und unangemessenen Reaktionen, und mit Sicherheit beseitigt es nicht Dukkha. Deshalb bezieht sich der Buddha immer auf die Vier Edlen Wahrheiten. Solange wir die erste Wahrheit – «Existenz ist Dukkha» – nicht verstanden haben, verfügen wir über keinen Zugang zum Pfad.

Unsere Reaktionen verursachen beinahe immer Dukkha. Wir reagieren, weil wir glauben, dass unser «Ich» von einer Haut umschlossen und abgegrenzt wird, das zu schützen und liebevoll zu umsorgen wir aber oft nicht fähig sind. Es ist dieses geistgeschaffene «Ich», das in allen der vier feinkörperlichen Jhānas zugegen ist, obwohl hier das geistbeschaffene «Ich» ganz auf den Beobachter begrenzt und in der vierten Jhāna beinahe zu nichts geschrumpft ist.

Auf der Alltagsebene erleben wir alle diese «Ich»-Identifikationen, die vom Geist geschaffen sind, auf eine äußerst vertrauenswürdig erscheinende Art und Weise. Weil wir es alle erleben und immer wieder damit agieren, haben wir nie wirklich irgendwelche Zweifel an diesem «Ich», bis wir mit der Tiefe der genialen Lehre des Buddha in Berührung kommen. Viel von dem, was er hier zu sagen hat, betrifft das relative «Ich» und wie man lernt, das eigene Negative in Positives zu verändern. An dieser Stelle der Sutta tritt uns jedoch der tiefgründigste Aspekt seiner Lehre entgegen.

Was hier gesagt wird, kann man auch in anderen Religionen finden, aber meistens ohne ausdrückliche Anleitungen. Mystiker aller Zeiten haben diese Wahrheiten gekannt und immer wieder versucht, sie auszudrücken, normalerweise mit Worten, die sich nach ihrem speziellen Glauben richteten und daher unzugänglich scheinen mögen. Dass die Verwirklichung zudem oftmals in einem plötzlichen Augenblick der Offenbarung stattfand, machte es äußerst schwierig, sie zu beschreiben. Aus diesen Gründen entschlossen sich die meisten, sie einfach zu ignorieren, jedoch zeugen die Schriften christlicher Mystiker des Mittelalters, die Weisheitssprüche der Sufi-Meister, die Lehren von Hindu-Weisen und anderen davon. Gelehrte studieren solche Schriften, aber für die große Masse der Menschheit ist das ganze Thema ohne Bedeutung. Stattdessen fahren diese Leute fort, bei der Suche nach dem Ende allen Leidens nach außen zu schauen anstatt nach innen.

Alles, was wir tun, ist ein Versuch, dem Dukkha zu entrinnen. Manchmal ist das ganz berechtigt, denn andernfalls würde uns das Leiden möglicherweise überwältigen. Aber wir sind uns nicht dessen bewusst, dass das unsere Motivation ist. Wir führen alle möglichen Rechtfertigungen an für die Dinge, die wir tun: weil wir dafür verantwortlich sind; weil sie getan werden müssen; weil sie unser Wissen vergrößern; weil sie andere glücklich machen. Falls wir uns über den einen Punkt klar wären, nämlich darüber, dass wir versuchen, dem Dukkha zu entrinnen, dann besäßen wir Einsicht, selbst wenn wir täten, was immer wir beschlossen haben. Daher handelt die Erleuchtungserklärung des Buddha nur von Dukkha. Oft denkt man, dies sei negativ, aber er zeigt uns einfach nur die Wirklichkeit und den Weg, sie zu transzendieren.

Der Buddha fährt fort:

> Was ist die formlose Ich-Identifikation? Das «Ich» hat keine Form und ist auf Wahrnehmung aufgebaut.

Dies ist das «Ich», das wir aus dem Erleben der höheren Jhānas herleiten, wo es weder eine körperliche noch eine geistige Form gibt. In der Unendlichkeit von Raum und Bewusstsein existiert nichts, das irgendeine Art der Begrenzung hat, aber es gibt die Wahrnehmung. Wenn dem nicht so wäre, würden wir nicht wissen, dass wir den unendlichen Raum und das unendliche Bewusstsein erlebt haben. Anschließend nehmen wir an, die Wahrnehmung sei das «Ich».

Wahrnehmung, Gewahrsein, Bewusstsein sind sozusagen unsere letzen Auswege. Falls wir die Vorstellung, der Körper sei das «Ich», aufgegeben haben oder, desgleichen, es seien der Geist, Gedanken und Gefühle – selbst der Beobachter –, dann bleibt uns nur das Bewusstsein. «Ich» bin mein Bewusstsein. Wir sind noch in die Dualität verstrickt, obwohl uns das dann oft nicht so vorkommt: «Das ist ‹meine› Wahrnehmung, im Gegensatz zu ‹deiner›. Vielleicht gelangst ‹du› in die sechste Jhāna und hast diese besondere Wahrnehmung und ‹ich› nicht; daher ist ‹meine› Wahrnehmung anders als ‹deine›.» Dies ist wieder ein dualistischer Standpunkt, und er kann zwei Resultate zeitigen, die beide schädlich sind; entweder hat man ein Gefühl der Überlegenheit: «Ich kann mehr als du», oder eines der Unterlegenheit: «Ich bin nicht so geschickt wie du.» Beides ist völlig fehl am Platze.

Bewusstsein oder Wahrnehmung *sind* einfach. Wir können jeden der beiden Begriffe verwenden, obwohl wir mit dem Wort

«Wahrnehmung» in unserem Geist vielleicht das Etikettieren verknüpfen, wie dies der Fall ist, wenn wir das Beschützen der Sinnestore praktizieren. Was hier angesprochen ist, ist das bewusste Gewahrsein.

Es gibt eine Geschichte, die die nichtdualistische Wahrnehmung illustriert: Ein älterer Mönch ging mit jüngeren Mönchen im Wald spazieren. Plötzlich tauchten Banditen auf und umringten sie. Die Banditen teilten den Mönchen mit, dass sie einen von ihnen als Geisel nehmen würden, um von dem Kloster ein Lösegeld für dessen Freilassung zu erpressen. Sie sagten dem älteren Mönch, er solle bestimmen, wer von ihnen gefangen zu nehmen sei. Er gab keine Antwort. Sie fragten ihn nochmals: «Wen sollen wir gefangen nehmen?» Aber er blieb stumm. Sie fragten ein drittes Mal, und er gab immer noch keine Antwort. Daraufhin wurden sie ärgerlich und sagten: «Warum antwortest du nicht? Was ist mit dir los?» Er antwortete: «Wenn ich auf einen der jüngeren Mönche zeigen und sagen würde, ihr könnt ihn nehmen, würde das bedeuten, dass ich ihn geringer schätzte als die anderen. Wenn ich auf mich zeigte, würde ich mich selbst geringer schätzen. Da es in Wirklichkeit keinen Unterschied zwischen uns gibt, kann ich auf niemanden zeigen.» Dies beeindruckte die Banditen dermaßen, dass sie abzogen.

Solange wir an ein persönliches «Ich» glauben – eine Einheit oder Identität, die begrenzt ist und sehr stark von Sinneskontakten abhängig ist –, wird Dukkha niemals verschwinden.

Der Buddha sagt nun:

> Ich lehre das Dhamma, um das Loslassen der grobstofflichen Ich-Identifikation zu bewirken, so dass befleckende Bewusstseinsregungen schwinden und läuternde Bewusstseinsregungen anwachsen werden und man die Läuterung und Weisheitsvollendung schon hier und jetzt selbst unmittelbar erkennen, verwirklichen und gewinnen und dann darin verweilen kann.

Dies wiederholt er mit genau den gleichen Worten für die geistgeschaffene und die formlose Ich-Identifikation. Das «Loslassen der grobstofflichen Ich-Identifikation» wird oft so aufgefasst, als ob es die Vernichtung bedeuten würde. Das ist ein Missverständnis. In anderen Sutten sagt es der Buddha deutlicher: «Ich lehre das Dhamma, um das Loslassen der Illusion der Ich-Identifikation zu bewirken.» Es ist nicht so, dass wir etwas töten oder vernichten, das tatsächlich existiert; vielmehr werden wir einen Zustand der Verblendung los. Da wir im täglichen Leben alle von Zeit zu Zeit dazu fähig sind, etwas loszuwerden, warum also nicht diese Illusion?

Zuerst müssen wir die Notwendigkeit sehen, dies zu tun, und das bedeutet, unser eigenes Dukkha zu erkennen. Dann müssen wir verstehen, wie man es anstellt. Wir können nicht nur sagen: «Gut, ich werde nicht mehr an ein ‹Ich› glauben.» Es ist nicht möglich, es auf diese Weise loszuwerden. Zuerst müssen wir zumindest einmal erleben, wie es ist, ohne diese Illusion zu sein, und damit dies geschehen kann, müssen wir zu meditieren imstande sein.

Deshalb lehrt der Buddha die Jhānas, die den Geist an den Punkt heranführen, an dem er durch Konzentration und die Einsicht in Dukkha tatsächlich einen Augenblick der absoluten Stille erleben kann, einen Augenblick, in dem es keine Wahrnehmung und keine Ich-Projektion gibt. Wenn sich dieser Augenblick ereignet hat, ist das Ergebnis so befreiend und erlösend, so freudig, von solcher Erleichterung und einem solchen Gefühl äußerster Dankbarkeit erfüllt, dass wir wissen, dass es die Wahrheit ist. Aber um dahin zu kommen, sind zwei Dinge notwendig. Erstens müssen wir uns konzentrieren. Der Geist muss einspitzig sein, darf nicht schwanken und nicht wandern. Zweitens müssen wir Vertrauen in unsere Fähigkeit haben, den Samen der Erleuchtung in uns zu erkennen. Sobald wir die volle Sammlung erleben, werden wir wissen, dass dies das Wichtigste im Leben ist und dass nichts anderes damit vergleichbar ist.

Der Buddha lehrt, wie wir die Ich-Illusion loswerden können, «so dass befleckende Bewusstseinsregungen schwinden und läuternde Bewusstseinsregungen anwachsen werden» und wir «die Läuterung und Weisheitsvollendung schon hier und jetzt selbst unmittelbar erkennen, verwirklichen und gewinnen» können. Statt «Weisheit» ließe sich auch das Wort «Einsicht» verwenden, denn die beiden sind austauschbar. Oder wir können «Weisheits-Einsicht» sagen. Dass wir die Weisheit «unmittelbar erkennen» ist ein wichtiger Punkt. Nicht durch Rituale, nicht durch Gurus oder ein Glaubenssystem, sondern allein durch unser spirituelles Wachstum. Das Wort «unmittelbares Erkennen» ist gut gewählt, denn es handelt sich um etwas, das vom normalen Erkennen völlig verschieden ist. Damit ist unser eigenes Erleben angesprochen und dass man nicht den geringsten Zweifel an dessen Bedeutung hat, mit anderen Worten: das erkannte Erleben. Der Buddha selbst sagte, er sei «nur der Wegweiser». Alles, was ein Lehrer tun kann, besteht darin, den Pfad aufzuzeigen; es liegt dann an uns, ihn auch zu gehen.

Nichtsdestoweniger ist es wahr, dass zu Lebzeiten des Buddha ziemlich viele Menschen erleuchtet wurden, nachdem sie gerade einen seiner Dhamma-Vorträge gehört hatten. Das war seiner Ausstrahlung zu verdanken. Er erweckte auch eine enorme Hingabe, die allein schon das Herz öffnet. Im Osten gab es immer eine viel stärkere Tradition der Hingabe als im Westen; daher haben wir mit diesem Aspekt vielleicht größere Probleme. Aber obwohl wir nicht den Vorteil haben, wirklich den Buddha lehren zu hören, hat er doch in unzähligen Lehrreden so viele Anleitungen gegeben, dass alles, was wir tun müssen, darin besteht, ihm in dem zu folgen, was er sagt.

Wir «verwirklichen und gewinnen» diese Weisheit durch unser unmittelbares Erkennen. «Verwirklichen» bedeutet, es zu erleben, und «gewinnen», dass wir es verstanden haben. Dann, sagt der Buddha, «schwinden» «befleckende Bewusstseinsregungen». Wenn wir einmal die Ich-Illusion verloren haben, werden unsere Bewusstseinszustände nicht mehr in Negativität zurückfallen. Wir können prüfen, wie weit sich unsere Bemühungen ausgezahlt haben, indem wir den Grad an Negativität beobachten, der noch in unseren Bewusstseinszuständen gegenwärtig ist. Dies wird als «Rückblick-Erkenntnis» bezeichnet.

Anstelle der befleckenden Bewusstseinsregungen, sagt der Buddha, wachsen «läuternde Bewusstseinsregungen» an, denn durch die Ich-Illusion entstehen Hass und Gier, und wenn beide verschwunden sind, ist im Menschen alles rein und klar.

Das «Ich» will Schutz, Möglichkeiten zur Sinnesbefriedigung und möchte sich sicher fühlen. Doch wissen wir alle, dass es nirgends auf der Welt Sicherheit gibt. Wir können sie nicht kaufen, auch wenn die Versicherungsgesellschaften wegen unserer diesbezüglichen Bemühungen reich werden. Tief im Innern fühlen wir uns jedoch noch genauso unsicher wie zuvor. Wer ist es, der das fühlt? Das «Ich» natürlich. Wenn ein solches «Ich» jedoch nicht vorhanden ist, gibt es niemanden, der das Gefühl der Sicherheit nötig hätte.

Geist und Körper sind einfach, das ist alles. Sollten wir der Lehre gegenüber einen großen Widerstand verspüren, zeigt dies nur, wie stark unsere Anhaftung an ein «Ich» tatsächlich ist. Dann ist es notwendig, unser Dukkha ein bisschen genauer zu erkennen. Wenn wir es erleben, wird sich der Geist fragen: «Warum habe ich all dies Dukkha? Daran muss diese Person oder diese Situation schuld sein.» Bis wir endlich eines Tages zu dem Schluss kommen: «Nein, so ist es nicht. Es liegt tatsächlich an mir.»

Der Buddha-Lehre zu folgen bedeutet, stetig zu üben. Wenn wir praktizieren, ändern sich die Dinge und «läuternde Bewusstseinszustände» wachsen an. Die Läuterung von Geist und Herz ergibt sich aus dem «Ersetzen durch das Gegenteil», indem man das Negative durch das Positive ersetzt. Die ganzen sehr unangenehmen Bewusstseinszustände wie Abneigung, Übelwollen, Ablehnung und Widerstand, egal, wie gerechtfertigt sie uns auch erscheinen mögen, bewirken, dass wir im Innern sehr unglücklich sind, und sie festzuhalten ist nichts weiter als Torheit. Wenn wir einmal das Ersetzen gelernt haben und es gut können, werden wir fähig sein, alles fallen zu lassen, was unserem Glück nicht förderlich ist.

Es ist interessant, die Gesichter der Menschen zu betrachten, wenn wir durch die Straßen gehen. In den Großstädten der Welt ist es sehr schwer, ein glückliches Gesicht zu finden. Das Glück entrinnt uns, weil uns unser inneres geistiges und emotionales Begehren fest im Griff hat. Der Buddha verspricht, dass die Lehre, die dazu dient, das angenommene «Ich» loszuwerden, das Verschwinden aller befleckenden Bewusstseinszustände zur Folge hat, so dass in uns nur «Läuterung und Weisheitsvollendung» zu finden sein werden. Vielleicht können wir erkennen, dass unangenehme Bewusstseinszustände immer und ausschließlich unsere Angelegenheit sind. Wir sind geneigt zu glauben, die äußeren Umstände seien dafür verantwortlich. Beispielsweise fügt jemand einem anderen, also nicht einmal uns selbst, etwas Unangenehmes zu, und wir werden ärgerlich und wütend. Das ist ein befleckender Bewusstseinszustand. Es mag sehr wohl sein, dass die Handlung verletzend war, aber unsere eigene negative Reaktion ist allein unsere Angelegenheit und in jedem Fall nutzlos. Es gibt bessere Möglichkeiten, mit einer solchen Situation umzugehen. Wir haben wirklich keine Entschuldigung, obgleich wir sie möglicherweise zu finden versuchen, und es ist wiederum das «Ich», das für sich nach Entschuldigungen sucht.

Der Buddha fährt fort:

> Nun aber könnte dir, Poṭṭhapāda, folgender Gedanke kommen: «Befleckende Bewusstseinsregungen mögen schwinden, … doch man könnte immer noch nicht glücklich sein.» Aber so darf man das nicht sehen. Wenn befleckende Bewusstseinsregungen schwinden …, werden nur noch Glück, Entzücken, Ruhe, Achtsamkeit und Wissensklarheit aufsteigen – und dies ist ein glücklicher Zustand.

Poṭṭhapāda hat noch nicht praktiziert; er hat keine Vorstellung davon, wie es sein wird, die befleckenden Bewusstseinsregungen zu verlieren. Der Buddha nimmt eine Frage vorweg, die wahrscheinlich als Nächstes aufgetaucht wäre, indem er ihm erklärt, falls er denke, er wäre dann noch unglücklich, so denke er verkehrt. Er sagt auch, glücklich zu sein bedeute nicht, Freudensprünge zu machen und stolz zu sein. Wenn wir wissensklar sind, achtsam und ruhig, sind wir in einem Zustand des Gleichmuts, und das bringt ein friedliches Glück. Wir dürfen Gleichmut nicht mit Gleichgültigkeit verwechseln, obgleich das leicht passieren kann. Gleichgültigkeit entsteht, wenn wir uns von dem Geschehen abtrennen, während Gleichmut Ruhe ist, die mit Achtsamkeit und Wissensklarheit gekoppelt ist.

Wir üben die Achtsamkeit beim Meditieren, indem wir unsere Aufmerksamkeit dem Meditationsobjekt zuwenden. Im täglichen Leben üben wir sie, so gut es uns möglich ist, indem wir bei allem, was wir tun, achtsam sind. Wenn Befleckungen irgendeiner Art nicht mehr vorhanden sind, werden Achtsamkeit und Wissensklarheit zum natürlichen Zustand unseres Wesens. Wissensklarheit ist ein anderes Wort für «Einsichts-Weisheit». Sie ist nicht nur nach innen gerichtet, sondern befähigt uns auch, andere und ihre Handlungen mit Mitgefühl zu betrachten, ohne jede Spur der Verurteilung oder Ablehnung. Die hier erwähnte Ruhe ist natürlich ein Teil des Gleichmuts. Wir praktizieren sie in der Meditation, und wenn wir sie in unser tägliches Leben einfließen lassen, wird sie allmählich unser natürlicher Zustand.

Der Buddha erklärt also, er «lehre das Dhamma, um das Loslassen der grobstofflichen Ich-Identifikation» zu bewirken, und er wiederholt dies in gleicher Weise für die geistbeschaffene und die formlose Ich-Identifikation. Dann sagt er:

> Poṭṭhapāda, wenn uns andere fragen würden: «Was, Freunde, ist denn die grobstoffliche Ich-Identifikation, zu deren Loslassen die Lehre dient ...?», so würden wir ihnen erklären: «Dies ist die grobstoffliche Ich-Identifikation, zu deren Loslassen die Lehre dient ...»

«Dies ist die grobstoffliche Ich-Identifikation» bedeutet: «Diese Person existiert», und er zeigt dabei auf sich. Er wiederholt diese Frage und diese Antwort für das geistbeschaffene wie auch für das formlose «Ich». Mit anderen Worten, alle drei sind Illusionen, denn es gibt nichts im Körper, im Geist oder im Bewusstsein, das jemals behaupten könnte: «Ich», nichts in uns, das sagen könnte: «Ich bin der Besitzer», nichts, das sagen könnte: «Ich bin der Erkennende.» Es sind lediglich Geistesformationen.

Der Buddha fragt:

> «Was meinst du, Poṭṭhapāda? Stellt sich nicht in Anbetracht dessen diese Rede als überzeugend heraus?»
> «Sicher, Erhabener.»

Der Buddha erklärt:

> «Wenn nun ein Mann direkt unterhalb eines Palastes eine Treppe für den Palast anfertigen würde und man zu ihm sagen würde: ‹Nun, weißt du, ob der Palast, für den du eine Treppe baust, im Osten, im Westen, im Norden oder im Süden liegt,

ob er hoch, niedrig oder von mittlerer Höhe ist?›, und er würde sagen: ‹Diese Treppe befindet sich direkt unterhalb des Palastes.› Meinst du nicht, dass die Rede dieses Mannes überzeugend klingt?»

«Sicher, Erhabener.»

«Ebenso ist es nun, Poṭṭhapāda, wenn uns andere fragen würden: ‹Was, Freunde, ist denn die grobstoffliche Ich-Identifikation ...? Was, Freunde, ist denn die geistbeschaffene Ich-Identifikation ...? Was, Freunde, ist denn die formlose Ich-Identifikation ...?› Wir würden ihnen erklären: ‹Dies ist die [grobstoffliche, geistbeschaffene, formlose] Ich-Identifikation, zu deren Loslassen die Lehre dient, so dass befleckende Bewusstseinsregungen schwinden und läuternde Bewusstseinsregungen anwachsen werden und ihr die Läuterung und Weisheitsvollendung schon hier und jetzt selbst unmittelbar erkennen, verwirklichen und gewinnen werdet und dann darin verweilt.›

Meinst du nicht, dass diese Rede überzeugend klingt?»

«Sicher, Erhabener.»

Der Buddha bittet Poṭṭhapāda nicht, all dies in die Praxis umzusetzen, er möchte nur wissen, ob er die Lehre für überzeugend hält, und Poṭṭhapāda bejaht dies.

Wenn wir in der Lage sind, dieses erworbene beziehungsweise angenommene «Ich» loszulassen, und die befleckenden Bewusstseinsregungen schwinden, werden wir «die Läuterung und Weisheitsvollendung schon hier und jetzt selbst unmittelbar erkennen, verwirklichen und gewinnen ... und dann darin verweilen». Dies ist ein wichtiger Punkt. Wir gewinnen nicht nur Weisheit, sondern wir verweilen auch darin, weil Einsicht niemals verloren gehen kann. Ruhige und stille, meditative Zustände können sehr leicht verschwinden, wenn wir nicht praktizieren. Jede Einsicht, die wir gewinnen, ändert jedoch unsere ganze Haltung, unser Benehmen und unser inneres Gefühl. Wenn wir sie wirklich aufgenommen haben, wird uns eine Einsicht für immer bleiben. Deshalb sollten wir uns nach den Vertiefungen oder jeder konzentrierten Meditation stets fragen: «Was habe ich daraus gelernt? Welche Einsicht kann ich aus diesem Erlebnis gewinnen?»

Was der Buddha Poṭṭhapāda mitteilt, wird ihn noch nicht in

nennenswertem Umfang ändern. Zunächst einmal fasst er Vertrauen zur Lehre und wird dann später zu praktizieren beginnen. Eine Änderung jedoch benötigt das erkannte Erleben. Nachdem der Geist zur Ruhe gekommen ist, egal, in welchem Maße, sollten wir Folgendes untersuchen: «Worin besteht mein Dukkha? Erkenne ich, wie es entsteht?» Oder: «Wo ist dieses ‹Ich›, mit dem ich immer zu tun habe? Wie kann ich es finden?» Oder: «Kann ich die Unbeständigkeit des Fließens und Strömens in allem, das existiert, sehen? Wirft dies ein anderes Licht auf meine angenommene Solidität?» Jedes dieser drei Merkmale – *anicca, dukkha, anattā* – kann untersucht werden. Zu Zeiten, in denen der Geist ruhig ist, ist er gewillt und fähig, objektiv zu sein, und verliert etwas von der Dualität, innerhalb der wir normalerweise agieren. Mit einem ruhigen Geist können wir in einem gewissen Maße loslassen und sehen dann die Dinge etwas realistischer.

All diese Schritte streben die Läuterung an und lassen uns Einsichts-Weisheit gewinnen. Die «Weisheitsvollendung … hier und jetzt» ist natürlich der letztendliche Zustand der Erleuchtung, aber Reinheit ist eine Vorbedingung dafür. Wenn sie nicht in uns vorhanden ist, ist es sehr schwierig, irgendetwas objektiv zu sehen. Die Meditation bringt eine Läuterung, so haben wir sie als Unterstützung. Jede Einsicht sollte dadurch genährt und verstärkt werden, dass wir sie immer wieder hochbringen und im Geist verankern. Dann werden wir Zugang dazu haben und fähig sein, sie jederzeit zu benutzen.

12

Was ist das wirkliche «Ich»?

Nun schaltet sich Citta in die Unterhaltung ein, um eine neue Frage hinsichtlich des «Ich» zu stellen. Auch hierin unterscheiden sich er und Poṭṭhapāda nicht sehr von uns, denn auch wir haben ständig neue Ideen, wenn wir mit dem schwer fassbaren Problem ringen, wer wir wirklich sind.

> Auf diese Worte hin sagte Citta, der Sohn des Elefantentreibers, zum Erhabenen: «Erhabener, ist zu einer Zeit, wenn die grobstoffliche Ich-Identifikation vorhanden ist, die Annahme, dass es eine geistbeschaffene Ich-Identifikation oder eine formlose Ich-Identifikation gibt, unrichtig? Ist zu dieser Zeit die grobstoffliche Ich-Identifikation die einzig wahre? Gilt das ebenso für die geistbeschaffene und die formlose Ich-Identifikation?»

Er fragt, was mit den beiden anderen Ich-Identifikationen geschieht, wenn nur eine der drei vorhanden ist. Mit anderen Worten, er glaubt an die Existenz aller drei. Wir können uns leicht mit seiner Frage identifizieren. Nehmen wir an, dass wir friedlich auf einem Fußpfad spazieren gehen und dabei über eine Wurzel stolpern. Wir verletzen uns am Bein, es fängt an zu bluten. Wir sagen zu uns: «Mein Bein ist verletzt; am besten behandle ich es sofort.» Wir gehen in die Apotheke und kaufen eine Salbe. Es schmerzt eine Weile, und wir denken: «O weh, um mein Bein steht es wirklich schlecht! Dies verlangt etwas mehr.» Wir lassen uns eine Massage geben oder versuchen es mit Akupunktur oder einer anderen Heilbehandlung. Zu dieser Zeit ist das einzige «Ich», mit dem wir uns identifizieren und das uns wirklich wichtig ist, die «grobstoffliche Ich-Identifikation» beziehungsweise das körperlich aufgefasste «Ich». Die Übersetzung dieser Sutta ist wissenschaftlich, wie sie es auch sein sollte, und hält sich so eng wie möglich an die Pāli-Worte; aber manchmal benötigen wir Alternativen, um den Sinn deutlicher zu machen.

Wir nehmen oft an, wir seien das körperliche «Ich». Wir denken beispielsweise: «Ich habe Hunger; ich möchte etwas essen.» Nachdem wir gegessen haben, sagen wir möglicherweise: «In meinen Magen passt noch etwas hinein; ich glaube, ich esse noch etwas.» Man sorgt sich um «seinen» Hunger, «seinen» Körper, «seinen» Magen. Citta fragt, ob zu solch einem Zeitpunkt alle drei Ich-Identitäten existieren, und der Buddha antwortet ihm:

> Citta, zu einer Zeit, in der die grobstoffliche Ich-Identifikation vorhanden ist, bezeichnet man sie nun nicht als geistgeschaffene Ich-Identifikation und nicht als formlose Ich-Identifikation, sondern man bezeichnet sie dann eben als grobstoffliche Ich-Identifikation.
> Zu einer Zeit, in der die geistbeschaffene Ich-Identifikation vorhanden ist, bezeichnet man sie eben als geistbeschaffene Ich-Identifikation, und wenn die formlose Ich-Identifikation gegenwärtig ist, bezeichnet man sie als formlose Ich-Identifikation.

Offensichtlich sind wir uns zu einer bestimmten Zeit nur eines «Ich» bewusst. Wir setzen voraus, der Körper zu sein, insbesondere, wenn wir eine schmerzhafte oder eine sehr angenehme Empfindung haben. Nur sehr selten gibt es für den Körper neutrale Augenblicke, und sobald er eine Empfindung etwas stärker erlebt, identifizieren wir uns damit. Wir kennen das aus der Meditationspraxis. Wenn sich der Körper unangenehm anfühlt, befassen wir uns mit ihm, es sei denn, wir sind so konzentriert, dass wir uns dessen nicht mehr bewusst sind. Es braucht nicht viel, und wir sind der Körper. Eine gewöhnliche Erkältung, ein Hustenanfall, und sofort bin «ich» es, der dieses Problem hat.

Es gibt auch die geistbeschaffene Ich-Identifikation. Nehmen wir an, wir sind sehr darauf bedacht gewesen, die buddhistischen Tugendregeln einzuhalten. Wir denken: «Das ist gut. Ich habe die

Tugendregeln eingehalten.» Die Tugendregeln zu beachten ist gut, aber womit identifizieren wir uns in diesem Augenblick? Sicherlich mit dem «Ich», das die Tugendregeln eingehalten hat und nun darüber nachdenkt. Zu anderen Zeiten regt sich der Geist auf. Er kann nicht meditieren, weil er ständig an etwas anderes denkt, da ist irgendein zwanghafter Gedanke, der immer wieder auftaucht. Wir bemerken, wie der Geist denkt, und glauben, wir seien dessen Besitzer. Auf der relativen Ebene sind wir völlig davon überzeugt, dass es so sein muss. «Ich» bin es, der meditieren will, und «ich» bin es, der durch diese Gedanken gestört wurde; wie könnte es denn anders sein?

Das geistbeschaffene «Ich» ist von großer Bedeutung, weil es auch der Beobachter ist und unser Gedächtnis. Beispielsweise erinnere «ich» mich an das «Ich» vor zehn Jahren. Was hier geschieht, ist, dass ein geistbeschaffenes «Ich» sich an ein anderes erinnert. So haben wir also zwei. Natürlich betrachten wir es nicht auf diese Weise. Wir sagen: «Nun, jemand erinnert sich; also muss das ‹ich› sein.» Wir erkennen nicht, dass Gedächtnis einfach Gedächtnis ist und nichts weiter. Oder wir betrachten die Zukunft und machen hierfür nützliche Pläne für das «Ich». Es gibt wieder zwei «Ichs», obgleich wir uns dessen ebenfalls nicht bewusst sind. Alles, was ich weiß, ist, dass «ich» Pläne schmiede. Möglicherweise erkennen wir auch, dass das Planen unsere Meditation beeinträchtigt; aber auf der anderen Seite ist es ein angenehmer Zeitvertreib und lenkt uns von unserem Körperbewusstsein ab, also möglicherweise von Schmerzen. Im Grunde ist das geistgeschaffene «Ich» eine Geistesformation, die sagt: «Das bin ‹ich›.»

Tatsächlich ist das geistbeschaffene «Ich» immer vorhanden. Es tritt im Moment des Aufwachens auf. Wenn wir achtsam genug sind, können wir tatsächlich sein Entstehen beobachten. Zuerst ist nichts, und dann beginnt plötzlich die ganze Aktivität des Geistes: «Wie spät ist es? Was muss ich heute tun? Habe ich mich verspätet? Ist es kalt?» – Alles findet im Geist statt. Der Körper hat noch nichts getan, außer vielleicht die Augen geöffnet zu haben. Diese ganze geistige Aktivität dient dazu, die Identifikation mit dieser speziellen, als «Ich» bezeichneten Person zu unterstützen. Das «Ich» hält auch nach einem Notausgang Ausschau, nach einer Möglichkeit, dem Dukkha zu entkommen, was all die Rastlosigkeit, die Sorgen, Pläne und Erinnerungen in uns erzeugt; aber dies ist überhaupt kein Ausweg – es führt in eine Sackgasse. Diese Aktivitäten können unser Dukkha nicht beseitigen. Sie verschaffen eine momentane Erleichterung, weshalb die ganze Welt darauf verfällt. Das zugrunde liegende Dukkha ist immer da und zeigt sich in der rastlosen Bewegung des Geistes, die einem zu schaffen macht; aber wenn wir Pläne schmieden, sind wir einen Augenblick lang nicht damit konfrontiert. Also denken wir: «Was soll ich heute tun? Ich muss zur Arbeit gehen, später werde ich jedoch einen schönen Spaziergang machen oder vielleicht Freunde zum Abendessen einladen.»

Das geistbeschaffene «Ich» ist dasjenige, mit dem wir am meisten beschäftigt sind und das am schwersten abzuschütteln ist. Wir sagen vielleicht: «Ja, ich weiß das alles», aber wer ist der Wissende? Die Lehre von Ramana Mahārshi, einem erleuchteten Weisen aus Südindien, der 1950 starb, bestand einfach darin, die Frage zu stellen: «Wer bin ich?» Natürlich ist die Antwort ziemlich schwierig, und wir benötigen möglicherweise einige Vorbereitung, entweder durch einen anderen Übungspfad oder in anderen Leben, aber darin bestand seine ganze Lehre. Sein Schüler, Shrī Nisargadatta Mahāraj, der 1981 starb, lehrte nur: «Das bin ich» – und alles andere loszulassen.

Letztendlich läuft alles auf diese entscheidende Frage hinaus, und der Buddha versucht dies auf eine Weise zu zeigen, die der Zuhörer akzeptieren kann. Wenn wir wirkliches Glück wollen, besteht die einzige Möglichkeit, es zu erlangen, darin, denjenigen, der unglücklich ist, loszulassen. Es geht nicht darum, an demjenigen festzuhalten, der glücklich ist. Vielmehr bleibt, wenn man den Unglücklichen aufgibt, nichts anderes übrig als das Glück der Stille und des reinen Gewahrseins. Wir haben endlose Möglichkeiten, uns dieses selbstsüchtigen, geistbeschaffenen «Ich» bewusst zu werden: «Was mache ich nächstes Jahr? Wohin soll ich gehen? Wie kann ich die Dinge zu meiner Zufriedenheit regeln?» Der Geist ist immer in heftiger Bewegung und auf der Suche, wodurch keine Stille möglich ist.

Dies zu sehen bedeutet natürlich nicht, dass wir das geistgeschaffene «Ich» schon los sind, aber indem wir es erkennen, haben wir einen großen Schritt vorwärts gemacht. Solange wir uns dessen nicht bewusst sind und nur unseren Trieben und Impulsen folgen, schwimmen wir einfach mit dem Strom. Selbst wenn wir unsere innere Unzufriedenheit nicht bemerken, versucht der Geist ständig, sich von etwas wegzubewegen. Sonst würde er genau da bleiben, wo er ist, im Hier und Jetzt. Wenn er der Gegenwart entflieht, bemüht er sich, irgendein Dukkha zu vermeiden. Sobald wir das sehen, können wir damit beginnen, etwas dagegen zu unternehmen.

Eine andere Ebene des Erkennens entsteht, wenn wir uns dessen bewusst werden, dass wir dieses «Ich» erfunden haben. Dies besagt noch nicht, dass wir es sofort loswerden können, aber wir bewegen uns sicherlich auf einem Terrain, wo wir nahe daran sind, dies zu tun. Bis es so weit ist, ist es wichtig, unser übliches Muster zu bemerken: «Ich denke, ich beobachte, ich konzentriere mich, ich konzentriere mich nicht», das sich stets um «ich bin, ich werde sein» oder «ich war» dreht.

Der Buddha sagt jetzt:

> Citta, wenn man dich fragen würde: «Hast du in der Vergangenheit existiert oder nicht? Wirst du in der Zukunft existieren oder nicht? Existiert du gegenwärtig oder nicht?», was würdest du sagen?

Citta antwortet:

> Erhabener, wenn man mich so fragen würde, würde ich erklären: «Ich existierte in der Vergangenheit, keinesfalls existierte ich nicht. Ich werde in der Zukunft existieren, keinesfalls werde ich nicht existieren. Ich existiere jetzt, keinesfalls existiere ich nun nicht.» Dies wäre meine Antwort, Erhabener.

Citta ist vollständig davon überzeugt, dass dieses «Ich» eine Gegenwart, eine Vergangenheit und eine Zukunft hat, und ebenso ist es bei uns. Das ist nichts Neues; das einzig Neue besteht in diesem Fall darin, dass der Buddha da ist, um etwas anderes zu lehren.

In den vergangenen, gegenwärtigen und zukünftigen «Ichs» gibt es viele falsche Annahmen. Zuallererst ziehen wir Grenzen. Das vergangene «Ich» ist dasjenige, das wir im Gedächtnis gespeichert haben. Das gegenwärtige «Ich» ist dasjenige, das wir kaum beachten; wir sind uns dessen bewusst, dass es sich irgendwo befindet, aber nur äußerst selten sind wir mit ihm wirklich einmal verknüpft. Auf das zukünftige «Ich» setzen wir all unsere Hoffnungen, und es ist dasjenige «Ich», das wunderbare Dinge tun wird, absolut glücklich und vollkommen konzentriert sein wird und so weiter. Wir sind ganz sicher, dass alle drei «Ichs» als solche zu bezeichnen sind. Tatsächlich ist es noch viel komplizierter. Wenn wir uns die Vergangenheit ins Gedächtnis rufen, befindet sie sich in der Gegenwart. So ziehen wir also nicht nur um drei separate «Ichs», sondern auch um die Zeit Grenzen und spalten sie ebenfalls in drei Teile auf. Als Folge davon misslingt es uns, voll zu leben, weil leben erleben bedeutet, und erleben können wir nur jetzt. Alles andere ist entweder Gedächtnis oder Hoffnung. Weil wir sowohl uns als auch die Zeit in drei Teile teilen, erwarten wir ängstlich die Zukunft oder denken oft reuevoll an die Vergangenheit. Das Glück entrinnt uns völlig, weil es für dessen Entstehung keinen Platz gibt, wenn wir diese Haltung einnehmen. Vergnügen kommt auf, aber kein Glück. Glück oder innere Freude sind immer mit Stille verbunden, und ein geteiltes «Ich» in einem geteilten Zeitsystem ist kein Zustand der Stille. Da jedoch jeder auf diese Weise lebt, sind wir uns nicht einmal bewusst, wie vergeblich dies ist und wie falsch. Wir denken so lange, das Leben sei eben so, bis wir mit der Lehre des Buddha in Berührung kommen und sehen, dass es nicht so sein muss, dass es eine andere Möglichkeit gibt. Wenn wir durch Achtsamkeit und Meditation völlig bewusstseinsklar geworden sind, wenn auch nur für einen Augenblick, haben wir vielleicht eine dunkle Ahnung davon, wie es sich anfühlt, in der Gegenwart zu leben. Die Vergangenheit ist vorbei, die Zukunft noch nicht da, nur der Augenblick existiert, und der ist ewig.

Citta ist noch, wie wir alle, von der Vorstellung eines geteilten «Ich» beherrscht, das in einem geteilten Zeitsystem existiert, und der Buddha versucht, ihn auf logischem Wege dazu zu bringen, diese andere Wirklichkeit zu erkennen:

> Citta, wenn man dich ferner fragen würde: «Ist nur deine vergangene Ich-Identifikation deine wahre Ich-Identifikation,

> sind die zukünftige und die gegenwärtige unrichtig? Oder ist nur deine zukünftige Ich-Identifikation deine wahre Ich-Identifikation, sind die vergangene und die gegenwärtige unrichtig? Oder ist nur deine gegenwärtige Ich-Identifikation deine wahre Ich-Identifikation, sind die vergangene und die zukünftige unrichtig?», was würdest du antworten?

Citta sagt:

> Erhabener, wenn man mich dies fragen würde, würde ich erklären: «Meine vergangene Ich-Identifikation war zu jener Zeit meine wahre Ich-Identifikation, damals waren die zukünftige und die gegenwärtige unrichtig. Meine zukünftige Ich-Identifikation wird zu jener Zeit meine wahre Ich-Identifikation sein, dann werden die vergangene und die gegenwärtige unrichtig sein. Meine gegenwärtige Ich-Identifikation ist jetzt meine wahre Ich-Identifikation, nun sind die vergangene und die zukünftige unrichtig.» Dies würde ich erklären.

Nachdem er die logische Analyse des Buddha gehört hat, erkennt er offensichtlich, dass er keine drei «Ichs» haben kann. Er entscheidet sich deshalb dafür, dass «ich» in der Vergangenheit gewesen sein muss, dass «ich» in der Gegenwart ist und «ich» in der Zukunft sein wird. Zumindest hat er sie auf nur ein «Ich» reduziert, während er vorher drei hatte. Auch wir glauben an wenigstens drei «Ichs»; tatsächlich sind sich die meisten dessen sogar sicher.

Wenn wir unsere alten Fotoalben betrachten – wen sehen wir dann, abgesehen von unseren Freunden? Das vergangene «Ich». Deshalb fotografieren wir, damit uns die Vergangenheit nicht entflieht. «Da bin ich», sagen wir, und wir sehen die Dinge noch so, wie sie Citta zunächst gesehen hatte. Wir glauben, dass es von uns drei «Ichs» gibt. Wenn wir Körper und Geist dazuzählen, sind es schon fünf. Und falls wir zusätzlich die Vergangenheit in ihrer Bewegung durch die Zeit berücksichtigen – die entfernte Vergangenheit, die nahe Vergangenheit, gestern –, dann könnten es mehrere hundert sein, wenn wir genügend Fotos geschossen haben. Am Ende würden wir bei einem «Ich» landen, das so zersplittert ist, dass wir möglicherweise nicht darauf zeigen könnten. Wenn uns der Buddha die gleichen Fragen stellen würde, würden wir wie Citta antworten. Wir würden dem völlig zustimmen, dass wir nicht hundert verschiedene «Ichs» sein können, oder auch nur drei, vier oder fünf. Dann würden wir vielleicht sagen: «Gut, das ‹Ich› ist derjenige, der jetzt tatsächlich weiß.»

Citta ist selbst gerade an diesem Punkt. Er erkennt, dass es ihn nicht dreimal geben kann; also muss er derjenige sein, der jetzt vorhanden ist, und nur derjenige. Für diejenigen von uns, die gut visualisieren können: Wir sind imstande, uns eine ganze Anzahl von «Ichs» auszumalen, die in die Vergangenheit verschwinden, und dann eine ganze Anzahl, die der Zukunft entgegengehen. Wenn wir es so betrachten, können wir erkennen, wie absurd dies ist. Es ist unmöglich, aber weil wir nichts anderes kennen, ist es die Art und Weise, in der wir alle leben.

Mystiker aller Zeiten haben etwas anderes gekannt, haben den Irrtum gesehen. Sie wussten, dass wir das alles erfinden. Hierfür gibt es nur einen Grund: unsere Daseinsbegierde. Wenn wir von diesem Verlangen frei wären, würden wir uns nicht damit abgeben. Man muss sehen, dass die Illusion der Ich-Identifikation die Daseinsbegierde erzeugt und auch umgekehrt – die Daseinsbegierde ist die Ursache für die Illusion der Ich-Identität. Beide arbeiten Hand in Hand; sie existieren zusammen, und es ist nicht möglich zu sagen: «Erst kommt dies, dann das.»

Citta erkennt nun, dass er das «Ich in diesem Augenblick» ist, und viele von uns würden dem wahrscheinlich zustimmen. Ihm ist auch noch die formlose Ich-Identifikaton zu Eigen, mit der er sich befassen muss. Dies ist das «Ich», das wir als unser Bewusstsein bezeichnen könnten. Es ist in gewisser Weise unser letzter Ausweg. Wir sind nicht der Körper, nicht der Geist, also müssen wir das Bewusstsein sein. Das Bewusstsein, das wir in den Jhānas erleben, ist ein Bewusstsein, dessen wir uns bewusst sind. Aus diesem Grund sind die Jhānas weltlich und noch nicht überweltlich. Sie sind nicht ohne «mich». Alle Jhānas sind so beschaffen, manchmal stärker, manchmal schwächer. In den drei ersten meditativen Vertiefungen ist der Ich-Aspekt sehr deutlich, weniger deutlich ist er in der vierten Jhāna. In der fünften, sechsten und siebten Jhāna tritt er wieder stark hervor, aber auf einer anderen

Ebene. Es handelt sich hier um ein gehobenes Bewusstsein, doch immer noch gilt: Wenn «ich» herauskomme, weiß «ich», was «ich» erlebt habe. In der achten Vertiefung ist das Ich-Bewusstsein sehr schwach. In den Jhānas gibt es kein Körperbewusstsein, wie es uns vertraut ist, ansonsten könnten wir sie nicht richtig erleben. Es gibt auch keine geistgeschaffenen Verwicklungen. Wenn irgendein Gedanke aufkommt, ist die Jhāna zu Ende. Es gibt jedoch noch das gehobene, konzentrierte Bewusstsein, und nur allzu gern identifizieren wir uns damit, weil es äußerst erfreulich ist. Es scheint auch eine ziemliche Errungenschaft zu sein, vielleicht etwas, worüber unsere Freunde nicht verfügen. Offensichtlich hat dieses Bewusstsein einen Besitzer, der sich «Ich» nennt.

Außerhalb der Meditation gibt es ein anderes Bewusstsein, und das sagt: «Ich bin mir dessen bewusst, was geschieht.» Wir nennen dies gewöhnlich den Beobachter, und es stellt das Bewusstsein dar, mit dem wir uns am stärksten identifizieren. Wenn wir damit einverstanden sind, die Vorstellung loszulassen, dass wir der Körper sind, und vielleicht auch damit, dass die vier Teile des Geistes nicht das «Ich» sind, können wir dennoch etwas finden, das sich «Ich» nennt. Es ist unsere Daseinsbegierde, die schreit: «Ich kann nicht existieren, wenn es kein ‹Ich› gibt.» So entscheiden wir uns für das subtilste «Ich», nämlich für das Bewusstsein. Dies ist gemeint, wenn hier die formlose Ich-Identifikation angesprochen wird. Intellektuell haben wir die beiden anderen möglicherweise aufgegeben, aber in Wirklichkeit haben wir nichts dergleichen getan. Wenn wir wie Citta gefragt würden, würden wir uns vielleicht auf das Beobachter-Bewusstsein festlegen, bei dem wir oft das Gefühl haben, dass es sich von allen anderen Bewusstseinszuständen abhebt. Es gibt Sinnesbewusstsein, Gefühle, Wahrnehmungen, Geistesformationen – und dann gibt es etwas, das all dies erkennt. Dass dieses Etwas an sich nur eine Geistesformation ist, entgeht uns völlig.

Citta hat akzeptiert, dass es nur ein «Ich» gibt und dass man es in jedem Augenblick erlebt. Er stimmt dem zu, dass «ich» in vergangenen Augenblicken gewesen bin, dass «ich» im gegenwärtigen Moment bin und dass «ich» in zukünftigen Augenblicken sein werde. Jetzt setzt der Buddha seine Erklärung fort und führt ein Beispiel an:

Citta, es ist genauso, wie man von der Kuh Milch erhält, aus der Milch Sauermilch, aus der Sauermilch Butter, aus der Butter Butteröl und aus dem Butteröl Butterschmalz: Hat man nun Milch, bezeichnet man sie zu dieser Zeit nicht als Sauermilch, nicht als Butter, nicht als Butteröl und nicht als Butterschmalz, sondern eben als Milch. Hat man nun Sauermilch, bezeichnet man sie nicht als Butter, … hat man nun Butterschmalz, bezeichnet man es eben als Butterschmalz.

Der Buddha fährt fort:

Ebenso, Citta, bezeichnet man, wenn die grobstoffliche Ich-Identifikation vorhanden ist, diese nicht als geistbeschaffene Ich-Identifikation oder als formlose Ich-Identifikation; wenn die geistbeschaffene Ich-Identifikation vorhanden ist, bezeichnet man sie nicht als grobstoffliche Ich-Identifikation oder als formlose Ich-Identifikation; wenn die formlose Ich-Identifikation vorhanden ist, bezeichnet man sie nicht als grobstoffliche Ich-Identifikation oder als geistbeschaffene Ich-Identifikation, sondern eben als formlose Ich-Identifikation. Citta, dies sind lediglich Benennungen, Ausdrücke, Bezeichnungen und Begriffe, die in der Welt gebräuchlich sind und die der Tathāgata verwendet, ohne sie misszuverstehen.

Der Buddha lehrt hier etwas sehr Wichtiges, indem er Citta verdeutlicht, dass dies auf der absoluten Ebene nicht wahr ist, obwohl man üblicherweise so spricht und es geglaubt wird. Worte definieren lediglich, wie die Dinge zu sein scheinen, und er weist darauf hin, dass er, der Tathāgata, sie nicht missversteht, auch wenn er die gleichen Worte benutzt wie gewöhnliche Menschen. Er spricht über all dies auf der relativen Ebene, weil er weiß, dass derzeit weder Poṭṭhapāda noch Citta mehr begreifen könnten. Die Sutten erwähnen oft die Fähigkeit des Buddha, auf einem Niveau zu lehren, das den Zuhörern angemessen war.

Zwei Wahrheiten verkündete der Buddha, der beste aller Redner, die konventionelle und die absolute, eine dritte gibt es nicht.

> Worte weltlicher Sprachregelung sind wahr aufgrund menschlicher Konvention; Worte absoluter Wahrheit sind wahr aufgrund der Wirklichkeit der *dhammas*.
> Daher lügt der sprachgewandte Lehrer und Beschützer der Menschen beim Gebrauch konventioneller Sprache nicht.[9]

Unsere konventionelle Art zu sprechen ist keine Lüge, weil wir auf diese Weise die Dinge sehen und miteinander kommunizieren. Es gibt jedoch andere Möglichkeiten der Verständigung, wobei Worte von absoluter Bedeutung bezüglich des Dhamma und der *dhammas* verwendet werden. Mit kleinem d und einem s am Ende geschrieben, bedeutet das Wort «Phänomene», «alles, was existiert». Dhamma mit großem D und ohne s am Ende hingegen bezeichnet die «Lehre des Buddha» oder «Wahrheit» oder das «Naturgesetz». Dem Buddha genügt es, dass Citta versteht, dass es nur ein momentanes «Ich» geben kann. Er führt das Gleichnis von Milch und Butter an, um zu unterstreichen, wie eins aus dem anderen hervorgeht, obwohl wir nur das sehen, was wir im Moment antreffen. Er belässt es dabei und versucht nicht, Citta zu zeigen, dass auch dies auf der absoluten Ebene falsch ist. Er weiß, dass beide, Citta und Poṭṭhapāda, erst den Übungsweg betreten müssen. Wenn sie damit nicht beginnen, wird alles, was ihnen vorgetragen wurde, auf einer intellektuellen Ebene bleiben, und sie werden damit fortfahren, neue Argumente zu finden, die letztlich fruchtlos sind. Darüber zu diskutieren, was das «Ich» ist und was nicht das «Ich» ist, warum es kein «Ich» gibt, warum wir nicht das «Ich» haben können, das wir gern hätten, statt desjenigen, das wir nicht mögen, und so weiter, führt nicht zur Einsicht. Ein «Ich» zu wollen, das man gern haben kann, ist mit einer Seelenvorstellung verbunden, und auch dies ist eine weitere Ich-Ansicht. Wir betrachten die Seele als das «gute Ich», das kein Teil des «Ich» ist, das wir nicht mögen. Wir geraten alle in diese Falle; die Menschen sind überall gleich.

Jetzt folgt eine traditionelle Erklärung, die sich am Ende fast aller Sutten findet, weil diese etwa 250 Jahre lang aus dem Gedächtnis rezitiert wurden, ehe sie aufgeschrieben wurden; der Text der Rezitation musste immer genau der gleiche sein, damit sich keine Fehler einschleichen konnten:

> Auf diese Worte hin sagte der Wanderasket Poṭṭhapāda zum Erhabenen: «Hervorragend, Erhabener! Ausgezeichnet, Erhabener! Genauso, wie wenn man Umgestürztes aufrichtete, einem Verirrten den Weg wiese oder in der Finsternis eine Öllampe anbrächte, damit die, die Augen haben, sehen werden – ebenso beleuchtete der Erhabene das Dhamma auf mannigfache Weise, Erhabener, ich nehme Zuflucht zum Erhabenen, zum Dhamma und zur Sangha. Als Laienanhänger möge mich der Erhabene betrachten, der von heute an lebenslang Zuflucht genommen hat.»

Hier zeigt Poṭṭhapāda, dass er von der Lehre des Buddha überzeugt ist, erklärt, ein Laienanhänger sein zu wollen, und nimmt Zuflucht zu Buddha, Dhamma und Sangha. Zuflucht zu nehmen ist eine Möglichkeit, seine Verpflichtung zur Praxis und seine Liebe und Hingabe zur Lehre auszudrücken, und gewährt ferner geistig-emotionalen Schutz, was großes Glück zur Folge haben kann. Man macht es noch immer genauso wie damals. Allerdings konnte Poṭṭhapāda zum Buddha selbst Zuflucht nehmen, wir nehmen heutzutage zum Erleuchtungsprinzip Zuflucht, das durch den Buddha verkörpert wird, der eine historische Person war, ein Mensch wie wir, und der vollkommen erleuchtet wurde. Das gleiche Prinzip existiert in uns allen. Zuflucht zum Buddha zu nehmen bedeutet, diese Tatsache mit Hingabe, Liebe und Dankbarkeit anzuerkennen. Wir erkennen das Dhamma, die Lehre, als unsere größte Unterstützung dabei an, glücklich zu sein; und auch die Sangha, das heißt diejenigen, die erleuchtet wurden, indem sie der Lehre des Buddha folgten und das Dhamma mehr als 2500 Jahre weitergaben, so dass es uns auch heute noch zur Verfügung steht. Wenn wir zu diesen dreien Zuflucht nehmen, fühlen wir Dankbarkeit, Hingabe und Verpflichtung, und wenn wir den Anweisungen folgen und tatsächlich ihre Wahrheit verstehen, dann haben wir einen Schutz vor den Gefahren der Welt und vor unseren eigenen Instinkten. Zuflucht zu nehmen kann uns ein grundlegendes Gefühl der Standhaftigkeit vermitteln und mag uns helfen, die Praxis aufrechtzuerhalten. Die meisten haben Schwierigkeiten, dabeizubleiben; sie schaffen es möglicherweise hie und da, ihre weltlichen Verpflichtungen so zu beschränken, dass Zeit zum Praktizieren bleibt, aber dies ist ständig mit Unterbrechungen verbunden.

Es kann hilfreich sein, sich daran zu erinnern, dass es etwas weit Größeres gibt als uns. Sich dessen bewusst zu sein erzeugt ein Gefühl der Demut. Das ist kein Minderwertigkeitskomplex; es handelt sich um zwei völlig unterschiedliche Gefühle. Sich minderwertig zu fühlen bedeutet: «Ich bin weniger wert als du», während Demut das Gewahrsein dessen ist, dass wir nicht ganz so wichtig sind, wie wir dachten. Es ist ein Schritt in die Richtung der Verwirklichung des «Nicht-Ich». Solange «ich» wichtig bin, gibt es keine Möglichkeit, dass «ich» die Geistesformation des «Ich» loslassen kann. Demut ist tatsächlich ein Teil des Pfads; sie bedeutet, sich im rechten Licht zu sehen, sich nicht zu tadeln und sich nicht wertlos zu fühlen. Wahre Demut erkennt, dass man noch von den Torheiten der Welt umgarnt ist. Vielleicht verstricken wir uns nicht mehr so leicht in unheilsames körperliches Verhalten, aber selbst törichte Geistesaktivität ist genug. Solange wir noch in all dies verwickelt sind, haben wir nicht die Klarheit und Perfektion, die wir in der Lehre des Buddha erkennen können. Wenn wir die völlige Reinheit und Demut im Leben des Buddha erkennen, sind wir vielleicht dazu inspiriert, seinem Beispiel zu folgen.

Und das macht nun Poṭṭhapāda. Er nimmt «lebenslang» Zuflucht. Wenn wir zu Buddha, Dhamma und Sangha Zuflucht nehmen, tun wir das nicht halbherzig oder zeitlich befristet. Wir tun es, um damit zu leben und entsprechend zu praktizieren.

Auch Citta möchte etwas sagen. Zunächst wiederholt er Poṭṭhapādas Worte:

> Hervorragend, Erhabener! Ausgezeichnet, Erhabener! Genauso, wie wenn man Umgestürztes aufrichtete, einem Verirrten den Weg wiese oder in der Finsternis eine Öllampe anbrächte, damit die, die Augen haben, sehen werden – ebenso beleuchtete der Erhabene das Dhamma auf mannigfache Weise. Erhabener, ich nehme Zuflucht zum Erhabenen, zum Dhamma und zur Sangha.

Dann fügt er hinzu:

> Erhabener, könnte ich doch durch den Erhabenen die Aufnahme in den Orden erhalten und die Mönchsweihe empfangen!

Er bittet darum, ein Mönch werden zu dürfen, ein *bhikkhu*. Zur damaligen Zeit war das sehr einfach; der Buddha sagte nur: «Komm, Mönch!» Heutzutage ist die Ordination eine komplizierte Zeremonie, die auch die Einhaltung vieler Ordensregeln einschließt. In der Anfangszeit des Buddha gab es keine Regeln für die Mönche, denn keiner benahm sich falsch. Aber später, als sich immer mehr Menschen der Sangha anschlossen, änderte sich dies, und jedes Mal, wenn etwas falsch gemacht wurde, stellte der Buddha eine neue Regel auf. In einem bestimmten Stadium waren es 75, dann 115 und 150. Schließlich wurden es 227 Regeln. Wenn der Buddha heutzutage leben würde, müsste er wahrscheinlich noch einige weitere hinzufügen.

Manche dieser Regeln sind nicht mehr relevant und finden in der gegenwärtigen Welt keine Anwendung. Wir können nicht das Indien von vor 2500 Jahren auf die westliche Gesellschaft des 20. Jahrhunderts übertragen. Die zentralen Regeln jedoch haben ihre Gültigkeit behalten. Die unbedeutenderen können nicht wirklich verletzt werden, weil sie nicht länger anwendbar sind. Der Buddha stellte Regeln auf, um nahezu jeden Fall abzudecken, sogar, wie man zur Toilette geht, was in jenen Tagen dazu führen konnte, dass einige Pflanzen Schaden nahmen. Die komplizierte Ordinationszeremonie begann, als es für den Buddha unmöglich wurde, alles selbst zu machen. Er konnte sich nicht mehr um jedes Sangha-Mitglied persönlich kümmern, und deswegen erlaubte er erfahrenen Mönchen, neue Mönche zu ordinieren. Zeremonien wurden festgelegt, die befolgt werden mussten, und diese sind denjenigen, die wir heute abhalten, sehr ähnlich.

> Und Citta, der Sohn des Elefantentreibers, erhielt durch den Erhabenen die Aufnahme in den Orden und empfing die Mönchsweihe.

«Die Aufnahme in den Orden» bedeutet, aus dem Hausleben in die Hauslosigkeit zu ziehen. Das heißt nicht, kein Dach über dem

Kopf zu haben, sondern vielmehr, dass man kein Familienleben mehr führt. Ursprünglich hatten die Mönche und Nonnen tatsächlich keine Wohnstätten, da es noch keine Klöster gab. Später wurden solche gebaut, und man hatte Hütten beziehungsweise *kuṭīs*. Das hauslose Leben bedeutet, überhaupt nichts zu besitzen, weder eine *kuṭī* noch irgendetwas anderes.

> Und der frisch ordinierte ehrwürdige Citta lebte allein, zurückgezogen, besonnen, eifrig bemüht und entschlossen; und schon bald hatte er jene unvergleichliche Vollendung des heiligen Wandels, um deretwillen Söhne aus gutem Hause in rechter Weise vom Haus in die Hauslosigkeit ziehen, hier und jetzt selbst unmittelbar erkannt, verwirklicht und gewonnen, und er verweilte darin. Er erkannte unmittelbar: «Versiegt ist die Geburt, gelebt der heilige Wandel, getan, was zu tun war, es gibt kein weiteres Hiersein mehr.»

«Versiegt ist die Geburt, gelebt der heilige Wandel»: Wenn die Praxis ihre «Vollendung» erreicht, ist das Gefühl einer Person oder eines Wesens innerhalb der Phänomene von Geist und Körper nicht länger vorhanden. Wenn wir das nicht erlebt haben, können wir nicht wirklich wissen, wie es ist. Jedoch schließen wir möglicherweise daraus, dass, falls es kein «Ich» mehr gibt, das in uns sitzt, dann auch niemand mehr existiert, der ärgerlich wird, niemand, der planen, sich erinnern oder sich unsicher fühlen muss. Es gibt lediglich Geist und Körper, die tun, was zu tun ist. In dieser Weise lehrte der Buddha während 45 Jahren seines Lebens. «Versiegt ist die Geburt», weil es zur Geburt durch die Daseinsbegierde kommt, die nur vorhanden ist, wenn es jemanden gibt, der sie erlebt. Wenn es denjenigen nicht mehr gibt, gibt es kein Begehren und daher keine Wiedergeburt. Wie wir in der Geschichte von Vaccagotta hörten, geht das Feuer aus, wenn es nicht geschürt wird. Die Sutta schließt folgendermaßen:

> Und der ehrwürdige Citta, der Sohn des Elefantentreibers, war zum Arahat geworden.

Elefantentreiber zu sein war übrigens ein hoch angesehener und gut bezahlter Beruf. In Sri Lanka ist ein «Mahut» bis zum heutigen Tag eine wichtige Person. Obgleich die Sutten oft «Söhne aus gutem Hause» erwähnen, sind damit nicht Reiche oder Angehörige hoher Kasten gemeint. Der Buddha war nicht standesbewusst; er nahm jeden in die Sangha auf, auch Straßenkehrer und Barbiere, die damals den beiden niedrigsten Kasten angehörten. Er sagte, es komme nur auf die innere Entwicklung an, und lehnte die Vorstellung von Klassenunterschieden ganz entschieden ab. Wenn der Text von «gutem Hause» spricht, können wir annehmen, dass gemeint ist, dass die jungen Männer aus Familien stammten, die für ihre Kinder und ihren Haushalt in angemessener Weise sorgten.

Wie uns die Sutta berichtet, besteht das Ziel, um dessentwillen man «vom Haus in die Hauslosigkeit» zieht, darin, ein Arahat zu werden. Dies ist «jene unvergleichliche Vollendung des heiligen Wandels», die Citta «hier und jetzt selbst unmittelbar erkannt, verwirklicht und gewonnen» hat. Die Hauptfigur der Sutta, Poṭṭhapāda, wird nun nicht weiter erwähnt. Wir wissen lediglich, dass er Zuflucht nahm. Wir können nur hoffen, dass auch er zu praktizieren anfing. Citta, der in dieser Erzählung erst ganz am Ende auftaucht, ist derjenige, der sich voll engagierte. Der oben zitierte Schluss entspricht dem traditionellen Ende jeder Sutta, wenn jemand um die Ordination bat; der Wortlaut ist immer genau der gleiche.

Die Sutta in ihrer Gesamtheit vermittelt uns einen Eindruck davon, wie schwierig es für jemanden ist zu erkennen, dass er falsch denkt, selbst dann, wenn der Buddha persönlich die Unterweisung erteilt. Das Ich-Gefühl ist tief in uns verwurzelt, und wir halten an unseren Ansichten fest, an den drei «Ichs» aus Körper, Geist und Bewusstsein, den «Ichs» der Vergangenheit, Gegenwart und Zukunft. Da sind diejenigen unter uns, die alles analysieren und beweisen wollen und nicht erkennen, dass solche Gedanken nirgends hinführen. Es gibt jedoch auch einige, die das erst gar nicht versuchen, denn sie können sofort erkennen, dass es keinen Nutzen und kein Glück bringt. Ihre einzige Bemühung gilt dem Loslassen.

Obwohl der Untertitel dieser Sutta «Bewusstseinszustände» lautet, wendet sie sich eigentlich an das Ich-Bewusstsein.

13

Pfad und Frucht: Das Ziel der Praxis

Die Sutta, die wir studiert haben, hat uns den ganzen Weg gezeigt, vom Beginn bis zum Ende der Praxis, indem sie uns erklärte, was zu tun ist. An dieser Stelle ist es angebracht, das Endergebnis zu betrachten, um dessentwillen wir diesen Anleitungen folgen, die uns vom ethischen Verhalten über die Konzentration zur Einsichts-Weisheit führen. Die Einsicht, die schließlich entsteht, besteht darin, dass wir unsere Ich-Illusion als das erkennen, was sie ist.

Wir haben gesehen, dass wir in der Tat nicht die vielen «Ichs» sein können, die wir erleben und als «Ich» bezeichnen. Jedes ist für einen Augenblick vorhanden, verschwindet dann, und ein neues entsteht. Es gibt ein «Ich», das nur mit dem Körper befasst ist, und zu dieser Zeit scheint es das «Ich» zu sein, dann taucht ein anderes auf, das mit den Geistesformationen befasst ist, der Geist. Auch das verschwindet wieder, wenn sich unser Bewusstsein an etwas anderem festhält. Keines dieser «Ichs» ist beständig und verlässlich; ebenso wenig sind unsere vergangenen, gegenwärtigen und zukünftigen «Ichs» etwas Stabiles. Sie verschwinden alle; einen Augenblick zuvor hatten wir ein «Ich», und nun haben wir ein anderes. Obendrein können wir alle früheren «Ichs» betrachten und fragen, wo sie gegenwärtig zu finden sind. Dies ist besonders aufschlussreich, wenn wir uns daran erinnern, etwas getan zu haben, das wir jetzt nicht mehr tun würden. Welches von beiden nennen wir das wirkliche «Ich»? Wir können das «Ich» niemals festhalten; es ist immer in Bewegung. Es lässt sich vielleicht mit einem sich dahinschlängelnden Bach vergleichen. Sollten wir diesen Bach festhalten wollen und unsere Hand ins Wasser halten, um zu versuchen, ihn zu fassen, entweicht er unserem Griff. Der Bach fließt einfach weiter; wenn er das nicht täte, wäre es kein Bach mehr, sondern ein stillstehender Tümpel.

Um in unserer Praxis an den Punkt zu gelangen, an dem wir unsere Ich-Illusion als das erkennen, was sie ist, brauchen wir möglicherweise verschiedene Herangehensweisen. Einigen Menschen gelingt es dadurch, dass sie sich ihres Dukkha bewusst sind; sie werden ihres Leides so überdrüssig, dass sie fähig sind, jedes Mal loszulassen, wenn sie es erleben. Andere sehen die Unbeständigkeit des «Ich», die gerade erwähnt wurde. Wieder andere nähern sich ihr durch eine Analyse dessen, was sie für das «Ich» halten, und erkennen dann, dass ihrer Theorie eine unbekannte Größe zugrunde liegt und es daher niemals eine befriedigende Lösung geben kann. Einige benutzen alle drei Merkmale des Seins: *anicca, dukkha* und *anattā* – «Vergänglichkeit», «Unzulänglichkeit», und «Substanzlosigkeit» –, die den Kern jeder Einsicht ausmachen.

Auf dem Übungsweg ist es wichtig, diese drei im Gedächtnis zu behalten, denn im weltlichen Leben scheint alles so, als ob es beständig wäre, wirkliche Befriedigung brächte und als ob jede Person ein getrenntes, definierbares Wesen wäre. Der weltliche Standpunkt ist der Praxis in keiner Hinsicht förderlich, und wir müssen uns ständig darum bemühen, uns an die drei Merkmale zu erinnern, sie in allem zu erkennen, was wir mittels unserer Sinne, einschließlich des Denkens, erleben. Wenn wir vergessen, dies zu tun, vergessen wir den spirituellen Pfad. Der Pfad ist nicht nur eine Frage der Meditation, obwohl diese natürlich ein wesentlicher Bestandteil von ihm ist, denn ohne sie weigert sich der Geist, seine Richtung zu ändern. Aber außerhalb der Meditation sollten wir uns auch an das erinnern, was wir zu tun beabsichtigen, und bemerken, wie wir es anpacken. Lenken wir unsere Anstrengungen in die richtige Richtung? Versuchen wir das Dukkha loszuwerden, indem wir uns bemühen, die Wahrheit zu erkennen, oder versuchen wir es, indem wir nach mehr Sukha Ausschau halten? Wozu neigen wir? Falls wir die Wahrheit erkennen wollen, müssen wir so oft und so eifrig danach spähen, wie wir nur können. Der Geist gewöhnlicher Menschen ist von einem Schleier, von Nebel, manchmal auch von einer Mauer umgeben. Wir sind möglicherweise Meditierende, aber aller Wahrscheinlichkeit nach sind wir noch Weltlinge, *puthujjanas*, die noch nicht «Pfad und Frucht» erlebt haben. «Pfad und Frucht» sind das Ergebnis fleißiger Praxis, und aus diesem Grund scheint es angebracht, hier eine etwas genauere Beschreibung davon zu geben.

Der «Pfadmoment» ist als *magga* bekannt, der «Fruchtmoment», der darauf folgt, als *phala*. Zusammen nennt man sie *magga-phala*, und sie sind unser Ziel auf diesem Pfad. Wenn sie sich ereignen, findet eine große und bleibende Veränderung im Meditierenden statt. Man wird ein Ariya, ein Edler, und es heißt, man gehöre nun dem Geschlecht wahrer Buddha-Schüler an.

Wie kommen wir zu einem Pfadmoment? Er kann niemals eintreten, wenn wir nicht wirklich alles verstehen, was vorher bezüglich der Ich-Illusion gesagt wurde. Das bedeutet, sie von Grund auf zu begreifen, nicht als Möglichkeit, sondern als Wirklichkeit, über die wir nicht die geringste Spur eines Zweifels haben. Wir müssen absolut davon überzeugt sein, dass alles, was wir für ein «Ich» halten, einfach nur eine Vorstellung ist. Dass jeder andere die gleiche Vorstellung hat, macht keinen Unterschied. Wir können uns fragen: «Sind diese Menschen glücklich und zufrieden, oder ist im Grunde ihre Ich-Vorstellung die Ursache für ihre Schwierigkeiten?» Wenn wir vollkommen überzeugt und ganz und gar gewillt sind, unsere Ich-Illusion aufzugeben, kommt ein Augenblick, in dem wir den Versuch dazu machen können. Sie aufzugeben ist zwar leicht gesagt, aber schwer getan, doch kann man es zumindest beschreiben.

Nach jeder der Jhānas ist der rechte Augenblick gekommen, um es zu versuchen. Die erste Jhāna freilich ist nicht sonderlich geeignet, obwohl der Buddha sagt, es könne nach jeder Jhāna gelingen. Vor allem die dritte, vierte, fünfte, sechste und siebte sind günstig, weil der Geist besonders ruhig und von den Hindernissen befreit ist. Sind diese gegenwärtig, ist es unmöglich, die Wahrheit zu sehen, weil einem die Hindernisse die Sicht versperren. Aber wenn wir aus einer Jhāna herauskommen, in der die Hindernisse beseitigt wurden, ist der Geist still und durchlässig, und es wird dann möglich, andere Dimensionen zu erkennen.

Tatsächlich können wir nach jeder konzentrierten Meditation den Versuch dazu machen, aber wenn die Konzentration nicht lang und stetig genug war, werden die Hindernisse noch anwesend sein. Es ist unbedingt ein Geist erforderlich, der nicht unruhig ist.

Dann können wir nochmals darauf zurückblicken, wie wir uns das «Ich» vorstellen, wobei wir all das Verständnis benutzen, das wir darüber gewonnen haben, dass es nämlich nichts anderes als eine Illusion ist. Dann stellen wir fest, ob wir gewillt sind, diese Ansammlung aus Gefühlen und Wissen aufzugeben, die scheinbare Gewissheit, dass ich das bin. Wenn der Geist ohne Zögern sagt: «Ja, ich möchte das aufgeben, weil ich erkenne, dass es die Ursache von Dukkha ist; es ist nichts weiter als ein sich in ständiger Bewegung befindender Fluss, und das ‹Ich› hat keine Grundlage in der Wirklichkeit», und bekräftigt, dass dies wirklich das Ziel unserer Praxis ist, dann können wir den Geist ganz absichtlich auf den sogenannten Stillpunkt lenken. Dabei handelt es sich um eine Geistesformung, in der überhaupt nichts passiert. Möglicherweise fügt sich ja der Geist unserer Absicht. Die Hindernisse dürfen nicht zugegen sein und nicht die Spur eines Zweifels wie: «Vielleicht ist das das ‹Ich›, das etwas davon haben will.» Das würde nicht funktionieren. Aber falls der Geist frei und still genug ist, wird er sich dahin wenden, wo absolut nichts passiert. In diesem Moment gibt es keinen Erlebenden, und deswegen können wir den Pfadmoment nicht anders beschreiben, als dass er ein Augenblick des Nichts oder des «Stillstands» ist. Er unterscheidet sich von der siebten Jhāna vollkommen, welche die Basis der Nichtsheit oder Nicht-Etwasheit ist. In der Jhāna gibt es einen Beobachter, der genau weiß, was geschehen ist, nämlich, dass kein einziger fester Baustein zu finden ist in allem, was existiert. Aber hier ist nun ein einzelner Geistesmoment, in dem anscheinend alles aufhört.

Unmittelbar darauf folgt jedoch der Fruchtmoment, der immer bestimmte Kennzeichen hat. Deswegen ist es für einen Lehrer leicht zu überprüfen, ob er bei einem Meditierenden, der von seinem Erlebnis erzählt, wirklich stattgefunden hat oder ob der Meditierende nur nahe daran war oder ob es sich lediglich um Wunschdenken handelt. Es werden nicht alle Kennzeichen jedes

Mal und für jeden vorhanden sein, aber einige werden immer genannt. Der Fruchtmoment kann glückselig sein oder freudvoll, oder er mag keines von beiden sein, doch er ist stets und unveränderlich ein Augenblick der völligen Erleichterung. Es ist, als ob wir von einer gewaltigen Bürde befreit wären. Das Gefühl der Erleichterung ist so stark, dass einem Tränen in die Augen steigen können. Es sind keine Tränen der Traurigkeit, sondern solche der Erlösung von der Belastung. Das Gefühl der Glückseligkeit mag später kommen, denn obgleich der Fruchtmoment unmittelbar auf den Pfadmoment folgt, ist es nicht auf diesen Augenblick beschränkt.

Etwas anderes ist allen Erlebnissen des Pfad- und Fruchtmoments gemeinsam, nämlich das sichere Wissen, dass einen Augenblick lang niemand da war und dass dies die tiefste Wahrheit ist, die wir je erfahren haben. Diese Sicherheit ist besonders im ersten Fruchtmoment ausgeprägt, und das offensichtlich deshalb, weil wir niemals zuvor etwas Derartiges erlebt haben. Für einen Geistesmoment war die «Person» völlig beseitigt.

Wir wissen, wie kurz ein Geistesmoment ist. Das Wissen und die Erleichterung währen zwei, höchstens drei Augenblicke. Die Erleichterung, Erlösung und die Tränen können andauern und sich später sogar in Glückseligkeit wandeln, falls dies nicht gleich geschieht. Das Wissen entsteht sofort, und wenn es das tut, erkennen wir, wozu wir praktiziert haben. Man hat möglicherweise sogar das Gefühl, Gewicht verloren zu haben, es ist, als ob der Körper viel leichter geworden wäre. Tatsächlich ist es der Geist, der leichter wurde, aber der Geist beeinflusst den Körper stark.

Dazu gibt es eine hübsche Analogie in der *Visuddhi-Magga* («Weg der Reinheit»), einem umfangreichen Kommentar zur Lehre des Buddha, der von dem Mönch Buddhaghosa verfasst wurde, der im 5. Jahrhundert in Sri Lanka lebte. Dieses Buch ist manchmal schwer zu lesen, denn es ist sehr detailliert, aber als Nachschlagewerk ist es äußerst nützlich, und es enthält zahlreiche treffende Analogien. Die folgende ist besonders gelungen.[10]

Es wird ein Fluss beschrieben, bei dem das diesseitige Ufer das weltliche Leben symbolisiert und das jenseitige Ufer das Erlebnis von Nibbāna. Auf dem diesseitigen Ufer gibt es einen riesigen Baum, und einer seiner Äste, an dem ein Seil befestigt ist, ragt über den Fluss. Der Ast steht für das, was wir üblicherweise über uns denken, unsere materielle Seite. Diese existiert noch auf dem spirituellen Pfad, denn jedes Mal, wenn wir denken: «‹Ich› mache das», ist das auch etwas Materielles. Das Seil, das an den Ast gebunden ist, repräsentiert unser Anhaften an die Ich-Vorstellung. Wir fassen das Seil und mit dem Schwung der Praxis, indem wir uns weiterhin festhalten, schwingen wir über dem Fluss. Falls wir im geeigneten Augenblick gewillt und fähig sind, unser «Ich» loszulassen, lösen wir den Griff und lassen uns auf das jenseitige Ufer fallen.

Natürlich müssen wir diese Bildersprache nicht im Kopf haben; dies ist lediglich eine Analogie, doch sie kann hilfreich sein. Wenn wir auf dem jenseitigen Ufer des Flusses landen, fühlen wir uns zunächst etwas unsicher. Wir befinden uns in einer neuen, unbekannten Situation und müssen erst auf die Beine kommen. Es ist nicht ungewöhnlich, dass man nach dem Pfadmoment ein eigentümliches Gefühl hat, so, als ob etwas Bedeutsames, aber schwer zu Beschreibendes geschehen wäre. Es ist weder angenehm noch unangenehm, sondern einfach eine Reaktion, die hier als Auf-das-jenseitige-Ufer-Fallen und Auf-die-Beine-Kommen beschrieben wird. Einige finden sofort festen Halt, andere nach einem Tag, wieder andere benötigen die Hilfe eines Lehrers. Dann kommen wir in den Genuss der anderen Seite des Flusses. Wir gewöhnen uns daran, ein anderer Mensch zu sein. Wir sehen noch genauso aus wie vorher; niemand, vielleicht mit Ausnahme unseres Lehrers, würde etwas erkennen, aber wir fühlen uns innerlich völlig verwandelt.

Zu diesem Zeitpunkt haben wir automatisch die ersten drei von den zehn Fesseln losgelassen, die der Buddha als Ketten beschrieben hat, die uns an *saṃsāra*, den Kreislauf von Geburt und Tod, binden. Die zehn Fesseln sind: 1. falsche Ich-Ansicht; 2. der Glaube an Riten und Rituale; 3. skeptischer Zweifel; 4. Gier; 5. Hass; 6. Begehren nach feinkörperlicher Existenz; 7. Begehren nach formloser Existenz; 8. Dünkel; 9. Rastlosigkeit und 10. Unwissenheit. Diese zehn binden uns an das bedingte Dasein. Der Buddha nannte übrigens seinen kleinen Sohn Rāhula, was «Fessel» bedeutet.

Wenn die erste Fessel verschwindet, die den Ehrenplatz einnimmt, wechseln wir von der falschen zur rechten Ansicht. Wir werden niemals mehr glauben, dass es eine Person gibt, die in uns sitzt, dass ein Mann oder eine Frau durch die Augen hinausschaut, mit den Ohren hört, mit dem Verstand denkt, durch die Begierden etwas wünscht. Wir werden es nicht glauben, weil wir einen Beweis dafür haben, auf den wir uns absolut verlassen können, dass dies eine verfehlte und falsche Ansicht ist. Aber diese rechte Ansicht entsteht bei denen, die den ersten Pfadmoment erlebt haben, nur, wenn sie ihren Geist darauf richten. Obgleich sich das innere Gefühl dramatisch verändert, wandelt es sich doch nicht in dem Ausmaß, dass man in sich nie mehr ein Ich-Gefühl verspürt. Das kommt erst später. Aber wann auch immer wir uns die Frage stellen: «Wer bin ich?», wissen wir nun ohne den geringsten Zweifel, dass wir die körperlichen und geistigen Phänomene sind. Wir wissen, dass wir durch Begierde entstanden sind, dass alles Begehren Dukkha ist, dass die Idee eines «Ich» die Ursache aller Probleme darstellt und dass die ganze Welt daran leidet. Die falsche Ich-Ansicht kann niemals mehr entstehen, aber das Gefühl, eine Person zu sein, wenn wir umhergehen und mit Menschen reden, ist noch da. Nach dem ersten Schritt ist es notwendig, die rechte Ich-Ansicht zu verstärken, indem wir sie uns so oft wie möglich ins Gedächtnis rufen. Dies zu tun ist besonders wichtig, wenn wir mit etwas konfrontiert sind, das wir nicht mögen, denn dann kommt das Ego ins Spiel. Wenn wir uns dann nicht an unsere tiefste Einsicht erinnern, geraten wir möglicherweise in die Falle negativer Reaktionen, denn wir haben nur den allerersten Schritt gemacht; Hass und Gier waren davon noch nicht betroffen. Die Fähigkeit, so oft wie möglich die rechte Ansicht zur Geltung zu bringen, bedeutet eine wesentliche Unterstützung.

Jemand, der den ersten Schritt geschafft hat, wird «Stromeingetretener» genannt; das heißt, dass er in den Strom, der zum Nibbāna führt, eingetreten ist. Das ist ein unwiderruflicher Schritt. In den Schriften ist zu lesen, dass eine solche Person höchstens noch sieben weitere Leben benötigt und Nibbāna sogar schon in diesem Leben erreichen kann. Gewöhnlich wird sich jeder, der den Stromeintritt erlangt hat, der Schwierigkeiten, die ihm begegnen, aufs Höchste bewusst sein, da er weiß, dass Gier und Hass noch vorhanden sind; und er wird entschlossen sein, vorwärts zu kommen und mit all dem Schluss zu machen. Als Ergebnis davon kommt Schwung in die Praxis.

Der Stromeingetretene hat noch zwei weitere Fesseln verloren. Eine davon ist skeptischer Zweifel, der der Praxis immer sehr schadet. Er hält uns davon ab, zu tun, was getan werden muss. Beispielsweise erlauben wir dem Geist, alle möglichen Spekulationen darüber anzustellen, wie man die Dinge anders machen könnte. Wir verschwenden sehr viel geistige Energie und Zeit damit und gelangen vielleicht sogar an den Punkt, ganz mit dem Praktizieren aufzuhören. Nach diesem ersten Erleben von Pfad und Frucht gibt es jedoch keine Möglichkeit, die Buddha-Lehre anzuzweifeln. Jede Skepsis, Buddha, Dhamma und Sangha betreffend, verschwindet vollständig. Der Buddha sagte, dass niemand da sei, und nun haben wir diese Wahrheit selbst erfahren. Die Schönheit und die Leichtigkeit des Geistes, die mit diesem Erlebnis verbunden sind, sind um vieles größer als in jeder Vertiefung. Es besteht volles Vertrauen, volle Hingabe, vollkommene Dankbarkeit und eine starke Entschlossenheit. In den Schriften steht, dass der Buddha, als er unter dem Bodhi-Baum saß, alle vier Pfad- und Fruchtmomente, nämlich 1. Stromeingetretener, 2. Einmalwiederkehrer, 3. Nichtwiederkehrer und 4. *Arahat* zu sein, während einer einzigen Meditation erlebte. Für uns ist es eine enorme Leistung, die erste Stufe zu erreichen. Wer das schafft, begnügt sich jedoch selten damit, und das ist auch gut so, denn der Geist ist sicherlich zu noch mehr fähig. Ein weiterer Zweifel, der beseitigt wurde, ist der Zweifel an unseren eigenen Fähigkeiten, denn wir wissen jetzt, dass wir zu denen gehören, die sich über das alltägliche Bewusstsein erheben können, so dass wir von Selbstvertrauen durchdrungen sind.

Selbstvertrauen ist kein Gefühl der Überlegenheit, das gewöhnlich einem Gefühl der Unterlegenheit folgt. Es ist vielmehr ein Gefühl der inneren Stärke, die nichts beweisen muss, da es nichts zu beweisen gibt, da es nirgendwo hinzugehen gilt und da niemand da ist. Diese innere Sicherheit hilft unserer Praxis, wie auch die Hingabe und das Vertrauen zu Buddha, Dhamma und Sangha, den drei Kostbarkeiten.

Die dritte Fessel, die mit dem Stromeintritt verschwindet, ist der Glaube an Riten und Rituale. Auf der ganzen Welt gibt es überzeugte Vertreter der Ansicht, dass spezielle Riten und Rituale in der Lage sind, uns zu läutern, sogar so weit, dass sie uns von allem Dukkha befreien. Dieser Glaube war zur Zeit des Buddha wie auch heute in Indien weit verbreitet, obgleich der Buddha selbst immer bestritt, dass Riten und Ritualen eine solche Macht innewohne. Dieser falsche Glaube verschwindet vollständig, denn wir haben selbst erlebt, dass der erste Pfadmoment mit solchen Dingen absolut nichts zu tun hat, sondern von der Klarheit des Geistes herrührt und davon, dass man gewillt ist, völlig loszulassen. Das bedeutet nicht, dass wir keine Rituale mehr durchführen können, aber wir werden nicht mehr zu viel Zeit und Energie darauf verwenden, vielmehr dazu tendieren, sie auf ein Minimum zu reduzieren. Es gibt jedoch bestimmte Formen des Rituals, beispielsweise das Rezitieren und die Vergegenwärtigung der Eigenschaften von Buddha, Dhamma und Sangha, die eine läuternde Wirkung haben, falls dies achtsam geschieht und nicht mechanisch. Dies gilt auch für Mantras, denn wenn wir Worte mit voller Aufmerksamkeit und Hingabe wiederholen, kann zu dieser Zeit nichts Negatives im Geist vorhanden sein. Sollte die Rezitation mechanisch ablaufen, können wir die Worte sprechen und gleichzeitig voller negativer Gefühle sein.

Wenn wir Stromeingetretene werden, ist unser Geist feinfühliger, als er es vorher war, und deswegen werden uns Gier und Hass viel bewusster sein, und wir werden sie als viel lästiger empfinden, wenn sie auftreten. Was uns zuvor kaum unangenehm auffiel, was wir höchstens als leichtes Missgeschick ansahen, wird nun zu einer wirklichen Störung. Dies ist tatsächlich ein großer Ansporn, zu praktizieren. Es handelt sich dabei nicht um ein oberflächliches Wissen, dass wir uns gut benehmen sollten, sondern entspringt vielmehr einem Bedürfnis nach dauerhafter, innerer Reinheit.

Um vom ersten Pfadmoment zum zweiten zu kommen, muss der Geist reif dafür sein. Das ist gewöhnlich nicht gleich der Fall; bei den meisten benötigt es Zeit, besonders, wenn sie in der Welt leben. In ihrer ganzen Haltung, den Sitten und im gesellschaftlichen Verhalten ist die Welt gegen solche Dinge. Sie unterstützt diese Art der Praxis nicht, und deshalb müssen wir innerlich sehr stark sein.

Um den nächsten Schritt zu tun, sollten wir uns zwei Dinge

immer und immer wieder ins Gedächtnis rufen: die rechte Ansicht über das «Ich» und vor allem den Fruchtmoment. Dies wird keinen solchen Eindruck machen wie beim ersten Auftreten, aber sicherlich das Gefühl der Erleichterung und Freude wiederkehren lassen. Beide werden benötigt und müssen so oft wie möglich zur Geltung gebracht werden.

Es ist auch sehr hilfreich, sich erneut die Hindernisse vorzunehmen, um zu sehen, welche noch stark sind und welche weniger geworden sind. Skeptischer Zweifel, das fünfte Hindernis, sollte verschwunden sein. Die beiden ersten, die Begierde nach Sinnesbefriedigung und Übelwollen, sind Äußerungen von Gier und Hass. Wir sollten auch das dritte und vierte Hindernis untersuchen: «Lässigkeit und Trägheit» sowie «Unruhe und Rastlosigkeit». Nur durch beständiges Untersuchen und Gewahrsein können wir deren Einfluss auf uns vermindern: «Welches Hindernis ist jetzt in mir am stärksten? Wie zeigt es sich?» Jeder, wo auch immer er sich auf dem Pfad befindet, sollte sie in dieser Weise untersuchen. Das muss mit dem Verständnis geschehen, dass diese Hindernisse in uns allen existieren und nur durch die Praxis des Ersetzens vermindert werden können. Wir werden weit weniger dazu neigen, andere zu tadeln, wenn wir uns unseres eigenen Mangels an Reinheit bewusst sind.

Für Stromeingetretene ist diese objektive Aufrichtigkeit viel leichter zu erlangen, denn sie wissen ohne den geringsten Zweifel, dass sie lediglich Geist- und Körperphänomene betrachten. Es gibt kein darin sitzendes «Ich», das man dafür tadeln kann, dass es die Hindernisse besitzt. Diejenigen von uns, die den Stromeintritt nicht erlebt haben, werden sich damit schwerer tun, da wir unsere negativen Eigenschaften nicht wirklich kennen wollen.

Es wird auch gesagt, dass ein Stromeingetretener nicht mehr irgendeine der fünf Tugendregeln verletzen kann (sich zu enthalten, Lebewesen zu töten; nicht zu nehmen, was nicht freiwillig gegeben wurde; die Enthaltung von sexuellem Fehlverhalten, von Lüge und falscher Rede, sowie von Alkohol und bewusstseinsverändernden Drogen). Wir sollten dies nachprüfen und sehen, ob wir uns an diese Tugendregeln in einer Weise halten, dass sie keine Last sind, sondern einfach unser natürlicher Lebensstil.

All dies sind Beispiele für die sogenannte «Rückblick-Erkenntnis», und besonders nach jeder Jhāna ist es nützlich, sich diesen Dingen zuzuwenden. Zu dieser Zeit, wenn der Geist rein und durchlässig ist, bringen wir das Gefühl des Fruchtmoments in den Vordergrund und überprüfen dann erneut unser ganzes Verständnis des Ich-Irrtums. Wir müssen diesen Irrtum viele Male verinnerlichen und die Erkenntnis verstärken, dass es keinen Grund dafür gibt, diese Ich-Illusion weiterhin zu hegen und zu pflegen. Nicht dass wir das «Ich» tadeln oder es zu ändern wünschen, wir erkennen in ihm vielmehr etwas, das wir hervorgezaubert haben. Alle Gründe, die uns zu dieser Erkenntnis gebracht haben, sind immer wieder zu betrachten. Haben wir unser Verständnis und unsere Gefühle untersucht, können wir erkennen, ob der Geist willig und fähig ist, auch die leiseste Anhaftung an unsere Ich-Identifikation loszulassen. Sind wir gewillt, diese Person vollkommen aufzulösen, ohne jeden Vorbehalt? Gedanken wie der, dass «ich» ja gleich danach wieder zurückkommen kann, würden genau das Gegenteil bewirken. Wie zuvor lenken wir den Geist auf den Stillpunkt. Wir stellen möglicherweise fest, dass der Geist, obwohl wir den Versuch dazu mehrere, sogar viele Male unternommen haben, nicht mitspielt. Wenn das so ist, müssen wir untersuchen, woran wir haften. Dabei mag vieles zum Vorschein kommen, letzten Endes aber wollen wir denjenigen nicht loslassen, der weiß und erlebt.

Der Schwung der Praxis hat uns möglicherweise zunächst einmal über den Fluss getragen. Aber um dies zu wiederholen, müssen wir alles vollkommen loslassen, das mit dem «Ich» zusammenhängt. Falls wir unterschwellig noch an irgendetwas im menschlichen Leben anhaften, was es auch sein mag, ob Sinnesbegierde, sexuelle Begierde oder etwas anderes, können wir den nächsten Schritt nicht machen. Wir müssen entschlossen sein, daran zu arbeiten: «Woran hafte ich derart, dass ich nicht loslassen kann?» Wenn wir dies untersuchen, können wir vielleicht erkennen, woran es liegt. Wenn wir an anderen Menschen anhaften, macht uns das abhängig und ängstlich. Eine geliebte Person kann jeden Augenblick verschwinden, und unsere Anhaftung erzeugt nichts weiter als Dukkha. Falls wir an einer Begierde anhaften, können wir sehen, dass jede Befriedigung nur augenblickliche Erfüllung bringt. Nur allzu bald fühlen wir uns wieder so leer wie zuvor, und die Begierde muss immer und immer wieder befriedigt werden. Dies sind alles Wege und Mittel, unsere Anhaftungen zu erkennen, weil wir wirklich die Wahrheit wissen wollen. Natürlich gibt es unter uns auch solche, die nicht in derartige Tiefen vordringen wollen, und das ist völlig in Ordnung. Aber wenn wir dem Pfad fest verbunden bleiben, sind dies die Schritte, die gemacht, Einsichten, die verwirklicht werden müssen.

Jeder, der dazu in der Lage war, den zweiten Schritt zu tun, wird ein Einmalwiederkehrer; dies bedeutet, dass er nur noch einmal in diese Welt zurückkommen muss. Da diese Schritte unwiderruflich sind, werden beide, der Stromeingetretene und der Einmalwiederkehrer, mit dieser unversehrten Erfahrung wieder geboren. Deswegen können sie anderen eine große Hilfe sein, denn sie werden mit dem nötigen wahren Verständnis wieder geboren und können es daher anderen vermitteln.

Wenn der zweite Schritt gemacht ist, sind Gier und Hass halbiert. Sie sind nicht verschwunden, aber Hass wird zu Gereiztheit und Gier zu Vorliebe. Der Geist eines solchen Menschen wird niemals mehr von wirklichem Hass und starker Gier überwältigt, denn Gereiztheit und Vorlieben können den Geist nicht im selben Maße aufwühlen. Gereiztheit verfliegt schneller als Hass, und beide, Gereiztheit und Vorliebe, sind viel schwächere Leidenschaften als Gier und Hass. Aber wiederum zeigt die Rückblick-Erkenntnis, die der Einmalwiederkehrer fortführt, dass beides noch Dukkha erzeugt.

Es ist zu erwarten, dass der Pfadmoment eines Einmalwiederkehrers ähnlich dem vorhergehenden ist, aber nicht mit ihm identisch, und dass er ohnehin jeder Beschreibung spottet; ihm folgt wiederum ein ähnlicher, aber nicht identischer Fruchtmoment. Das eigentümliche Gefühl wird in den meisten Fällen nicht mehr bemerkt. Äußere Erleichterung tritt ein, aber es kommt normalerweise nicht zu Tränen. Es kann höchste Glückseligkeit herrschen, wenn auch nicht sofort. Wieder hat der Geist einen Augenblick des Nichts berührt, der tatsächlich erlebt wird. Es ist nicht so, dass Körper, Bäume, Häuser, Autos, Straßen, Büsche und Berge nicht existieren würden. Auf der relativen Ebene tun sie das. Aber auf der absoluten Ebene sind es Energieteilchen, die zusammenkommen und auseinander fallen. Sie kommen zusammen, bilden bestimmte Formen und erzeugen so Phänomene. Der Augenblick des Nichts ist das Erlebnis dieses kleinen Moments zwischen dem Auseinanderfallen und dem neuen Entstehen.

Jedoch müssen dem Pfad- und Fruchtmoment einige Einsichten vorausgehen. Die erste Einsicht besteht darin, dass Geist und Körper zwei sind, die voneinander abhängen, jedoch nicht identisch sind; die zweite Einsicht ist, dass alles, was entsteht, auf Grund seiner Natur auch vergehen muss. Die dritte beinhaltet die Erkenntnis der Auflösung, dass alles auseinander fällt. Wenn wir das sehen, ohne einen Pfadmoment gehabt zu haben, kann es eine Menge Furcht erzeugen. Sollte das geschehen, ist es sehr wichtig, mit einem Lehrer zu reden, um wieder Mut zu fassen. Wir müssen wissen, dass das ganz in Ordnung ist, denn die Furcht ist ein Schritt auf dem Einsichtspfad. Das Verständnis von Ursache und Wirkung ist ebenfalls einer dieser Einsichtsmomente. Wie wir gesehen haben, gibt es den grobstofflichen Körper, der aus den vier Elementen besteht und sich von fester Nahrung ernährt. Die Elemente sind die Ursache, der Körper ist die Wirkung. Dem müssen wir Beachtung schenken.

Sind wir auf dem Einsichtspfad bis zur Furcht vorgedrungen und in der Lage gewesen, sie hinter uns zu lassen, entstehen die Dringlichkeit der Praxis und der Wunsch nach Befreiung. Dann befähigen uns die Ernüchterung und die Gierlosigkeit, in einen Pfadmoment einzutreten, in dem wir die Dinge so erleben, wie sie wirklich sind. Der darauf folgende Fruchtmoment hat eine solche Wirkung, dass er niemals angezweifelt werden kann. Jeder Fruchtmoment ist etwas stärker als der vorhergehende, und als Folge davon verblasst gewöhnlich die Erinnerung an die vorhergehenden ein wenig. Es ist immer der letzte, an den wir uns am besten erinnern, und das ist so, wie es sein sollte, denn es ist derjenige, der das größte Glück und die größte Erleichterung bringt.

Die Tatsache, dass nur sehr wenig Menschen Pfadmomente erleben, sollte uns nicht überraschen. Nahezu die ganze Welt ist durch Gier und Hass motiviert und ausschließlich damit befasst, und es sind zwei Pfadmomente nötig, eine Menge harter Arbeit und sehr viel Meditation, bevor wir dahin gelangen, dass diese Fesseln nachlassen.

Ist man auf dieser Stufe angekommen, sind dann noch zwei

weitere Schritte zu machen, und sie sind die bei weitem schwierigsten. Wir müssen uns so vollständig aufgeben, dass Hass und Gier völlig ausgemerzt werden können. Mit einem weiteren Pfadmoment, als dessen Ergebnis alle fünf so genannten «niederen» Fesseln verschwunden sind, wird man dann ein Nichtwiederkehrer, was bedeutet, dass man niemals mehr in das menschliche Dasein zurückkehren wird. Der Pfad ist zu keiner Zeit leicht, und selbst für den Nichtwiederkehrer gibt es noch die fünf subtilen oder höheren Fesseln, an denen er zu arbeiten hat. Nur ein *Arahat*, in dem die Ich-Vorstellung vollständig ausgelöscht wurde, hat alle Fesseln verloren. Sollte ein Nichtwiederkehrer sterben, bevor er ein *Arahat* geworden ist, wird er in einer der göttlichen Brahma-Sphären wieder geboren. Dies mag sehr angenehm klingen, aber tatsächlich handelt es sich dabei um eine der fünf Fesseln. Die latente Begierde, auf einer dieser formlosen oder feinstofflichen Daseinsebenen wieder geboren zu werden, ist der Grund dafür, dass der Nichtwiederkehrer kein *Arahat* wurde.

Im Nichtwiederkehrer sind die Fesseln der Unwissenheit und des Dünkels, wodurch diese Begierden entstehen, noch beide vorhanden. Unwissenheit bedeutet einfach, dass noch ein äußerst schwacher Rest des «Ich» zurückgeblieben ist. Dünkel hat nichts damit zu tun, eine eingebildete Person zu sein, sondern bedeutet, dass man die Vorstellung eines «Ich» hat. Wegen dieser beiden Fesseln wird es auch die Fessel der Rastlosigkeit geben. Natürlich ist sie nicht mit der weltlichen Unruhe zu vergleichen, die die Menschen auf der Suche nach Glück von einem Ort zum anderen treibt. Aber weil dieses schwache Ich-Erleben noch nicht verloren ging, wird es für den Nichtwiederkehrer noch das ungute Gefühl geben, nicht völlig von allem Dukkha befreit zu sein. An diesem Punkt der Praxis ist das Erkennen dessen, was in uns vorgeht, um vieles subtiler als je zuvor. Die groben Hindernisse sind verschwunden, und obwohl dafür das gleiche Wort benutzt wird, ist doch die Rastlosigkeit, die der Nichtwiederkehrer erlebt, sehr viel subtiler.

Für einen Einmalwiederkehrer, der ein Nichtwiederkehrer werden möchte, gelten die gleichen Anweisungen wie zuvor. Man überprüft die Fesseln und stellt sicher, dass die drei ersten verschwunden sind und dass sich Hass und Gier stark vermindert haben. Es geht nicht darum, irgendetwas zu unterdrücken, sondern einfach darum, festzustellen, was noch da ist. Als Einmalwiederkehrer erleben wir das «Ich» noch in weit stärkerem Maße als der Nichtwiederkehrer. Wenn wir unseren Geist darauf richten und es überprüfen, wissen wir, dass niemand da ist. Zu anderen Zeiten, im normalen Alltag, werden wir gewöhnlich das Gefühl haben, als ob da jemand sprechen und antworten würde, und zwar deswegen, weil wir zu einem gewissen Grad immer noch Gier und Hass erleben. Jetzt bieten wir unsere ganze Kraft für rechte Ansicht auf, wir bringen den letzten Fruchtmoment zur Geltung und überprüfen unser ganzes Verständnis der Ich-Identifikation. Dieses Verständnis sollte erschöpfend und äußerst tiefgehend sein, denn Nichtwiederkehrer zu werden stellt für jeden einen extremen Schritt dar. Das Verständnis darf nicht nur von einem intellektuellen Standpunkt aus überprüft werden, es muss gefühlt werden; und es bedarf eines vollkommenen Engagements und völliger Hingabe, um alles loszuwerden, womit man noch am weltlichen Leben festhält, insbesondere alles in Geist und Körper, das noch die leiseste Ich-Anhaftung aufweist. Die Entschlossenheit muss äußerst stark sein. Dann kommt wie zuvor der Pfadmoment, wenn sich der Geist dem Stillpunkt zuwendet, an dem nichts geschieht. Diesmal ist der Pfadmoment möglicherweise etwas anders, denn ein Geist, der schon zwei solche Momente erlebte, hat sich mittlerweile daran gewöhnt. Der Pfadmoment mag sehr kurz sein und der darauf folgende Fruchtmoment vielleicht nichts weiter als ein Erkennen; keine Tränen, keine Erregung, nur vollkommenes Wissen und völlige Klarheit, die von Erleichterung begleitet werden; ein Gefühl, das besagt: «Gut, das war's nun endlich.» Es hat nicht die gleiche Wucht wie zuvor, sondern ist eher ein Gefühl der Befriedigung darüber, dass die Praxis Früchte zeitigt. Zugleich weiß der Geist sehr gut, dass noch einige Fesseln abzuschütteln sind.

Der Nichtwiederkehrer muss die verbliebenen Fesseln überprüfen und herausfinden, ob er den Wunsch hat, auf höheren Daseinsebenen wieder geboren zu werden. Dies könnte sich in dem Wunsch manifestieren, alles möge angenehm und gefällig sein, oder in dem Wunsch, mit nichts konfrontiert zu werden, was Dukkha in sich trägt. Natürlich ist das auch eine sehr menschliche

Haltung, aber für den Nichtwiederkehrer ist es mehr. Es wird eine Art innerer Trieb, denn es heißt, dass die feinkörperlichen und die formlosen Daseinsebenen aus nichts anderem als aus *sukha* (Glück) bestehen. Das entsprechende Gefühl kann recht stark sein und muss als solches erkannt werden. Der subtile Ich-Rest ist als das zu sehen, was er ist. Der Buddha warnte vor der Begierde, auf höheren Daseinsebenen wieder geboren zu werden, weil wir dort, einmal dahin gelangt, für unzählige Äonen bleiben werden. Daher glauben die Götter, dass sie ewig leben. In der menschlichen Welt haben wir immer den Antrieb von Dukkha, der uns anspornt, aber für den Nichtwiederkehrer wäre es sehr schwer, den letzten Schritt zu tun, sobald er sich einmal in diesen Brahma-Sphären befindet, wo man kein Dukkha erlebt. Deshalb sagte der Buddha, solche Begierden seien für unsere Praxis schädlich. Der Nichtwiederkehrer wird ermutigt sein, noch einen Schritt weiter zu gehen, nicht nur, weil es das Letzte ist, was noch zu tun ist, sondern besonders auch deswegen, weil er fühlen kann, dass die geringfügige Rastlosigkeit, die ihm verblieben ist, immer noch Dukkha ist. Dieser letzte Rest von Begierde ist schmerzhaft, selbst wenn es nur eine Begierde nach höheren Welten ist; diese Spur eines subtilen Ich-Gefühls ist immer noch unbefriedigend.

Den letzten Schritt zu machen läuft darauf hinaus, den gleichen Anweisungen zu folgen wie zuvor. Es besteht vielleicht insofern ein kleiner Unterschied, als der Geist ein für alle Mal beschließt, dass diese Person aus Geist und Körper aufs Äußerste gewillt ist, zu verschwinden. Es gibt nichts mehr, was uns hier hält, nichts von Wichtigkeit, nichts, das getan werden müsste. Der Pfadmoment ist wie immer unbeschreiblich – der technische Ausdruck dafür ist «Nicht-Ereignis». Wegen dieser vollkommenen Bereitschaft zu verschwinden enthält der Fruchtmoment dieses Gefühl. Das mag alarmierend klingen; der Buddha sagt selbst, es sei gut möglich, dass dies einem Weltling, der es nicht erlebt hat, schrecklich vorkommen könnte. Tatsächlich ist es herrlich, denn dieses Verschwinden erzeugt eine enorme Glückseligkeit. Das Erlebnis ist schwer zu beschreiben; vielleicht ist es am besten damit vergleichbar, dass man in die Tiefe einer Wolke hineinfällt und darin verschwindet. Danach kann nichts, das in der Welt geschieht, jemals mehr den gleichen Eindruck machen. Nach wie vor findet alles statt, aber es ähnelt dem Spielen mit einem Kind. Wir sind zu dem Kind sehr lieb und kommen sehr gut mit ihm aus. Wenn es mit Bausteinen spielt, interessieren wir uns dafür, helfen ihm, einen kleinen Turm oder eine Burg zu bauen. Aber nehmen wir das Spiel ernst? Falls jemand versehentlich auf den Turm oder die Burg treten würde, würde das Kind vielleicht zu weinen anfangen, wir aber nicht. Natürlich helfen wir den Menschen, Burgen zu bauen, wenn sich die Gelegenheit dazu bietet. Möglicherweise versuchen wir ihnen sogar dabei zu helfen einzusehen, dass es sich eigentlich nicht lohnt, Burgen zu bauen; aber nichts davon ist ernst zu nehmen. Es geschieht einfach. Ich glaube, diese Analogie zeigt ganz deutlich, wie das Ergebnis aussieht, und derjenige, der diesen Schritt gemacht hat, der das komplette Auslöschen des «Ich» erlangt hat, kann jederzeit zu dieser vollkommenen Glückseligkeit des Verschwindens zurückkehren.

In den Schriften heißt es, dass der Buddha, nachdem er Nibbāna erlangt hatte, eine Woche in der Glückseligkeit von Nibbāna weilte und dann beschloss, anderen den Weg zu zeigen. Das völlige Verschwinden des Ich-Gefühls ist der Höhepunkt des Pfads. Wie in den Schriften geschrieben steht, ziehen um dessentwillen Söhne aus gutem Hause vom Haus in die Hauslosigkeit, nehmen die Arbeit auf und erkennen am Ende, dass alles, was zu tun war, erledigt ist. Mehr gibt es nicht zu tun.

Anhang

Liebende-Güte-Meditationen

1. Freude und Liebe: Ein wunderschönes inneres Bild

Um mit der Meditation anzufangen, bitte die Achtsamkeit für ein paar Momente auf den Atem lenken.

Wir wollen uns vorstellen, dass in unserem Herzen der Nachthimmel ist, der herrliche Mond und viele funkelnde Sterne, die alle hell leuchten, wunderschön anzuschauen sind, entzückend zu erleben; sie erzeugen in uns ein Bild, das unserem Herzen Freude und Glück bringt. Wir wollen uns dieses innere Bild leuchtender Lichter betrachten und voller Freude über dieses Erlebnis sein; und mit der Wärme der Liebe nehmen wir dieses wunderschöne Bild in uns auf, das wir kreieren und auch sehen und erleben. Wir wollen es genießen und lieben und die Freude und Wärme der Liebe spüren.

Jetzt denken wir an denjenigen, der uns hier am nächsten sitzt und ein ebenso wunderschönes Bild in seinem Herzen trägt; und wir teilen die Freude und Liebe mit diesem Menschen und genießen und lieben diese Zusammengehörigkeit.

Wir wollen an unsere Eltern denken, ungedachtet dessen, ob sie noch am Leben sind oder nicht, und wir teilen diese Liebe und Freude mit ihnen. Wie wir unser eigenes wunderschönes inneres Bild von Lichtern sehen, so haben auch sie, das können wir erkennen, solch ein inneres Bild, und wir teilen unsere Liebe und die Freude über diese Schönheit mit ihnen.

Wir denken an die uns liebsten und nächsten Menschen, und wir teilen mit ihnen unsere Freude über die Schönheit in uns und die Wärme unserer Liebe. Wir lassen sie daran teilhaben, lassen sie wissen, dass wir ihnen etwas schenken wollen.

Wir wollen an all unsere Freunde denken und teilen mit jedem von ihnen die Schönheit unseres inneren Bildes, unsere Liebe und unsere Freude darüber. Wir lassen sie spüren, dass wir ihnen ein Geschenk des Herzens machen.

Und wir denken an die Menschen, denen wir in unserem Alltag begegnen, wer auch immer uns in den Sinn kommt. Wir wollen die Schönheit unseres inneren Bildes mit ihnen teilen, unsere Freude daran und unsere Liebe dafür. Wir schenken ihnen beides und lassen sie spüren, dass wir ihnen nahe sind.

Jetzt denken wir an einen Menschen, den wir schwierig finden, und teilen mit ihm unser eigenes wunderschönes inneres Bild, unsere Freude und die Wärme unserer Liebe für dieses innere Bild; und wir vergeben und vergessen alle Schwierigkeiten und schaffen eine Zusammengehörigkeit.

Nun lassen wir die Freude und die Liebe zu der inneren Schönheit zu so vielen Menschen fließen, wie es uns unsere Vorstellungskraft erlaubt, wie einen goldenen Fluss, der unserem Herzen entspringt, so dass wir diese Freude und Liebe mit den Menschen nah und fern teilen können.

Jetzt teilen wir die Freude und Liebe in unserem Herzen mit all den Tieren des Waldes. Wir lassen sie an der Schönheit unseres inneren Bildes teilhaben und lassen sie fühlen, dass wir alle in dieser Schöpfung zusammengehören.

Wir lassen die Freude und Liebe unseres Herzens zu der uns umgebenden Natur hinausfließen, zu den Blumen, Büschen und

Bäumen. Mit der Schönheit unseres inneren Bildes fließt die Freude und Liebe unseres Herzens zu allem, das uns als Teil derselben Schöpfung umgibt.

Wir verbinden die Schönheit des Nachthimmels, des Mondes und der Sterne unseres inneren Bildes mit dem uns umgebenden Nachthimmel. So genießen wir die Schönheit in uns und um uns und lieben sie beide von ganzem Herzen.

Jetzt richten wir die Achtsamkeit wieder auf uns selbst und füllen uns von Kopf bis Fuß mit der Freude und Liebe unseres Herzens, umhüllen uns, umarmen uns und schützen uns damit.

Mögen alle Menschen Liebe und Freude im Herzen tragen.

2. Den Atem lieben und das Leben schätzen

Bitte die Achtsamkeit für ein paar Momente auf den Atem lenken. Wir wollen für unseren Atem, der die Grundlage unseres Lebens bildet, ein Gefühl der Liebe in unserem Herzen entstehen lassen. Wir wollen unserem Atem die Wärme der Liebe schenken und die Lebensenergie achten, so, wie wir sie erleben, als unsere Körperwärme, als Pulsieren, als Bewusstsein. Wir wollen dies alles achten und ihm unsere Liebe schenken.

Wir richten die Aufmerksamkeit auf denjenigen, der uns hier am nächsten ist, und bringen der Lebensenergie dieses Menschen, dem Atem, der ihn am Leben hält, seiner Körperwärme, seinem Bewusstsein Wertschätzung entgegen. Wir achten dies alles. Es sind die körperlichen Hilfsmittel für die Erleuchtung.

Wir wollen an unsere Eltern denken und sie schätzen. Wenn sie noch leben, stellen wir sie uns so vor, wie sie jetzt aussehen, und lieben die Lebensenergie in ihnen. Falls sie nicht mehr am Leben sind, stellen wir sie uns so vor, wie sie einmal ausgesehen haben.

Wir denken an die Menschen, die uns am liebsten sind und uns am nächsten stehen. Wir wollen sie lieben und wertschätzen, weil sie mit uns leben. Wir lieben ihren Atem, da er sie am Leben erhält. Wir lieben die Lebensenergie in ihnen.

Jetzt denken wir an all unsere Freunde, lassen sie vor unserem geistigen Auge entstehen und lieben und achten sie, weil sie leben, weil sie unsere Freunde sind. Wir wollen ihre Lebensenergie wertschätzen. Wir sind uns bewusst, dass dies das Hilfsmittel ist, um zu praktizieren und zu wachsen.

Nun denken wir an andere Menschen, die wir kennen, irgendwelche Leute, an die wir gerne denken, die in nächster Nähe oder auch ganz fern sind. Wir schätzen und lieben deren Lebensenergie, deren Atem und deren Bewusstsein.

Wir denken an die Menschen um uns herum. Wir lassen sie unsere Liebe spüren, lassen sie spüren, dass wir ihr Leben achten. Und wir gehen weiter zu Menschen, die wir kennen, gesehen haben, getroffen haben oder von denen wir nur gehört haben. Wir wollen an all diese Menschen in einer Art und Weise denken, dass wir uns wirklich mit ihnen verbunden fühlen, zusammengehörig, und das Leben als eine Erfahrung achten. Wir schenken ihnen all unsere Liebe, und das aus keinem anderen Grund als dem, dass sie da sind, um geliebt zu werden.

Wir denken an die Tiere des Waldes, an die großen und kleinen – an die winzigsten, wie die Ameisen, an die größeren, wie die Rehe, und an die anderen dazwischen –, und wir lieben und achten sie dafür, dass sie leben und ein jedes Teil derselben Schöpfung ist.

Und nun dehnen wir unsere Liebe auf die uns umgebende Natur aus. Wir schätzen sie und lieben die Lebensenergie, die in ihr ist.

Wir richten die Achtsamkeit wieder auf uns selbst und fühlen die Liebe und Achtung gegenüber uns selbst, als einem Teil der ganzen Schöpfung. Wir lieben den Atem, der die Grundlage des Lebens bildet, die Körperwärme, das Bewusstsein des Geistes – die alle Teil dieser Schöpfung sind. Wir fühlen die Liebe aus unserem Herzen fließen, und sie füllt uns von Kopf bis Fuß.

Mögen alle Wesen das Leben lieben und achten.

3. Frieden einatmen, Liebe ausatmen

Beim nächsten Einatmen wollen wir uns mit Frieden füllen, egal, was wir glauben, wo er herkommt: vom Nachthimmel, von den Bäumen, von der Sonne oder dem Wind. Wir atmen Frieden ein und füllen uns ganz damit. Und beim nächsten Ausatmen wollen wir Liebe ausatmen und uns ganz damit umhüllen, so, als ob wir uns warm umarmt hielten. Frieden einatmen, sich ganz damit füllen; Liebe ausatmen und sich damit umhüllen.

Nun wollen wir Frieden und Liebe zu demjenigen ausatmen, der uns am nächsten sitzt. Wir geben diesem Menschen das größte Geschenk, das wir machen können, indem wir ihn oder sie mit all dem Frieden füllen, den wir aufbringen können und ihn oder sie mit all der Liebe umarmen und umhüllen, die vom Herzen kommt. Und wenn wir so ein- und ausatmen, füllen wir uns ständig mit mehr Frieden und atmen mehr Liebe aus, so dass wir immer mehr von der Fülle unseres Herzens verschenken können.

Jetzt denken wir an unsere Eltern, ungeachtet dessen, ob sie noch am Leben sind oder nicht. Wir atmen Frieden und Liebe zu ihnen aus, füllen sie mit all dem Frieden, den wir in uns finden können, und umarmen sie mit der ganzen Liebe, die von unserem Herzen kommt. Und wenn wir so ein- und ausatmen, atmen wir ständig mehr Frieden ein und mehr Liebe aus. Je mehr Liebe wir verschenken, desto mehr Liebe haben wir in uns.

Wir denken an die Menschen, die uns am nächsten und liebsten sind, und wir atmen Frieden und Liebe zu ihnen aus. Wir verschenken unser liebendes und friedliches Herz. Wir denken an unsere Freunde und atmen Friede und Liebe zu ihnen aus. Wir füllen sie, als ein Geschenk von uns, mit all dem Frieden, den wir in uns finden können, und wir umarmen sie, als Geschenk unseres Herzens, mit all der Liebe, die wir in uns finden können.

Wir denken an die Menschen, die unseren Alltag bevölkern, und atmen Frieden und Liebe zu ihnen aus. Wir wollen jedem von ihnen unser Herz schenken, das Beste, was wir verschenken können.

Wenn wir jemanden kennen, der krank ist und sich nicht wohl fühlt, oder jemanden, der alt ist und nicht sehr gesund, so wollen wir an diesen Menschen denken und Frieden und Liebe zu ihm ausatmen.

Falls wir jemanden kennen, der zur Zeit großen Kummer hat, so wollen wir Frieden und Liebe zu diesem Menschen ausatmen. Wenn wir niemanden kennen, der großen Kummer hat, so denken wir an die Leute, die große Sorgen haben, einen geliebten Menschen verloren haben, krank sind oder großes Pech haben. Wir atmen Frieden und Liebe zu so vielen von ihnen aus, wie wir nur können.

Wir denken an einen schwierigen Menschen, den wir kennen, oder an irgendeinen Menschen, den wir uns als schwierig vorstellen, den wir vielleicht gar nicht persönlich kennen. Dann atmen wir die Wärme unserer Liebe und die Ruhe unseres Friedens zu diesem Menschen aus, füllen ihn oder sie mit Frieden und umarmen ihn oder sie mit Liebe. Wir erkennen das Dukkha in diesem Menschen, wodurch es uns leichter fällt, diesen Menschen zu lieben.

Wir atmen Liebe und Frieden in unsere Umgebung aus und wissen dabei, dass wir, wenn wir das tun, die Liebe und den Frieden in der Welt vergrößern. Wir lassen die Liebe und den Frieden sich aus unserem Herzen in unsere Umwelt ausbreiten, zu allen Lebewesen, zur Natur und zum Nachthimmel – wir lassen sie sich immer weiter ausbreiten, so weit, wie es die Kraft unseres Herzens erlaubt.

Und jetzt atmen wir beim nächsten Einatmen Frieden ein und füllen uns damit, und wir atmen beim nächsten Ausatmen Liebe aus und umhüllen uns damit. Auf diese Weise wollen wir nun die nächsten Minuten ein- und ausatmen.

Wir spüren den Frieden, der in unser Herz einzieht, und die Liebe, die uns wie ein goldener Mantel umgibt. Wir verankern beide in unserem Herzen, so dass wir immer Zugang zu ihnen haben.

Mögen alle Menschen Liebe und Frieden in ihrem Herzen tragen.

4. Die Schönheit des Herzens betreten

Bitte die Achtsamkeit für ein paar Momente auf den Atem richten.

Wir wollen unsere eigene Kreativität benutzen, um etwas sehr Schönes hervorzubringen. Wir entscheiden uns jetzt, wie wir das am besten bewerkstelligen wollen, und führen dies dann in unserem Herzen aus. Wollen wir es mit funkelnden Edelsteinen anfüllen, die in allen Farben leuchten und durchsichtig schillern, oder wollen wir es mit Gold anfüllen oder mit Blumen?

Wir füllen unser Herz mit den schönsten Dingen, die wir uns vorstellen können, und gestalten so einen wunderschönen Ruheplatz, und dann betrachten wir die Schönheit in unserem Herzen, genießen und lieben sie.

Jetzt lassen wir den Menschen, der uns am nächsten sitzt, in unser Herz, so dass er dessen Schönheit genießen kann und von der Liebe für diese Schönheit durchdrungen wird, sich erholt und wohl fühlt und an diesem wunderschönen Ort unseres Herzens bleiben möchte.

Jetzt lassen wir unsere Eltern in unser wunderschönes, durchsichtig scheinendes Herz, an dem sie sich erfreuen können, wo sie sich geliebt fühlen und ausruhen können.

Wir lassen die uns liebsten Menschen in unser Herz kommen. Und wir sehen, wie sie sich darüber freuen und es lieben, wie sie dessen Schönheit schätzen und dass sie hier bleiben und in dieser Schönheit ruhen möchten.

Jetzt denken wir an unsere Freunde und lassen sie alle in unser Herz. Wir sehen, wie sie lächeln und die Schönheit unseres Herzens schätzen. Sie sind glücklich, dass sie mit uns zusammen sein können, unsere Liebe genießen können und ein Heim in unserem Herzen finden.

Wir denken an die Menschen, die uns im Alltag begegnen. Wir nehmen jeden bei der Hand und laden ihn in unser Herz ein. Wir lassen alle eintreten und sehen, wie sie sich an diesem wunderbaren Platz, der von äußerster Schönheit erfüllt ist, erfreuen.

Wir denken an andere Menschen, die wir kennen und die wir in unser Herz einladen können. Wir lassen sie hinein, damit sie es genießen und von der dort angetroffenen Schönheit und erlebten Liebe überwältigt sind.

Wir sehen, wie unser Herz voller Menschen ist und dass doch noch viel mehr Menschen Platz finden würden. Es gibt keine Grenze. Die Schönheit des Herzens ist grenzenlos. Nun denken wir an einige Menschen, die uns ziemlich gleichgültig sind. Ihnen gegenüber empfinden wir weder Zuneigung noch Abneigung. Wir nehmen sie bei der Hand, lassen sie unser Herz betreten und sehen die Freude auf ihren Gesichtern, wenn sie die Schönheit und Liebe erkennen, die sie hier finden.

Jetzt denken wir an einen schwierigen Menschen, und wir erkennen das Dukkha dieses Menschen. Wir nehmen sie oder ihn bei der Hand und führen sie oder ihn in unser Herz. Die wunderbare Schönheit verschafft diesem Menschen wirkliches Glück, und wir finden sie oder ihn nicht mehr schwierig.

Wir denken an die Menschen, deren Leben weit schwieriger ist als unseres: die im Krankenhaus sein mögen, im Gefängnis, in einem Flüchtlingslager, in Kriegsgebieten, oder an solche, die verkrüppelt sind, blind, hungrig, ohne Dach über dem Kopf und ohne Freunde. Wir denken an die vielen Menschen, auf die dies zutrifft; und wir nehmen so viele wie möglich bei der Hand und führen sie in unser wunderschönes Herz, wo sie Freude finden können und Liebe und ein Heim. Wenn wir sie in unser Herz führen, können wir sie umarmen, so dass sie wissen, dass sie wirklich willkommen sind.

Wir denken an die vielen Menschen, die auf diesem Erdball leben, und wir wollen sehen, ob wir ihnen allen Unterkunft gewähren können, so dass sie alle die wunderbare Schönheit genießen können, die wir in unserem Herzen geschaffen haben, die sie glücklich macht und sie die Wärme der Liebe spüren lässt.

Jetzt richten wir die Achtsamkeit wieder auf uns selbst. Wir betrachten die wunderschönen Edelsteine, Blumen oder das Gold unseres Herzens, und wir sehen, wie damit eine solche Schönheit geschaffen wurde, dass Freude, Liebe und Frieden in uns vorhanden sind, wenn wir darin ruhen. Und wir wollen die Freude und die Liebe und den Frieden für die herrlichsten Edelsteine unseres Herzens halten, die in alle Himmelsrichtungen strahlen.

Mögen alle Menschen die große Schönheit ihres Herzens entfalten.

Anmerkungen

1 Die Ehrwürdige Ayya Khema benutzte die englische Übersetzung von Maurice Walshe, *The Long Discourses of the Buddha: A Translation of the Digha Nikaya,* Boston, Wisdom Publications 1995. Im Folgenden bespricht sie ausführlich Textpassagen aus der 9. Sutta (*Poṭṭhapāda-Sutta*), teilweise aber auch aus der 1. und 2. Sutta (*Brahmajāla-* bzw. *Sāmaññaphala-Sutta*).

2 Diese fünf Gleichnisse zu den fünf Hindernissen finden sich z. B. in der *Mahā-Assapura-Sutta*, der 39. Sutta der Mittleren Sammlung.

3 Eine ausführliche Anleitung und Erklärung der «Stück-für-Stück-Methode» kann man nachlesen in: Ayya Khema, *Die vier Ebenen des Glücks*, Uttenbühl, Jhana Verlag 1997, S. 281–301; die «Im-Ganzen-Methode» findet sich als «Fächermethode» in: Ayya Khema, *Ohne mich ist das Leben ganz einfach*, Braunschweig, Aurum Verlag 1994, S. 112–121.

4 *Der Weg zur Reinheit. Visuddhi-Magga*, aus dem Pāli übersetzt von Nyāṇatiloka Mahāthera, Uttenbühl, Jhana Verlag 1997. Der «Kern» des folgenden Gleichnisses findet sich auf S. 172.

5 Das hier geschilderte himmlische «Ich» überdauert also den physischen Tod, ist aber nicht unsterblich (wie z. B. die christliche Seele), sondern stirbt mit der Auslöschung des ihm eigenen Körpers. Entsprechendes gilt für die beiden folgenden Ich-Ansichten.

6 Im Englischen steht «No-Thingness» bzw. «nothingness». Dieses Wortspiel lässt sich im Deutschen nicht nachahmen.

Die gewählte Übersetzung, «Nicht-Etwasheit» für *ākincana* ist wörtlich und lässt die Verwandtschaft zu «Nichtsheit» erkennen. Den Begriff «Nichtetwasheit» hat bereits Paul Dahlke bei seinen Übertragungen aus dem Pāli-Kanon gewählt. Alternative Übersetzungen für «No-Thingness» wären «Dinglosigkeit» oder «Undinglichkeit», doch fehlt dann der lautliche Bezug zur «Nichtsheit».

7 Die folgende Schilderung hat ihren Ursprung in der *Aggi-Vaccagotta-Sutta*, der 72. Sutta der Mittleren Sammlung.

8 Es handelt sich um die *Cūla-Mālunkya-Sutta*, die 63. Sutta der Mittleren Sammlung.

9 *Papañcasūdanī*, Teil 1, Pali Text Society, London 1977, S. 138 (Kommentar zur Mittleren Sammlung von Buddhaghosa).

10 *Der Weg zur Reinheit. Visuddhi-Magga*, a.a.O., S. 805 f.

Glossar

Die folgenden Pāli-Wörter enthalten Konzepte und Ideen, für die es im Deutschen keine Entsprechungen gibt. Die Erklärungen dieser Ausdrücke sind dem *Buddhistischen Wörterbuch* von Nyāṇatiloka Mahāthera (Konstanz 1989) entnommen.

Abhiññā: Sechs «Höhere Geisteskräfte», bestehend aus fünf weltlichen und einer überweltlichen Geisteskraft. Das Ergebnis ist das Versiegen aller unterschwelligen Tendenzen von Gier und Hass.

Abhisaññāniradha: Höheres Erlöschen des Bewusstseins (Wahrnehmung).

Anāgāmī: Der Nichtwiederkehrer, der sich auf der dritten Stufe der Heiligkeit befindliche Edle Jünger.

Ānāpānasati: Die Achtsamkeit auf Ein- und Ausatmung.

Anattā: Nicht-Selbst, Nicht-Ich oder Substanzlosigkeit von allem, was existiert. Die Lehre von *anattā* besagt, dass es weder innerhalb noch außerhalb der körperlichen und geistigen Daseinserscheinungen irgendetwas gibt, das man als eine für sich bestehende, unabhängige «Ich»-Wesenheit beziehungsweise als unabhängige Persönlichkeit bezeichnen könnte. Eines der drei Daseinsmerkmale.

Anicca: Vergänglichkeit; eine Grundeigenschaft aller bedingten

Vorgänge, seien sie körperlich oder geistig, grob oder fein, in der Innen- oder Außenwelt. Eines der drei Daseinsmerkmale.

Arahat: Der Edle, der vollkommen Erleuchtete, der von allen Fesseln frei ist. Die höchste Stufe der Heiligkeit.

Ariyā: Edle Menschen, das sind solche, die mindestens die erste der vier Stufen der Heiligkeit auf dem Weg zu Nibbāna erreicht haben.

Ariyā iddhi: Die Fähigkeit, seinen Geist so zu beherrschen, dass er gegenüber Begierde und Ablehnung gleichmütig bleibt.

Arūpa: Unkörperliche Sphären.

Brahma: Himmelswesen der höheren Sphären.

Citta: Geist, Bewusstsein, Bewusstseinszustand.

Dāna: Gabe oder Gebefreudigkeit.

Devas: Himmelswesen, die in glücklicheren Sphären leben und für die Menschen im Allgemeinen unsichtbar sind, aber genauso wie die Menschen und alle anderen Wesen dem ständigen Wiedergeborenwerden, Altern und Sterben unterworfen sind und den Kreislauf des Daseins vollziehen.

Dhamma: Die Lehre des Buddha, Naturgesetz, Gesetz, Wahrheit, Erscheinungen. Das Dhamma als das vom Buddha erkannte und verkündete Gesetz ist zusammengefasst in den Vier Edlen Wahrheiten.

Dhammacakka: Das Rad der Lehre oder des Gesetzes.

Dukkha: Leiden, Leidunterworfensein, Unbefriedigtsein, Unzulänglichkeit. Eines der drei Daseinsmerkmale und die Erste der Vier Edlen Wahrheiten.

Jhāna: Meditative Vertiefung, im weitesten Sinne jeder durch intensive Konzentration auf ein einziges geistiges oder körperliches Objekt hervorgerufene Versenkungszustand des Geistes. Bezeichnung für die vier feinkörperlichen und die vier formlosen Vertiefungen.

Kamma/Karma (Skrt.): Wörtlich «Wirken, Tat». Bezeichnet die heilsame oder unheilsame Absicht, die hinter unseren Gedanken, Worten und Taten steht. Karma bedeutet also keineswegs das Ergebnis des Wirkens oder gar das Schicksal von Menschen oder ganzen Völkern.

Kāma-loka: Sinnenwelt.

Kasiṇa: (Imaginäre) Farbscheibe, die zur Konzentration als Meditationsobjekt benutzt wird.

Khandha: Die Daseins- oder Anhaftungsgruppen. Es sind die fünf Gruppen, aus denen der Mensch besteht – Körper und die vier Teile des Geistes: Gefühl, Wahrnehmung, Geistesformationen und Sinnesbewusstsein.

Magga-phala: Pfad- und Fruchtmoment. Der Eintritt in einen der überweltlichen Bewusstseinszustände.

Māra: Der Versucher; die Personifizierung der die Menschen überwältigenden Leidenschaften und Begierden.

Mettā: Liebende Güte, bedingungslose Liebe, eine der vier göttlichen Verweilungsstätten. Die anderen drei sind: Mitgefühl, Mitfreude und Gleichmut.

Nibbāna: Wörtlich «nicht-brennen»; das höchste Ziel allen buddhistischen Strebens, die endgültige, restlose Befreiung aus dem Kreislauf des Daseins, von allem künftigen Wiedergeborenwerden, Altern und Sterben, Leiden und Elend.

Nirodha: Erlöschung (von Gefühl und Wahrnehmung).

Pāmojja: Freude.

Paññā: Erkennen, Einsicht, Wissen, Weisheit.

Papañca: Eigentlich «Ausbreitung»; Weitschweifigkeit, ausführliche Auseinandersetzung, Entfaltung, Mannigfaltigkeit, Vielheit, Anhängsel.

Puthujjana: Weltling; jeder, der noch sämtliche zehn Fesseln besitzt und daher noch keine der vier Heiligkeitsstufen verwirklicht hat.

Rūpa: Körperliche Sphäre (in Verbindung mit meditativer Vertiefung = feinkörperlich).

Sakadāgāmī: Der Einmalwiederkehrer; die zweite der vier Stufen der Heiligkeit auf dem Weg zu Nibbāna.

Samatha: Ruhe, Ruhemeditation; ein Synonym von *Samādhi.*

Sampajañña: Wissensklarheit, Bewusstseinsklarheit.

Saṃsāra: Kreislauf des Daseins oder der Wiedergeburten, der scheinbar unauflösliche Prozess des immer wieder und wieder Geborenwerdens, Alterns, Leidens und Sterbens.

Sangha: Wörtlich «Schar»; Bezeichnung für die Mönchs- und Nonnengemeinschaft.

Sati: Achtsamkeit; eines der sieben Erleuchtungsglieder und das siebente Glied des Achtfachen Pfades.

Sīla: Sittlichkeit.

Sotāpanna: Der «in den Strom Eingetretene».

Sotapatti: Stromeintritt. Die erste der vier Stufen der Heiligkeit auf dem Weg zur Verwirklichung von Nibbāna.

Sukha: Wohliges, angenehmes Gefühl; sowohl körperlich als auch geistig.

Tathāgata: Der «Vollendete», wörtlich: der «Sogegangene».

Tipiṭaka: Wörtlich «drei Körbe»; bezeichnet die Unterteilung der Lehrreden im Pāli-Kanon, die im Original auf Ola-Blätter geschrieben und in Körben aufbewahrt wurden.

Vicāra: Anhaltendes Sichhinwenden zum Meditationsobjekt.

Vitakka: Anfängliches Sichhinwenden zum Meditationsobjekt.

Vipassanā: Einsicht; das aufblitzende, intuitive Erkennen der Vergänglichkeit, des Leidens und der Unpersönlichkeit aller körperlichen und geistigen Erscheinungen.